Volker Dapoz

Norwegen –

Angelreviere
Taktik
Tolle Fänge

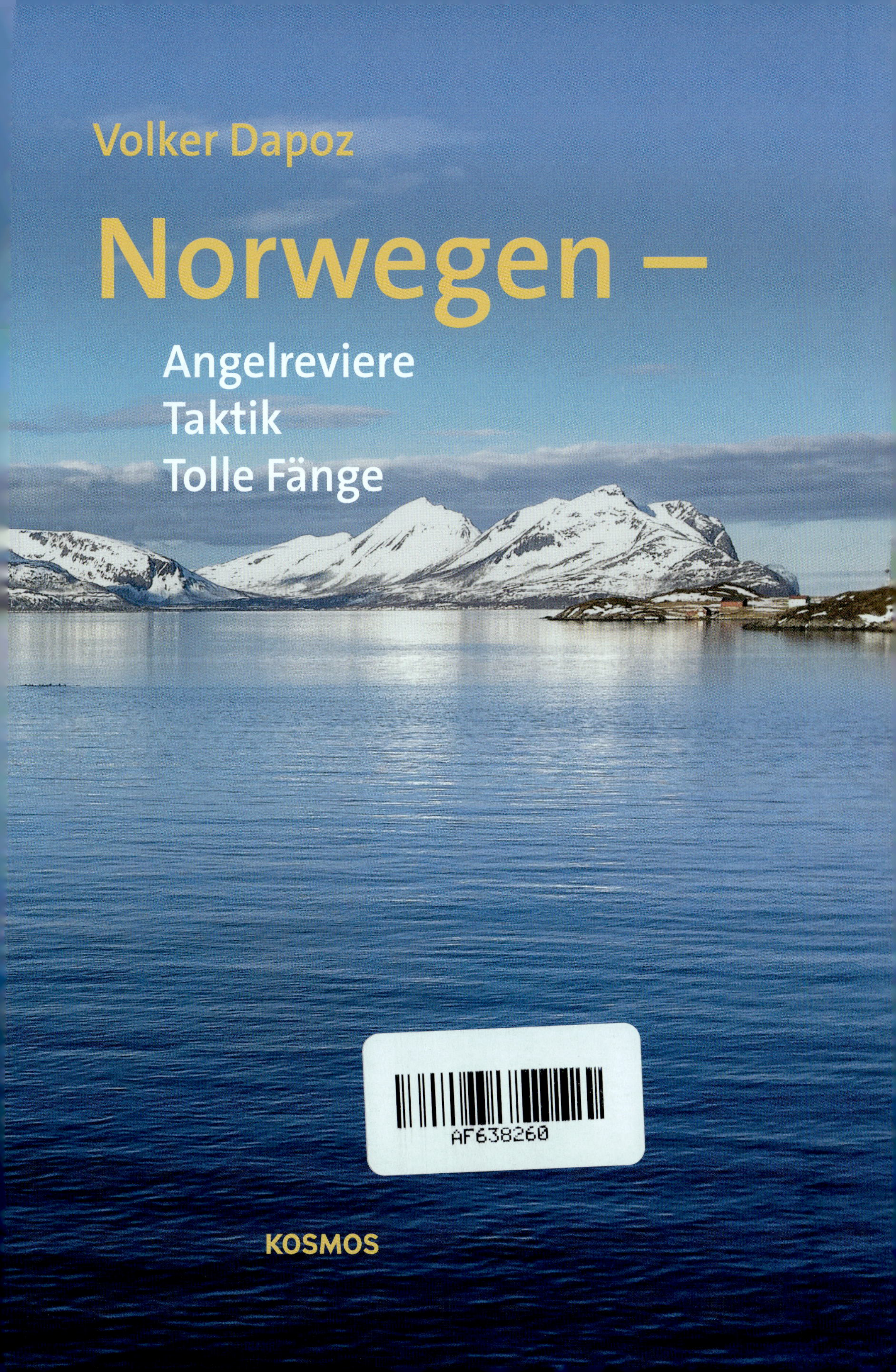

KOSMOS

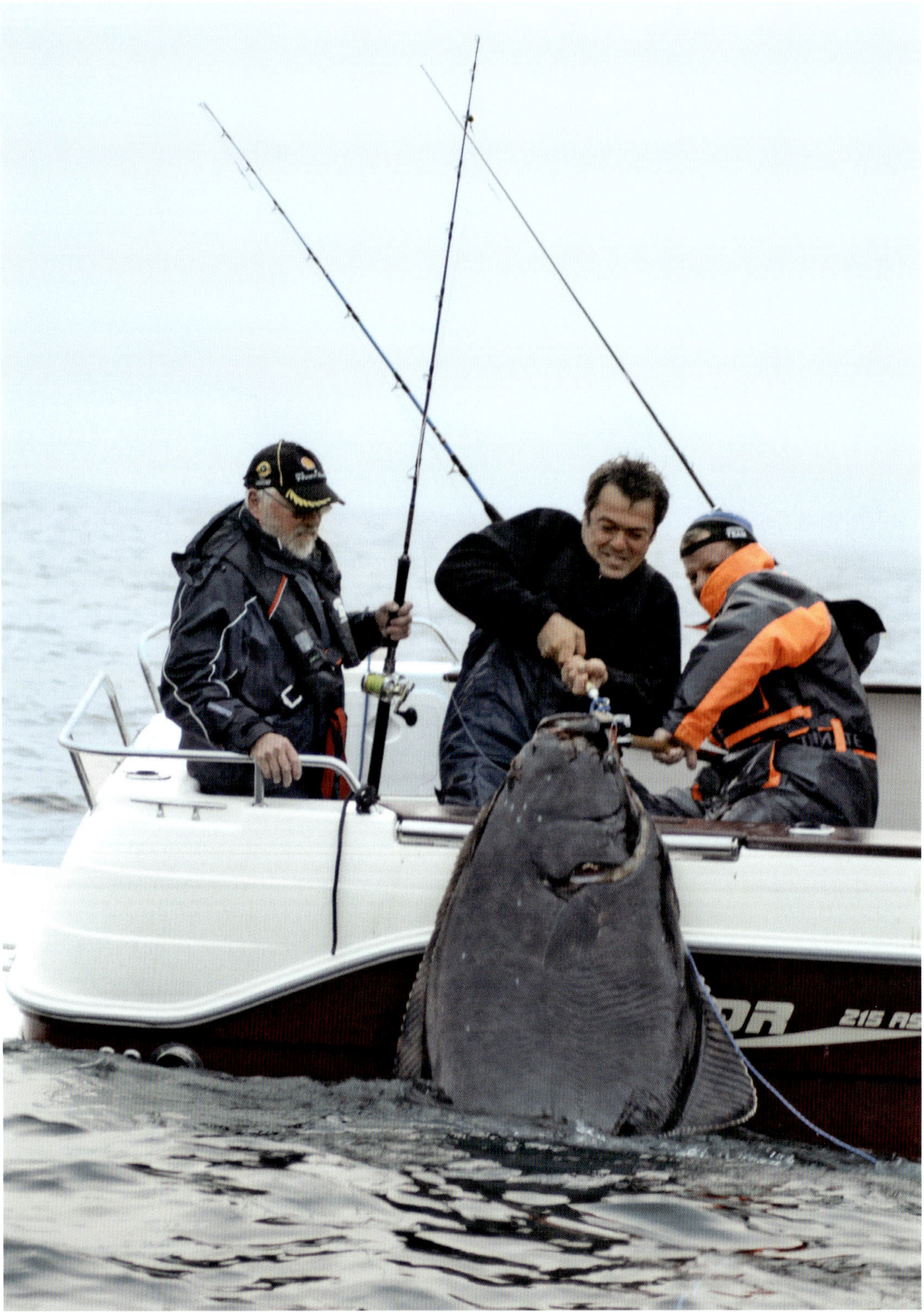
215 AS

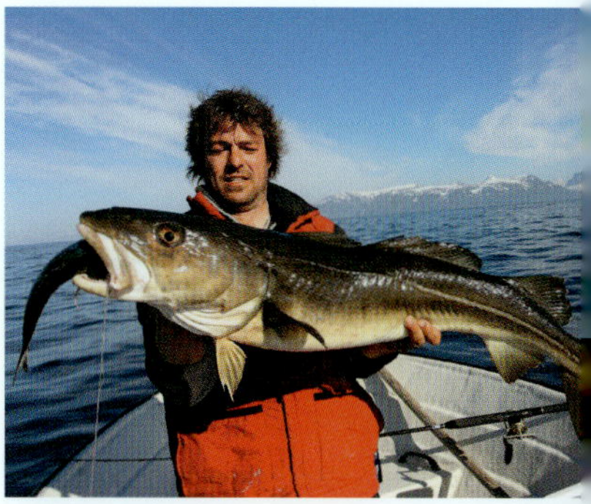

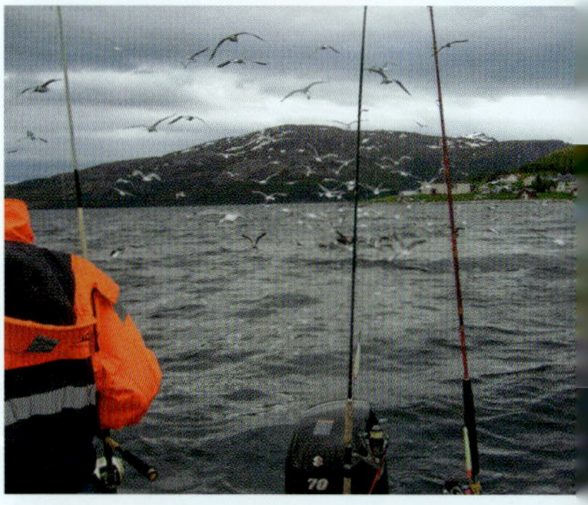

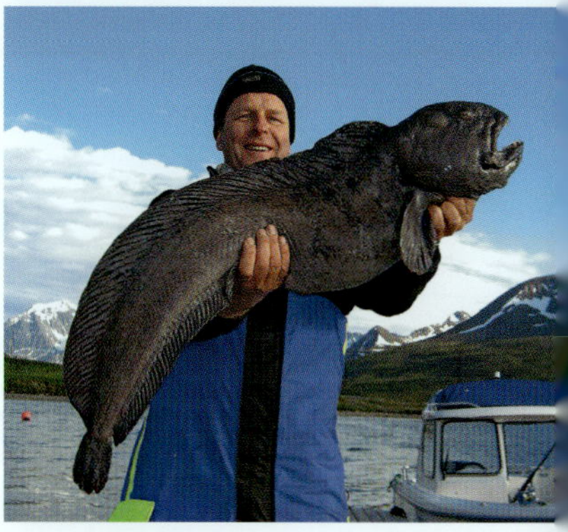

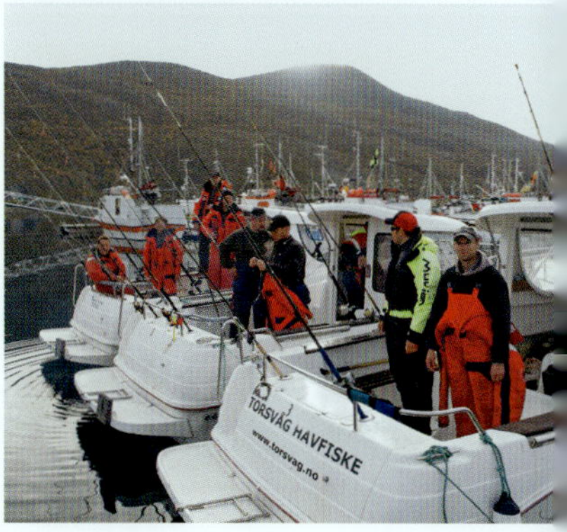
TORSVÅG HAVFISKE
www.torsvag.no

Medizin gegen Burnout

Norwegen wird immer beliebter. Eine der bizarrsten Landschaften der Erde lockt nicht nur Angler, sondern auch Familien in den Norden Europas. Nachvollziehbar, denn die geografische Nähe, die hervorragende Infrastruktur und das für diese Breitengrade milde, aber doch erfrischend reine Klima stellen enorme Erholungsmomente für unseren Alltagsstress dar. Allen voran aber eben die Angler. Ich sehe den Angelurlaub in Norwegen mittler-weile nicht nur als reines Hobby an. Für mich und die meisten anderen Wiederkehrer ist Norwegen eine Philosophie. Natürlich wollen die meisten auch einen großen Fisch fangen, aber das ist bei Weitem nicht alles. Es geht auch nicht nur darum, Abstand vom Berufsstress zu kriegen. Die Mehrzahl aller Norwegenfahrer sind Männer, und da geht es auch darum, fernab in der Wildnis ohne den erhobenen Zeigefinger der holden Gattin mittags ein Bierchen zu trinken. Dummes Zeug erzählen, unter sich sein. Wer weiß schon genau, wie viele Burnouts so eine Urlaubswoche in Norwegen schon verhindert hat ...

Nicht zuletzt gibt es in Norwegen deutlich weniger Bestimmungen. Wer mit dem Boot auf ein deutsches Gewässer trailern will, der benötigt unter Umständen fünf zusätzliche Scheine: Bootsführerschein, Bootspapiere, Fischereischein, Angelkarte UND die Genehmigung, an genau dieser Stelle auch das Boot zu Wasser zu lassen. Jedenfalls hat mir das die Wasserschutzpolizei mal (bußgeldpflichtig!) erläutert. Hinzu kommt eine ganze Latte weiterer Einschränkungen auf den meisten deutschen Gewässern: Nachtangelverbot, Schleppangelverbot, Echolotverbot, Kescherverbot und was weiß ich alles. Über Sinn und Unsinn will ich jetzt nicht streiten, aber Einschränkungen sind nun mal ungeliebt. Und nur um die Sache mal abzurunden. Der Fischbestand in deutschen Gewässern ist auch nicht das, was er mal war. Zumindest sind die Fische für Gelegenheitsangler schwieriger zu fangen.

Welcher dieser Punkte auch immer für den einzelnen ausschlaggebend ist, der Trend nach Norwegen ist ungebrochen, und was ich vor allem in den letzten Jahren beobachten konnte: Es werden immer mehr Nichtangler und Gelegenheitsangler. Viele, die überhaupt keinen Fischereischein haben, ja viele, die sonst überhaupt nicht angeln gehen, finden in oder durch Norwegen zur Fischwaid. Gleichzeitig gibt es allerdings auch negative Tendenzen. Die vorbehaltlose Freundlichkeit, mit der wir vor 10 Jahren noch in Norwegen empfangen wurden, ist einer wachsenden Skepsis gewichen. Hauptsächlich geht es natürlich um Fisch. Fast wöchentlich werden Fälle veröffentlicht, bei denen auch deutsche Angler im negativen Mittelpunkt der Berichterstattung stehen. An erster Stelle natürlich diejenigen, die meinen, sie müssten ihren Norwegenurlaub durch Fischschmuggel refinanzieren. Ein weiteres Reizthema ist das Angeln an der Lachsfarm. Das Problem ist, solche Vergehen fallen auf die Allgemeinheit zurück. Die Bilder von vollgepackten Filettransportern gehen durch die Medien, aufgrund Einzelner werden ALLE verurteilt und das auf ganz breiter Front. Die Berufsfischerei ist nun mal die älteste Tradition in Norwegen und benutzt solche Anlässe zu überspitzten Darstellungen! Letztlich steht jeder in der Verantwortung, auch diejenigen, die die Bestimmungen einhalten. Wer also Zeuge solcher Verfehlungen wird, sollte einschreiten, auch wenn es gegen den Landsmann geht. Informieren Sie notfalls den Vermieter, es kann sonst passieren, dass wir in Zukunft weit mehr Beschränkungen bekommen oder überhaupt nicht mehr gerne gesehen werden. Wenn sich diese negative Volksstimmung erst etabliert hat, dann ist der positive Einfluss der Angeltouristen als Wirtschaftsfaktor immer schwerer zu argumentieren, denn Norwegen ist ein Erdölland und damit eines der reichsten Länder der Erde. Fischdiebe werden da nicht gebraucht.

▼ Entspannung pur

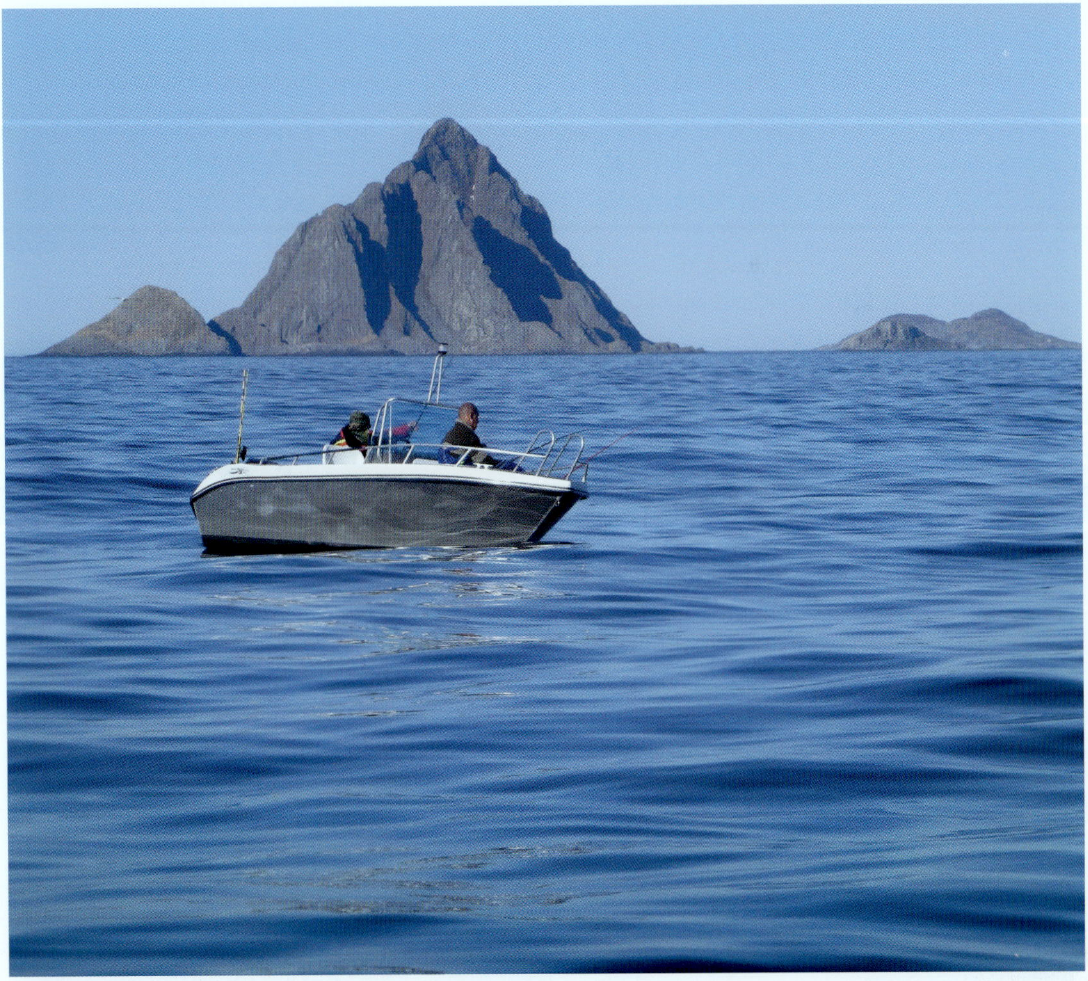

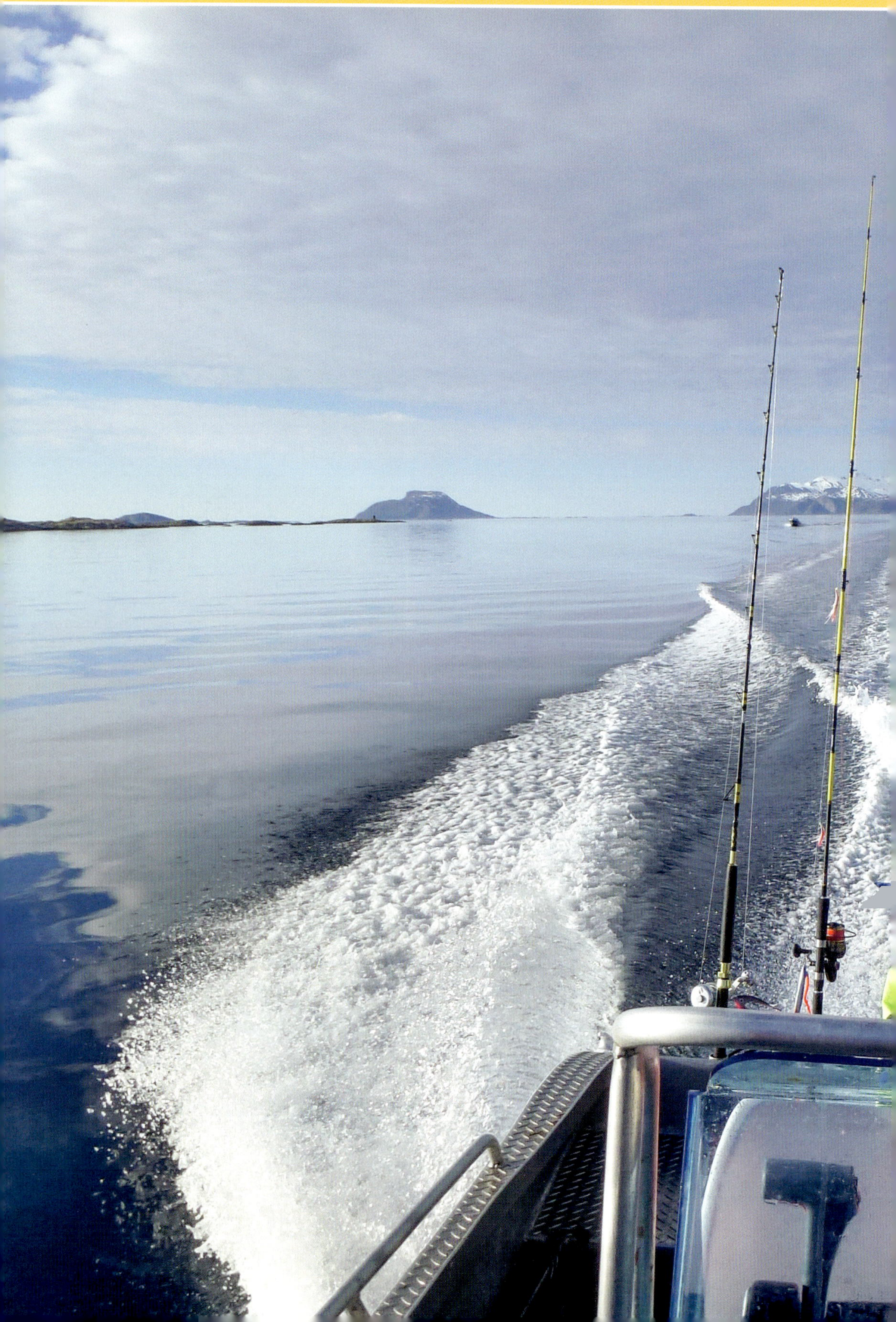

Norwegen Angel- und Reiseland

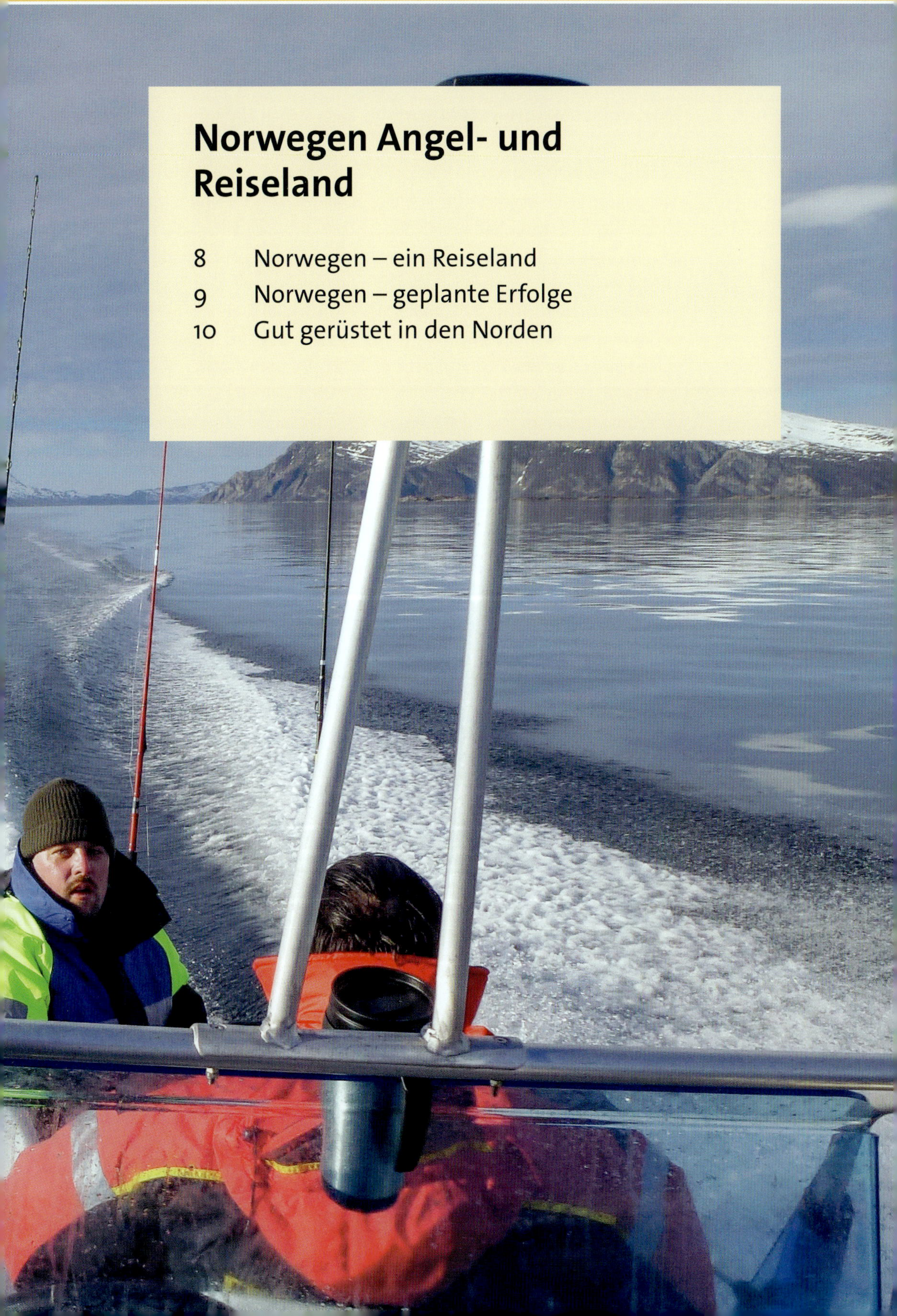

Norwegen – ein Reiseland

Es gibt – weltweit betrachtet – das eine oder andere Land, welches eine ähnlich überwältigende Landschaft wie Norwegen aufzuweisen hat. Es gibt jedoch nirgendwo die Kombination von diesen gewaltigen, urzeitlichen Granitgiganten, durchzogen von bis zu 1000 Meter tiefen Fjorden, welche sich Hunderte von Kilometern ins Inland erstrecken, mit Gletschern und ewig eisigen Hochebenen, einer Küstenlandschaft, gesprenkelt mit Abertausenden Inseln, Inselchen, Schären und Felsen, die für uns auch erreichbar ist! Es ist den besonderen klimatischen Bedingungen (Golfstrom) überhaupt erst zu verdanken, dass Norwegen nicht unter einem ewigen Eispanzer begraben liegt, denn durch diesen mächtigen Äquatorialstrom wird eine Energiemenge in den Norden transportiert, die in etwa der Kapazität von 150000(!) Atomkraftwerken entspricht. Außerdem wurde in den letzten Jahrzehnten in Norwegen eine Infrastruktur geschaffen, die für solche Breitengrade beziehungsweise landschaftlichen Voraussetzungen weltweit schlicht einzigartig ist. Kilometerlange Tunnel durchstoßen den Granit (teilweise unter dem Meeresboden), Brücken überqueren Schluchten, Flüsse und Fjorde und verbinden Inseln, Schnellfähren verbinden Küstenorte und die Anzahl der Flughäfen ist pro Kopf der Bevölkerung vermutlich die höchste der Welt. Nicht zuletzt ist dieses Land von Mitteleuropa nach heutigen Maßstäben nur einen Katzensprung entfernt. Grundsätzlich kann jeder Punkt Norwegens sogar mit dem eigenen Kfz mit erträglichem Aufwand erreicht werden. Allerdings sollte sich das jeder Reiseinteressierte genau überlegen, denn bis in den hohen Norden Norwegens sind es doch einige Tausend Kilometer zu fahren. Ein später (oder früher) Wintereinbruch kann die Fahrt stören, Rentiere und Elche können für unliebsame Überraschungen sorgen und Geschwindigkeitsüberschreitungen werden in Skandinavien deutlich strenger geahndet als in Deutschland. Aber der Vollständigkeit halber! Norwegen hat natürlich mehr zu bieten als Angeln. Alleine die Fahrt durch Fjordnorwegen ist ein grandioses Erlebnis. Hinter jeder Ecke ein Wasserfall, auf den Hochebenen liegt selbst im Mai noch der Schnee meterhoch, während dichter an der Küste schon alles grünt und die Lachse steigen. Zu den einzelnen Regionen werde ich einige wirklich sehenswerte Expeditionen empfehlen.

▶ Was für eine Landschaft!

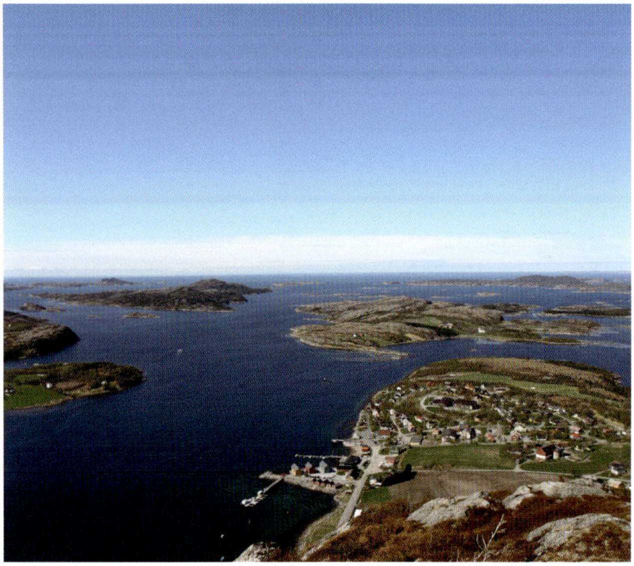

Norwegen – mehr als Angeln

Die meisten Angler zieht es natürlich an die Küsten und in die Fjorde Norwegens. Die Flüsse und Seen, die es ebenfalls in überreicher Anzahl gibt, sind teilweise noch völlig unerschlossen. Eine Ausnahme bilden natürlich die Lachsflüsse, die auch von den einheimischen Anglern deutlich stärker frequentiert werden. Vielleicht werden die Binnenseen in Zukunft auch noch mehr von den Anglern entdeckt. Derzeit steht jedoch das Meeresangeln an allererster Stelle und das hat sicherlich seine Gründe, denn Meeresangeln in Norwegen ist nicht nur Angeln allein. Mittlerweile gibt es sogar immer mehr Nichtangler, die sich mit Freunden und Bekannten zusammenschließen, um sich eine Woche Auszeit in der norwegischen Angelhütte zu genehmigen. Allerdings waren und bleiben die meisten Angelreisenden Männer. Nur wenige Frauen haben die puristische Veranlagung, eine oder sogar zwei Wochen überwiegend auf dem Boot zu verbringen. Aus meiner Sicht ist der Angelurlaub in Norwegen nicht nur die Freude am Hobby, sondern eine Art Philosophie! Machen wir uns mal nichts vor! Für viele Nichtjäger oder Nichtangler sind wir Mörder und Tierquäler. Dass der Nahrungserwerb andererseits über Jahrzehntausende der Mittelpunkt des menschlichen Überlebenskampfes war, gerät

▼ Tausende Angler zieht es jährlich in den hohen Norden Europas.

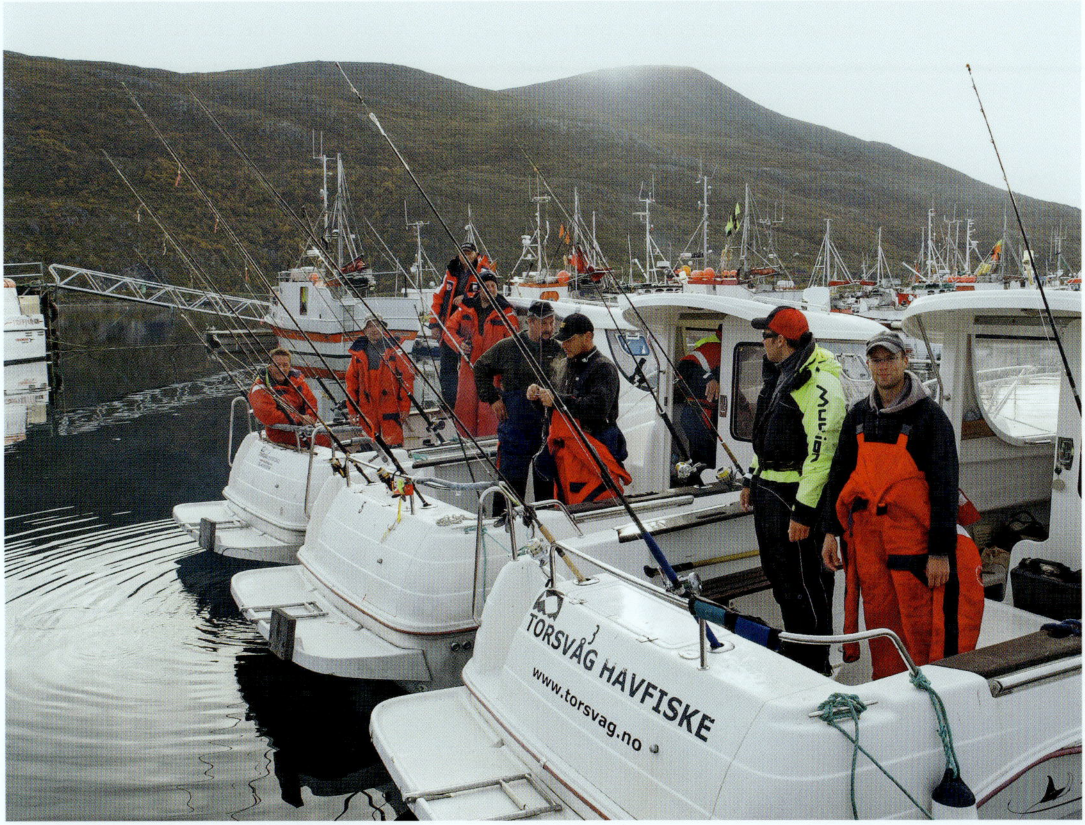

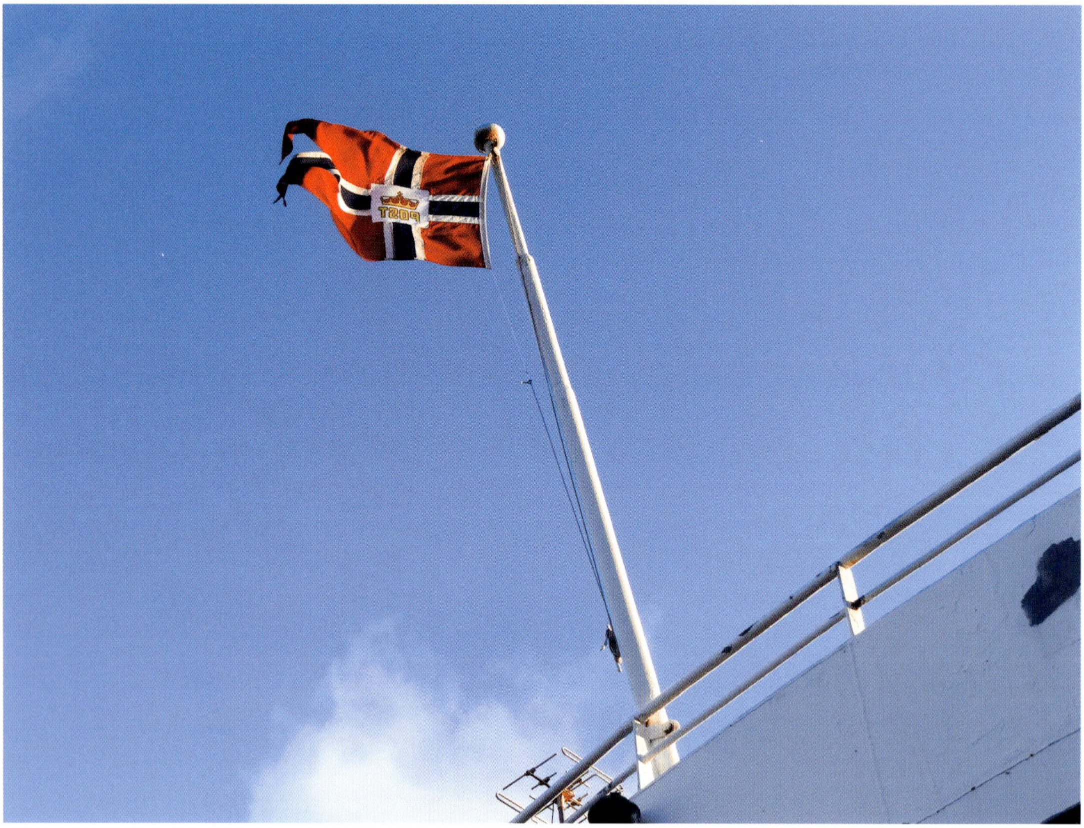

▲ Norwegen ist Urlaubsland Nr. 1 für europäische Angler

dabei schnell in Vergessenheit. Sicherlich müssen wir heutzutage unseren Fisch nicht mehr selber erbeuten, sondern können ihn im Supermarkt kaufen. Es stellt sich jedoch dann die Frage, ob wir damit nicht deutlich größeren Schaden anrichten. Viele der im Handel erhältlichen Fische sind nach wie vor nicht aus nachhaltiger Fischwirtschaft. Etwa 90 % aller Fischbestände weltweit sind über- oder sogar abgefischt. Auch die meisten Farmfische ziehen einen ganzen ökologisch bedenklichen Rattenschwanz nach sich. So werden beispielsweise für die Erzeugung von einem Kilogramm Lachs immer noch bis zu 3 Kilogramm wildlebender Fische als Futter benötigt. Von den ökologischen Auswirkungen dieser offenen Monokulturen (Verschmutzung der Meere, Brutstätten für Krankheitserreger, genetische Degeneration) ganz zu schweigen. Und wer hat sich denn mal die Frage gestellt, was diese Fische zu erleiden hatten, bevor sie schön verpackt im Kühlregal gelandet sind?! Um das mal abzurunden! Wer denkt, dass in den Netzen der riesigen Fangtrawler nur Fische verenden, der sollte sich mal im Internet die Bilder von verendeten Delfinen, Schildkröten oder zerstörten Riffen anschauen. Um nur einiges zu nennen. Kurz und gut, es sollte sich vorsichtshalber niemand dazu aufschwingen, ein vorschnelles und unüberlegtes Urteil über dieses

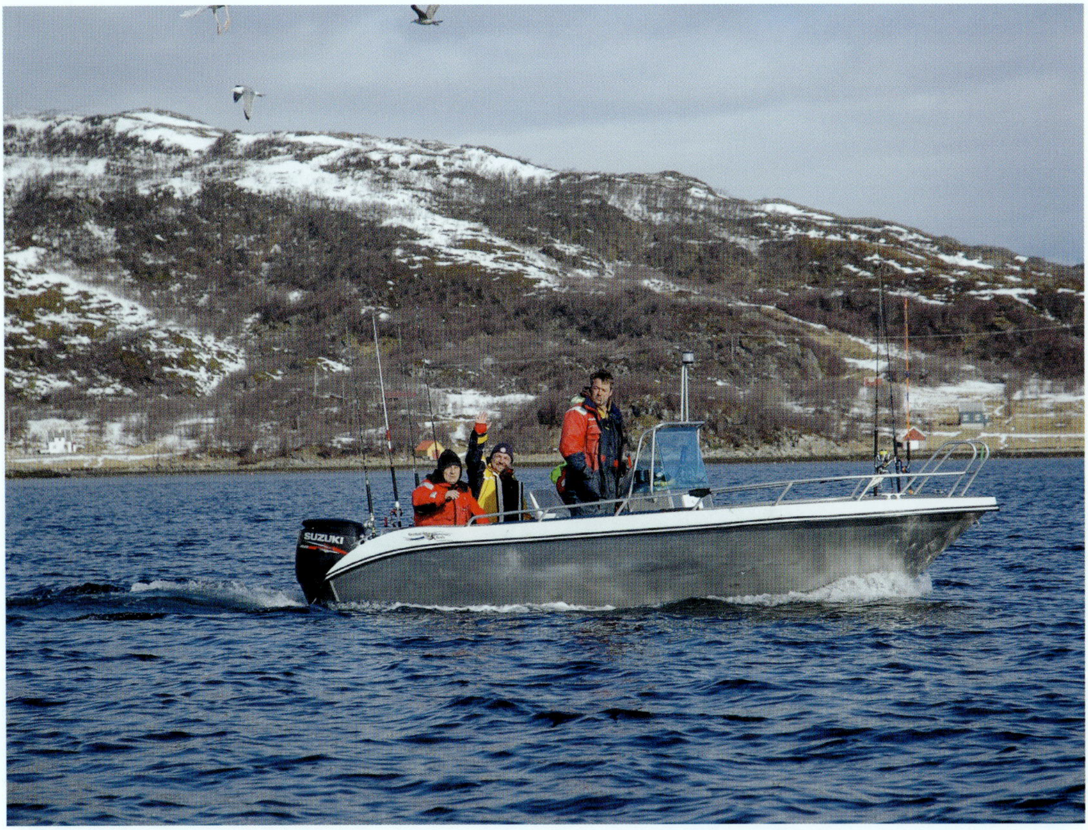

Hobby abzugeben, denn es sind letztlich die Angler, die den Wert dieser Ressource erkannt haben und es sind die ersten, die diese auch schützen. Im Übrigen wird mittlerweile geangelter Fisch bis zu drei Mal höher bezahlt, als kommerziell gefangener Fisch. Ganz besonders Spitzenrestaurants (und selbstverständlich deren Kunden) legen großen Wert auf die Topqualität der handgefangenen Beute. Die Fische sind im Vergleich zu anderen Fangmethoden (Schleppnetz, Langleinen) nur gering gestresst und werden sofort nach dem Fang versorgt. Eine höherwertige Veredlung der Ressource Fisch ist also kaum denkbar. Für die meisten Norwegenfahrer ist die Kiste Fischfilet dennoch nur das Sahnehäubchen obendrauf. Es geht einfach mal darum, möglichst weit abseits des täglichen Getriebes, inmitten einer der herrlichsten Landschaften dieses Erdballs, mit guter Stimmung unter Gleichgesinnten die Seele zu regenerieren. Mit guten Freunden unterwegs, eine Hütte am Wasser, ein Boot davor, auf der Jagd nach dem Fisch des Lebens – was braucht es mehr?!?

▲ **Ein sicheres Boot, gute Freunde und schöne Fische – was braucht es mehr?**

Norwegen – geplante Erfolge

Angelurlaub in Norwegen – der Entschluss ist schnell gefasst. Aber Norwegen ist groß: Von Kristiansand bis ans Nordkap sind es fast 2500 Kilometer. Was und wie Sie fangen, hängt davon ab, wohin Sie fahren!
Wenn im Herbst und Winter die Kataloge der Reiseveranstalter im Postkasten liegen, beginnt für viele die heiße Planungsphase! Wo geht es im nächsten Jahr hin? Die einen haben gleich wieder im Ferienhaus der letzten Saison gebucht, andere verzichten auf die obligatorische Norwegentour, weil sich Nachwuchs ankündigt. Aber viele machen sich entdeckerlustig auf den Weg zu neuen Ufern, sorry, Fjorden! Zweimal Boknafjord – dann muss es im dritten Jahr mal etwas anderes sein. Es gibt noch viel zu entdecken. Der Stammtisch wird im Herbst wieder mal kopfschüttelnd von den Nichtanglern verlassen, weil die „Norwegenspinner" von der Saisonnachbereitung nahtlos zur Planungsphase übergehen. Und es geht heiß her: „Wo sind die richtigen Fische?" Oder: „Was ist die beste Zeit?" Weitere Fragen sind: „Wo sind die richtigen Boote? Passt der Preis? Wollen wir fahren oder fliegen?"
Nicht zuletzt hat auch jeder seinen eigenen Kopf, wie das Ferienhaus aussehen soll. Der eine will eine Sauna, der andere einen Whirlpool und dem Dritten ist das völlig schnuppe. Hauptsache dicke Fische. Darin sind sich dann doch alle einig. Möglichst Fische, bis die Rollenbremse kreischt. Und das ist mitunter ein mühseliges Unterfangen, denn nicht immer passen das Reiseziel und der Wunsch nach bestimmten Fischarten und -größen zusammen. Wenn man sich vor Augen führt, dass die Küstenlinie zwischen Süd- und Nordnorwegen 25000 Kilometer(!) lang ist, mit den Küstenlinien der Inseln sogar 80000 Kilometer, dass Südnorwegen ans ostseenahe Kattegat und der Norden hingegen an das nördliche Eismeer grenzt, dann weiß man, dass sich innerhalb dieser Extreme die Angelbedingungen und die Fischbestände auch extrem unterscheiden können. Dieser Abschnitt soll deshalb eine Planungshilfe geben.

Vier Fangzonen

Wegen der unterschiedlichen anglerischen Möglichkeiten empfiehlt es sich, Norwegen in vier Zonen zu unterteilen. Zuallererst ist Südnorwegen zu nennen, die schärenreiche Küste im Süden, die sich von Oslo bis nach Stavanger hinzieht. Dann folgt Fjordnorwegen, womit die gigantischen Fjorde vom Bokna- bis zum Trondheimfjord gemeint sind. Daran anschließend Mittelnorwegen – der Bereich vom Trondheimfjord bis zu den Lofoten. Dieser Bereich umfasst sowohl viele mittlere Fjorde als auch einen breiten Schärengürtel. Dann biegt die Küste langsam mehr nach Osten ab. Während sich zwischen den Lofoten und Tromsø noch einige Schären vor der Küste hinziehen, sind diese östlich der Höhe Tromsø nahezu verschwunden. Der Bereich zwischen Lofoten und Kirkenes wird allgemein unter dem Begriff „Nordnorwegen" geführt. Anglerisch und klimatisch sind die vier genannten Regionen extrem unterschiedlich. Südnorwegen, besonders in Richtung Oslo, überrascht mit mit mitteleuropäisch warmen, oft sehr sonnenreichen Sommern. Die Fjorde sind hier eher klein, gemütlich und überschaubar, und zwischen den Schären finden sich auch immer gute Angelmöglichkeiten. Von Fischreichtum zu sprechen, wäre allerdings etwas übertrieben. Die Gewässer sind zwar sehr artenreich, aber im küstennahen Bereich wird der Meterdorsch wohl eher die Ausnahme bleiben. Die kurze Anfahrt von Mitteleuropa und die häufig gute Ausstattung der Ferienhäuser sind aber gute Argumente für den Süden. Das mit der kurzen Anreise gesparte Geld könnte ja beispielsweise in Kutterausfahrten angelegt werden, wobei es empfehlenswert ist, hierbei nicht am falschen Ende zu sparen. Mit einem guten Skipper wird das Kutterangeln auch in Südnorwegen knackevolle Fischkisten bringen! Außerdem hat es sich in Südnorwegen bewährt, ein Revier ein bisschen sorgfältiger unter die Lupe zu nehmen – Ortkenntnis ist hier noch mehr gefragt als anderswo. Wer zwei- oder dreimal in die gleiche Region fährt, findet gerade in Südnorwegen ganz sicher lohnenswerte Plätze. Es macht sich außerdem bezahlt, viele verschiedene Angeltechniken auszuprobieren. Das soll heißen, auch mal die allgemein übliche Pilkrute im Schrank zu lassen und stattdessen feine Naturködertechniken anzuwenden, den, denn Plattfische gibt es in den vielen flachen Buchten reichlich. Schade allerdings, dass die recht ergiebige Aal-Angelei in Norwegen verboten wurde.

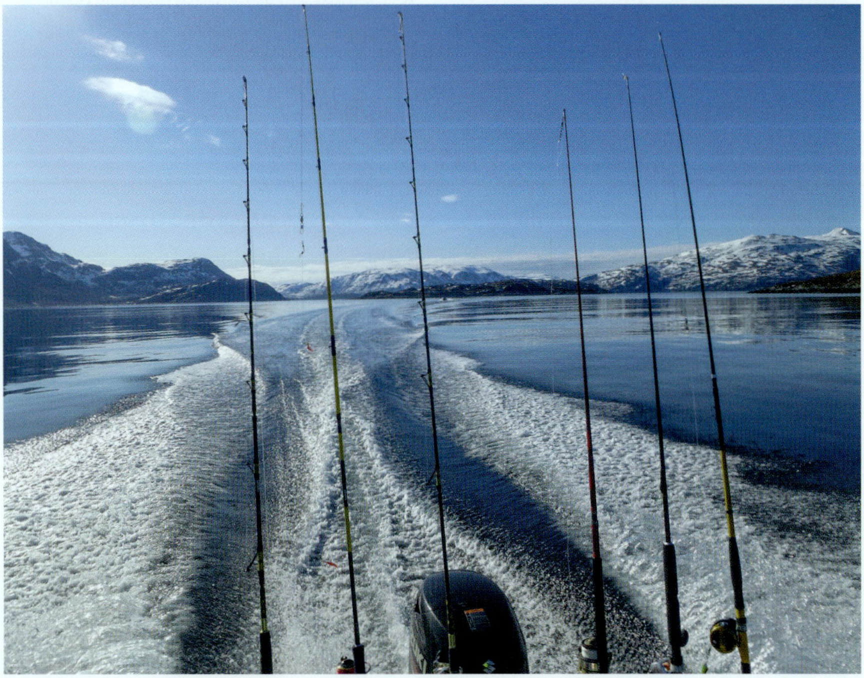

Grenzenlose Weiten in einzigartiger Natur.

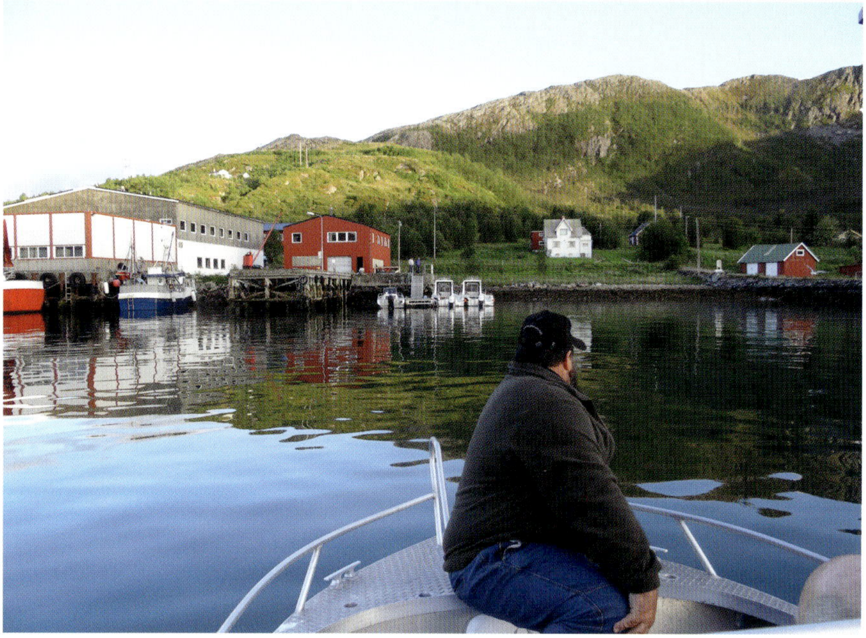

Der norwegische Baustil ist meist ländlich-urig.

Problematisch ist es regelmäßig, die notwendigen Köder aufzutreiben. Wattwürmer kaufen oder selber suchen, ist fast aussichtslos. Nur in einigen Gegenden sind Wattgebiete und die Gezeiten eher gering. Fischfetzen sind für die meisten Plattfischarten und auch für Dorsch, Pollack & Co auch sehr mittelmäßige Köder. Würmer aus Deutschland mitzubringen, ist verboten. Eine gute Alternative sind Garnelen. Kleinere, selbst gekescherte im Flachwasser zwischen Tang oder größere tiefgefrostet aus dem Supermarkt. Außer den „Prawns“ gehen auch Muscheln sowie (manchmal) künstliche Wattwürmer. Und wer beim Light-Tackling eine Scholle oder Steinbutt von drei oder mehr Kilo erwischt, der merkt, dass das mehr als eine Verlegenheitslösung darstellt. Insgesamt ist Südnorwegen eine Zielregion für Angler, die eine familienfreundliche kurze Anreise mit netter Landschaft und schönem Wetter wünschen – und das Ganze ab und zu mit einer abendlichen Pfanne Fisch auflockern wollen. Die Artenvielfalt ist unübertroffen: 30 verschiedene Arten in einem Urlaub sind noch lange nicht das Ende der Fahnenstange. Aber der kapitale Fisch des Lebens wird hier wohl die Ausnahme bleiben.

Südnorwegen für Spezialisten

Hauptfischarten des Südens sind Pollack, Plattfische und Meerforelle. Für den Pollack gibt es in diesem Buch ein eigenes Kapitel. In den letzten Jahren haben sich aber auch die Bestände der Dorsche und der mittleren Seelachse wieder stabilisiert. Diese Arten sind aber nicht unbedingt ganzjährig fangbar, sie sind nicht flächendeckend vertreten und es bedarf einiger anglerischer Finessen, diese auch zu finden und zu fangen. Empfehlens-

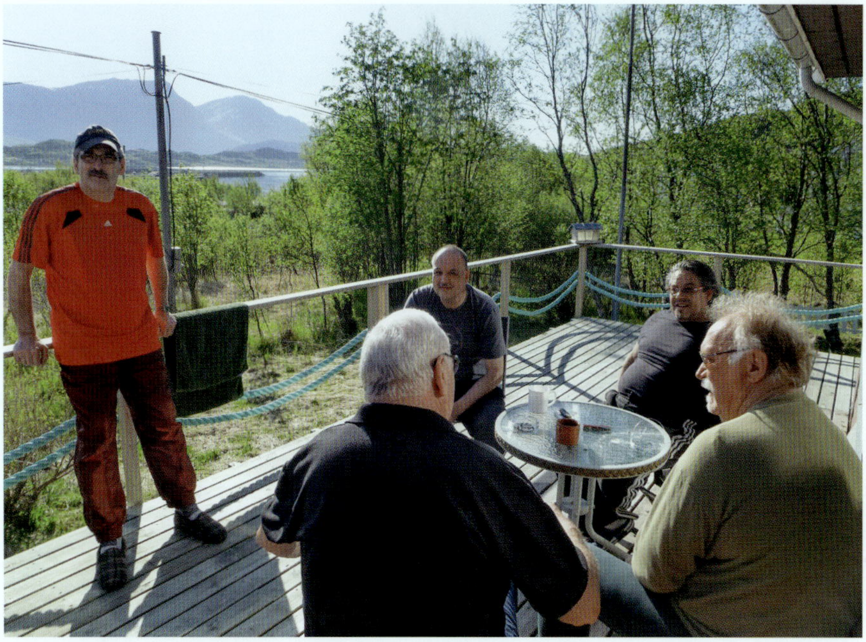

◀ Mit Freunden unterwegs.

wert ist deshalb auch ein Angelführer. Der Mitautor dieses Buches ist Ronald Braun, der in Südnorwegen lebt und den Angelinteressierten auch mit Rat und Tat zur Seite steht. Seine Spezialstrecke sind die Salmoniden, sowohl in den küstennahen Süßwasser- als auch Meeresbereichen. Es lohnt sich auf jeden Fall, sich mit dieser Materie näher auseinanderzusetzen. Mit anderen Worten, es sind viele Fische da, aber genau wie in heimischen Gewässern, ist eine gewisse Stetigkeit und Vertiefung in die Materie erforderlich, um auch regelmäßig gute Fänge zu machen.

Tief im Fjord

Der Begriff Fjordnorwegen verbindet sich fast unweigerlich mit Tiefseeangeln, auf jeden Fall aber mit Naturköderangeln. Wer hierher fährt, trifft auf überwiegend tiefe und auch große Fjorde, in denen das Finden der Fische kein Zuckerschlecken mehr ist. Außer an den zahlreichen Lachs-Farmen (wo Angeln verboten ist), bleiben Serienfänge von Riesendorschen oder Seelachsen nur ein Traum. Nicht selten bringt ein ganzer langer Pilktag mit Eisen und Beifängern mehr Minilengs als maßige Dorsche in die Kiste. Viel einträglicher ist dagegen, die vor allem im Sommer und Herbst oberflächennah jagenden Pollacks mit Blinkern oder leichten Pilkern zu beangeln. Es ist allerdings nicht ganz so einfach, ihre Standplätze zu finden, zumal die Sommerpollacks extrem nachtaktiv sind. Aber eines ist versprochen! Mit der Meerforellen-Rute eine Pollackstrecke hinzulegen, verursacht einen dreitägigen Muskelkater – Drillspaß garantiert! Faustregel für den Pollack: „Wo einer ist, da sind noch mehr!“ Für den Großfischjäger steht ohne

Zweifel das Tiefseeangeln im Vordergrund. Da werden die schweren Naturköderruten für Großleng und -lumb eigentlich nur aus der Hand gelegt, um Köderfische zu fangen. Denn der Erfolg mit Naturködern in 100–350 Metern Tiefe kommt mit größter Sicherheit immer und ist jede Anstrengung wert! Es ist nur eine Frage der Zeit – und diejenigen, die sich mit der Materie ein wenig beschäftigen, verkürzen dank zunehmender Erfahrung die Zeit bis zum Erfolg um Einiges. Als Lohn der Mühe winken Lengs deutlich jenseits der 150-Zentimeter-Marke und Lumbs, die auch mal 20 Pfund auf die Waage bringen können.

Interessante Mitte

Wenn von Mittelnorwegen die Rede ist, dann werden natürlich viele Sportfreunde an Hitra denken. Hitra ist die wahrscheinlich am stärksten frequentierte Region Norwegens überhaupt, wobei das mehr mit dem Angebot an Unterkünften, als mit Fischreichtum zusammenhängt. Wirklich einträgliches Angeln beginnt erst nördlich des Trondheimfjordes, allerdings hat die Zone bis etwa hin zum Namsenfjord (ca. 150 km nördlich von Hitra) auch unbestreitbare Vorteile. Zum einen ist es wohl die Erreichbarkeit. Selbstfahrer erreichen ihr Reiseziel ab dem Fährhafen Oslo oder Kristiansand immer noch in einer lockeren Tagesfahrt. Da macht es kaum einen Unterschied, ob das Häuschen auf Smöla, Hitra oder Froya steht. In Mittelnorwegen finden wir ein große Artenvielfalt und deutlich bessere Fangchancen. Riesige Schwärme großer Seelachse vagabundieren je nach Jahreszeit vor den Schären und auch innerhalb. Der große atlantische Laichdorsch (Skrei) zieht im Frühjahr entlang der Küste (zumindest bis hinunter zu den Lofoten), der Meterdorsch aus den lokalen Küstenstämmen rückt in „greifbare“ Nähe, wild kämpfende, große Pollacks jagen durch die schäumende Brandung und an allen Ecken finden sich ertragreiche Plätze für größere Rotbarsche. Insbesondere das Leng-Angeln vor der Küste macht immer wieder Schlagzeilen, aber bei dem sonstigen vielfältigen Angebot kostet es Überwindung, stundenlang das schwere Tiefseegeschirr zu schwingen. Auch die Fänge an Heilbutt haben in den letzten Jahren deutlich zugenommen. Insbesondere ab der Region Flatanger nordwärts lohnt sich das gezielte Angeln auf den König des Nordens.

Ein nicht zu unterschätzender Nachteil Mittelnorwegens sollte aber nicht unerwähnt bleiben: Angeln bedeutet hier oft Angeln von kleinen Booten an der offenen Atlantikküste! Je weiter draußen, desto besser fängt man zwar, aber dafür braucht es natürlich auch das entsprechende Wetter – und das kann man leider nicht buchen! Die schönste Jahreszeit ist leider meist nicht die beste Fangzeit. Im Frühjahr und Herbst stehen die Chancen meist besser, allerdings ist dann auch mit Ausfalltagen zu rechnen. Alles in allem kann man aber behaupten: Wer von Mittelnorwegen mit leerer Fischkiste nach Hause fährt, hat den Drilling am Pilker vergessen.

Mittelnorwegen glänzt mit einem gut bestückten Sortiment der wichtigsten Angelfische in akzeptabler Durchschnittsgröße: Neben Dorsch, Leng, Seelachs und Pollack finden auch reichlich leckere Schellfische, Wittlinge, Plattfische, Lumbs und Rotbarsche den Weg in die Fischkiste. Mit etwas Glück und Können aber auch der überaus delikate Seeteufel oder der kampfgewaltige Heilbutt.

Tischplatte und Muschelknacker

Zwei der begehrtesten Spezies sind dann aber doch eher im hohen Norden heimisch: Seewolf und Heilbutt. Chancen gibt es natürlich, aber die Domäne von Muschelknacker und Tischplatte, ebenso wie die der meisten Großdorsche ist nun mal Nordnorwegen. Die reelle Aussicht auf den Fisch des Lebens zieht immer mehr Fans ins Land der Mitternachtssonne. Die Kapitalenjäger unter den Meeresanglern stört es da wenig, dass die Anfahrt mal eben zwei Tage dauern kann, die Preise im Norden nicht unbedingt sozialverträglich sind und sich das Wetter manchmal viermal am Tag ändert.
Wer einmal unter der Mitternachtssonne im Fangrausch war, hat auch ohne Camcorder eine Film im Gedächtnis – lebenslang! Und das mit dem Fangrausch kann auch den abgebrühtesten Freaks passieren, da sollte keiner voreilig die Nase rümpfen!
Auch im Norden hat jede Jahreszeit ihre Reize. Merkwürdigerweise finden viele Bewohner Nordnorwegens die dunkle Jahreszeit romantischer als den sonnenüberfluteten Sommer. Das ist sicherlich Ansichtssache. Überraschenderweise sind die Winter weniger kalt als etwa in Zentraleuropa. Das betrifft natürlich nur die äußere Küstenregion,

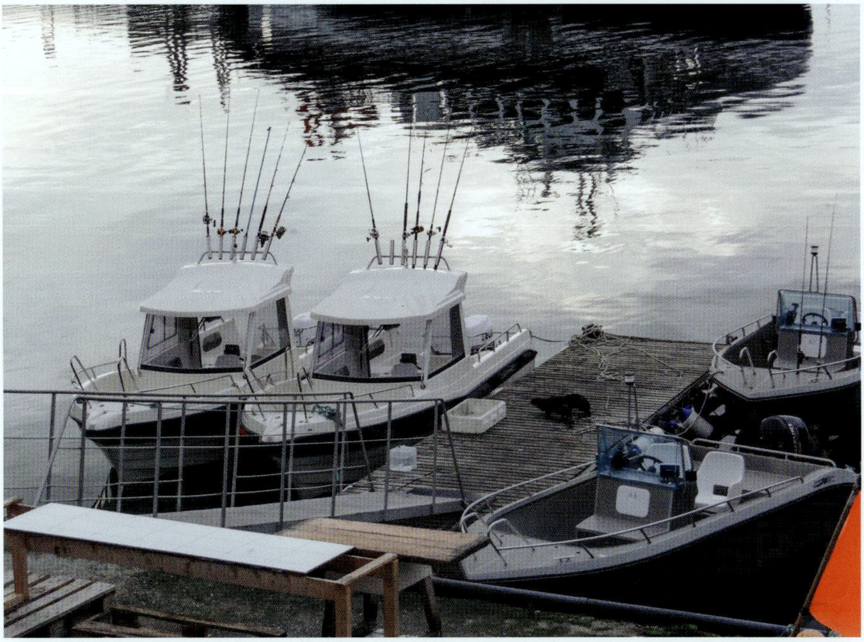

◀ **Die Boote sind auf die Anforderungen der Angler zugeschnitten.**

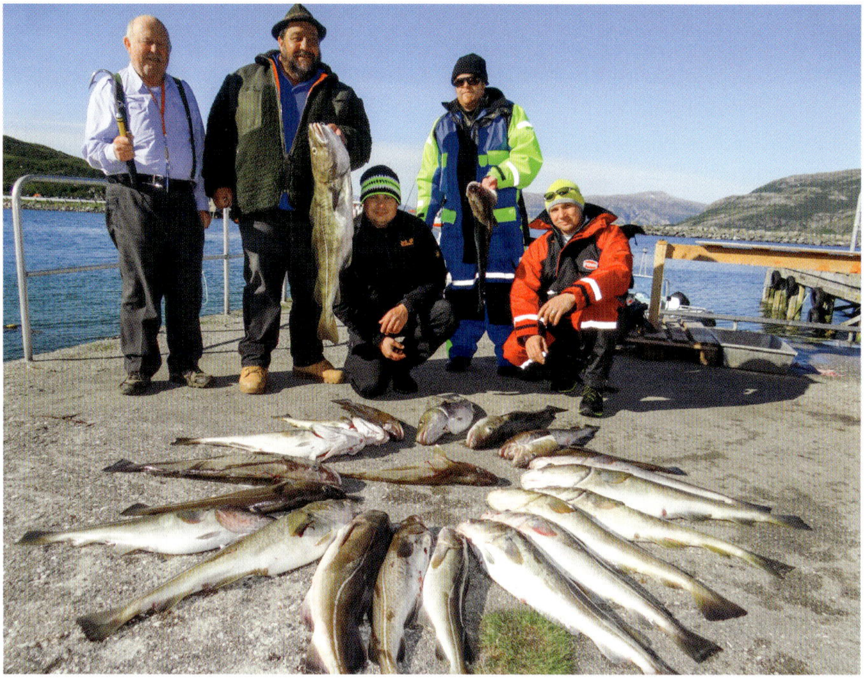

Mengen und Größen der Fische sind vielerorts überwältigend. Hier Dorsche.

die extrem vom Golfstrom profitiert. So sind die durchschnittlichen Wintertemperaturen der Region Tromsø höher als etwa die von Berlin! Was noch überraschender ist; es gibt an der Außenküste nur in den allerseltensten Fällen vereiste Häfen. Wer beispielsweise im Februar oder März nach Fjordnorwegen oder auch nach Südnorwegen will, der hat diese Garantie nicht. Innerhalb der Fjorde kann natürlich auch hier das Wasser gefrieren, aber an der Außenküste ist das ein Ereignis, welches einmal in 50 Jahren vorkommt und überdies nicht lange anhält. Nur eines ist gewiss und unterliegt auch keinen Schwankungen – die Tage zwischen November und Februar sind kurz. Es ist nicht völlig dunkel, aber vier bis sechs Stunden dämmerungsähnlicher Helligkeit klingen nicht wirklich einladend. Ein besonderes Ereignis des Winters soll aber nicht unerwähnt bleiben. Von November bis etwa Januar zieht es den wohl größten Heringsschwarm des Erdballs an die Küste Nordnorwegens. Dieser Stamm umfasst die gigantische Menge von fünf bis sieben Millionen Tonnen. Im Sommer zieht dieser Megastamm am Rande des Schelfes Richtung Nordpol. Dieser Bereich ist die nahrungsreichste Zone überhaupt und der Hering frisst sich die notwendigen Winterreserven an. Im Herbst dreht er um und zieht zurück an die Küste, um dann irgendwo zu überwintern. Viele Jahre lang war dies im Vestfjord, jetzt spielt sich das Schauspiel weiter nördlich, in der Region nordwestlich von Tromsø ab. Niemand weiß, warum die Heringe ihre Überwinterungsplätze ändern, vermutlich sind Meeresströmungen dafür verantwortlich.

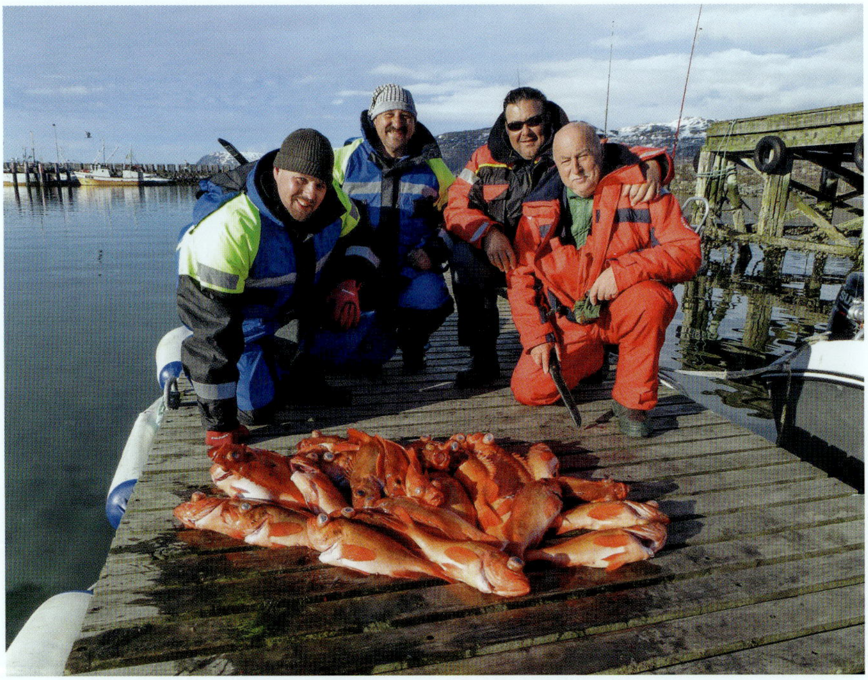

Auch Rotbarsche stehen oft in großen Schwärmen beisammen.

Das entscheidende an diesen Überwinterungen ist, dass sich unglaubliche Mengen an Prädatoren bei diesen Schwärmen versammeln. Dazu gehören nicht nur Kabeljau, Seelachs und Heilbutt, sondern auch Killerwale, Buckelwale und sogar Finnwale, die sich am Heringsfestschmaus beteiligen. Dieses Schauspiel lockt nicht nur Touristen (whale-watching) und Forscher, sondern auch zunehmend Angler in die winterlichen Breiten. Auch die wirklich großen Schellfische kommen in diesen Monaten erst in küstennahe Bereiche. Während sie sich im Sommer bis hin zur Bäreninsel, ja sogar in Richtung Spitzbergen aufhalten und damit im Sommer die Weiten der Barentssee meist pelagisch jagend besiedeln, werden die Schellfische in den dunkelsten Monaten in großer Stückzahl und hohen Gewichten angelandet. Aber schauen wir uns besser mal die Sommermonate an. Am 21. März ist Tagundnachtgleiche. Die Sonne „steht" über dem Äquator, was bedeutet, dass es zwölf Stunden hell ist und das eben nicht nur in Deutschland, sondern auch im hohen Norden. Das ist die Zeit des Skreis, des großen Nordmeerdorsches, der regional unterschiedlich zwischen Februar und April laicht. Die Skrei-Fischerei der Lofoten ist vielen Sportfreunden sicherlich bekannt. Weniger bekannt ist, dass es eine ganze Reihe von anderen Laichgebieten gibt. Richtig betrachtet haben die Lofoten eher eine historisch gewachsene Bedeutung, denn die bedeutenderen Laichgebiete sind weiter nördlich, dazu zählen die Inseln Soroya, Ingoya/Rolvsoya, der Malangsgrunnen vor Vengsoya und das Gebiet vor der Küste Senjas. Das Thema Skrei

Bei Seewölfen spricht man eher von Rudeln als von Schwärmen.

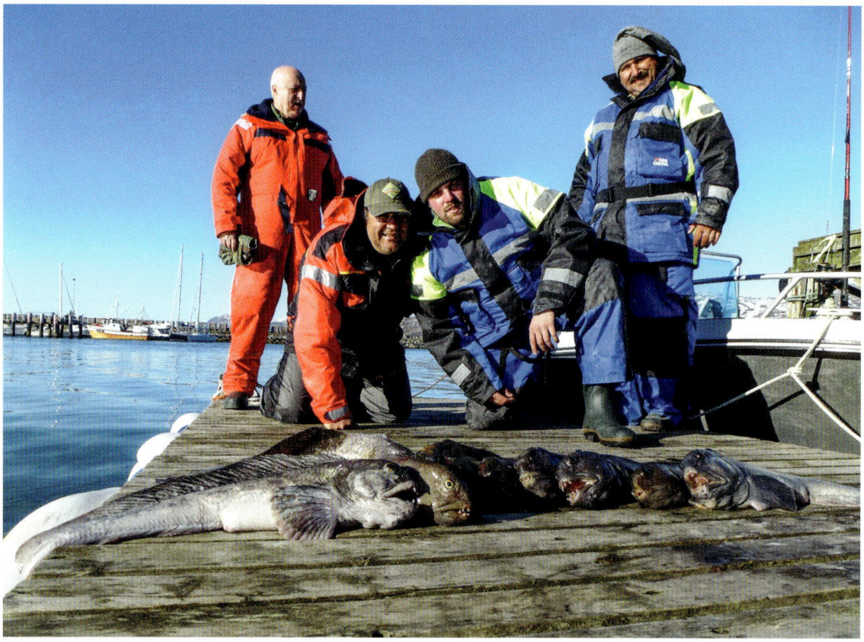

verdient eigentlich eine Sonderbehandlung, und wer einen wirklich gigantischen Dorsch fangen möchte, der muss sich eben im Frühjahr in den Norden begeben. Fakt ist, nachdem in den 70ern die Bestände durch Überfischung stark dezimiert waren, haben die anschließenden Schonmaßnahmen gegriffen. In 2013 waren die Bestände auf einem historischen Hoch. Der Skrei, der den ganzen Sommer bis Dezember in der Barentssee verbringt, bildet zudem die Haupterwerbsgrundlage der meisten norwegischen Küstenfischer. Schön zu hören, dass sich die Bestände auf der Basis vernünftigen Fischmanagements so weit erholt haben und damit den wichtigsten Kabeljau-Bestand der ganzen Welt darstellen.
Ab Ende April wird es nicht mehr richtig dunkel im hohen Norden. Regional liegt die Wassertemperatur aber meist noch unter 4 Grad Celsius, die Fische sind dementsprechend „faul“.
Der Hauptfisch im Mai ist der Seewolf, der sich an den niedrigen Temperaturen offensichtlich am wenigsten stört. Irgendwann im Mai springt die Wassertemperatur förmlich nach oben – manchmal über Nacht (Golfstrom!) – und dann beginnt das große Fressen! Wenn dann erst im Juni die Schwärme von Sandaalen und auch kleinen Seelachsen auftauchen, dann kocht manchmal das Wasser. Der Juni/Juli ist die allerschönste Zeit. Die Sonne steht nun auch nachts immer eine Handbreit über dem Horizont – ein Mitsommernachtstraum. Das muss einfach jeder einmal im Leben erlebt haben.
Aber zurück zu den vier Hauptfischarten Dorsch, Seewolf, Rotbarsch und natürlich Heilbutt. Zu diesen Fischarten gibt es ja eigene Kapitel, aber der jahreszeitliche Überblick ist dennoch ein recht interessanter Aspekt. Die

Seewölfe sind vom Frühjahr bis etwa Mitte Juli sehr aktiv, danach gehen die Fänge stark zurück. Es ist schwer nachvollziehbar, wohin sie dann verschwinden, denn es ist ja auf alle Fälle noch Fresszeit, und weite Strecken legen die schlechten Schwimmer nicht zurück. Vermutlich ziehen sie sich einfach in tiefere Bereiche zurück und können dort unter den Lumbs nicht mehr besonders selektiv beangelt werden. Der jahreszeitliche Verlauf beim Dorsch ist etwas schwieriger. Hierbei geht es weniger um den Skrei (Wanderdorsch), sondern die lokalen Stämme, auch kurz unter der Bezeichnung Küstendorsch zusammengefasst. Der Küstendorsch ist – anders als der Skrei – im Bestand zurückgegangen. Im zeitigen Frühjahr stehen die großen Küstendorsche überwiegend vor der Küste und ziehen erst nach Erwärmung des Wassers tiefer in die Fjorde und unter Land. In den größeren Fjorden ziehen die großen Dorsche manchmal erst im Juli oder August hinter den Kleinfischschwärmen tief in die Fjorde. Deshalb sind die Ausgangsbereiche der Fjorde im Frühjahr meist deutlich besser bestückt. Wenn im zeitigen Frühjahr noch nicht allzu viel Kleinfisch präsent ist, kann die Suche nach dem Futterfisch zwar zeitraubend sein, wenn die aber erst mal gefunden sind, dann sind die großen Jäger natürlich auch nicht weit. Da kann es Sternstunden geben! Wenn nämlich im späten Frühjahr oder Sommer Massen kleiner Seelachse oder Sandaale unter die Küste kommen, dann sind zwar insgesamt mehr Dorsche präsent, aber sie sind verstreuter, schwerer zu finden, und manchmal auch nicht besonders beißwillig. Im Herbst stehen die Dorsche dann meistens recht tief, oft auch in 130 ja 180 Metern Tiefe. Das

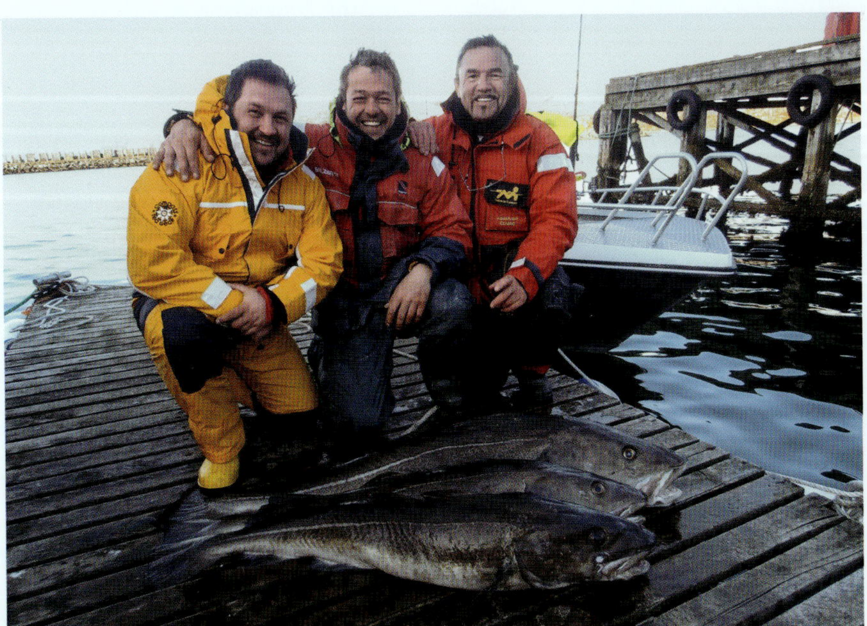

Der Frühjahrs-Skrei ist der wichtigste Wirtschaftsfisch Nordnorwegens.

▶ Der Heilbutt ist der beliebteste Sportfisch für Angler.

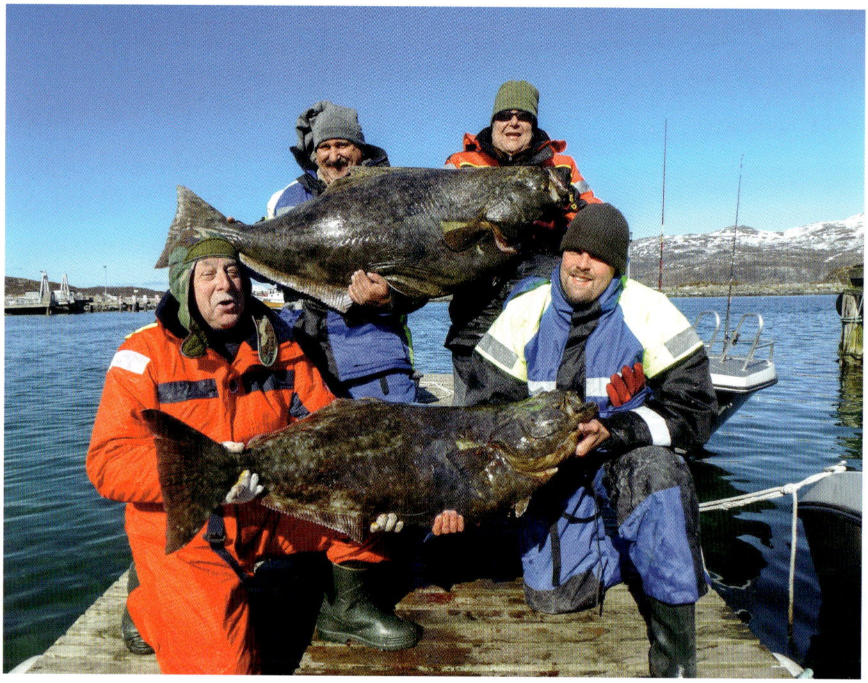

Flugrouten

Von fast jedem größeren deutschen Flughafen gibt es tägliche Verbindungen nach Oslo. Von hier aus geht es auf die zahlreichen Regionalflughäfen in Norwegen (Norwegian, SAS, Wideroe):
Kristiansand
Stavanger
Bergen
Molde
Trondheim
Bodo
Evenes/Narvik
Andenes
Bardufoss
Tromsø
Alta
Lakselv
Kirkenes
Hinzu kommen zahlreiche kleine Flughäfen, die mit den Propellermaschinen der Fluggesellschaft „Wideroe" angeflogen werden.

ist dann auch schon mal Arbeit, hier die großen Brocken zu finden, aber dazu später mehr. Die Rotbarsche sind im Norden gewissermaßen die Futterfische der Tiefsee. An den meisten Tiefplateaus, an tiefen Kanten und Vorsprüngen lauern kleinere oder größere Schwärme dieser überaus leckeren Großmäuler. Allerdings haben sie auch ihre Macken, wo heute noch jeder Haken des langen Paternosters besetzt war, ist morgen unter Umständen nicht mal ein einziger Stachelritter zu holen. Aber eines ist fast sicher, morgen oder übermorgen sind sie wieder da.
Ein letzter Tipp am Rande für die Nordnorwegen-Fahrer: Wer mit dem Auto über Schweden fährt, hat durch die „Krümmung" des Tigers nach Osten unabhängig von der Region annähernd gleiche Anfahrzeiten. Das heißt, ob es

auf die Lofoten, nach Vesteralen, nach Tromsø oder an das Nordkapp geht – mit der Anfahrt über Schweden nimmt es sich zeittechnisch nicht mehr allzu viel.

Bei vielen steht abschließend die Frage, wo denn die großen Seelachse sind, angesichts der teilweise großen Mengen an kleineren Exemplaren! Sie sind da, aber sie sind schwierig. Anders als in Mittelnorwegen, wo die großen Seelachse auch über flachere Plateaus vagabundieren, halten sich die Großköhler in Nordnorwegen viel öfter über sehr tiefem und strömendem Wasser auf. Es gibt natürlich eine Reihe regionaler Ausnahmen, wie Straumen oder bestimmte Bereiche der Außenküsten. In den meisten Gebieten durchstreifen sie aber vor allem tagsüber das Mittelwasser über ca. 200 Meter Gesamttiefen (mehr oder weniger). Wenn da nicht manchmal die Möwen helfen, ist es gar nicht so einfach, die großen Kaliber zu erwischen. Die meisten starken Exemplare werden regelmäßig als Beifang beim Rotbarsch-Angeln gefangen. Die tiefen Unterwasserberge sind oft ein wahrer Magnet für die schnellen Sprinter. Beim Hochholen oder Runterlassen der Montage, besonders morgens oder abends. Da kommen sie nämlich auch dichter an die Plateaus, wobei Fänge von großen Seelachsen in 100–200 Metern Wassertiefe eher die Regel als die Ausnahme darstellen.

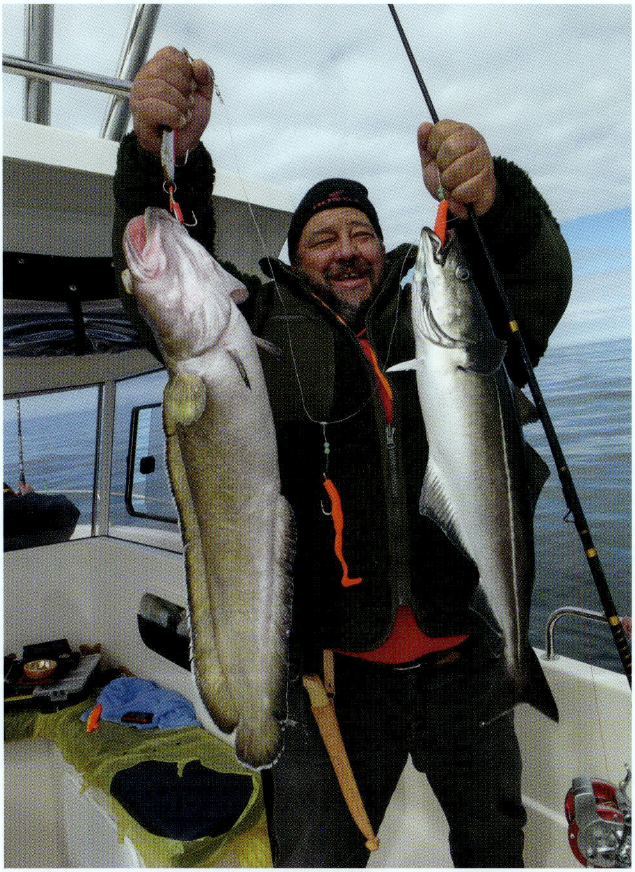

▲ Die Vielfalt machts!

Reisestrecken

Empfohlene Anreise

Südnorwegen (meist mit dem eigenen PKW): Fähre Oslo, Langesund, Kristiansand, Stavanger, Bergen

Fjordnorwegen (meist mit dem eigenen PKW): Fähre Oslo, Langesund, Kristiansand, Stavanger, Bergen

Mittelnorwegen: Fähre Oslo, Flug Molde, Trondheim, Bodo

Nordnorwegen: Mit dem eigenen PKW ist es vorteilhafter, mit der Ostseefähre von Puttgarden, Rostock oder Saßnitz nach Dänemark oder Schweden zu fahren. Von da aus geht es weiter auf der E4 über Stockholm (Schweden) und Sundsvall. Je nach Reiseziel dann über die 95 nach Bodo oder aber weiter nach Norden auf die E45 oder E10. Fliegen ist deutlich einfacher!!

Fähren

Information, Preise, Fahrplan, Tickets

Fähre Kiel – Oslo
Color Line
Eine Abfahrt pro Tag
in jede Richtung
20 Stunden

Mit der Fähre Kiel – Oslo beginnt der Norwegenurlaub mit einer entspannten An- oder Abreise. Auch für den Urlaub in Mittelschweden oder Nordschweden ist diese Fährverbindung eine echte Alternative. Mit dem Auto ab Oslo benötigen Sie ca. 2,5 Fahrzeit Stunden bis Lillehammer (195 km), ca. 7 Stunden bis Trondheim (495 km), ca. 8 Stunden bis Bergen (518 km), ca. 13 Stunden bis Mi I Rana (980 km) und ca. 4,5 Stunden bis Idre (330 km)

Fähre Hirtshals – Kristiansand
Color Line
Zwei Abfahrten pro Tag
In jede Richtung
Fahrzeit 3 Stunden,
15 Minuten

Eine schnelle Überfahrt zum günstigen Preis ist mit der Fähre Hirtshals – Kristiansand nach Südnorwegen möglich. Die kurze Fahrzeit ist auch für Haustier-Mitnahme vorteilhaft.
Für die Weiterrreise per Auto müssen Sie bis Egersund 2,5 bis 3 Stunden, bis Stavanger ca. 4 Stunden und bis Bergen ca. 8 Stunden rechnen. Alternativ ist hier die Fähre Hirtshals – Bergen – Stavanger nutzbar.

Fähre Hirtshals – Larvik
Color Line
Zwei Abfahren pro Tag
Fahrzeit 3 Stunden,
45 Minuten

Eine weitere Möglichkeit einer kurzen Überfahrt nach Norwegen bietet die Fähre Hirtshals – Larvik. Für die Strecke von Larvik nach Oslo (134 km) benötigt man knapp 2 Stunden.

Fähre Hirtshals – Bergen
fjordline
Drei Abfahrten pro Woche
ab Hirtshals
Fahrzeit 20 Stunden

Die derzeitig einzige Verbindung zur norwegischen Atlantikküste bietet die Fähre Hirtshals – Bergen. Ab September 2013 wird diese Route täglich befahren und bietet dann ideale Anreise zu den Ferienhäusern an den Fjorden.

Fähre Hirtshals – Stavanger
fjordline
Vier Abfahrten pro Woche ab
Hirtshals, vier Abfahrten
pro Woche ab Stavanger
Fahrzeit 12 Stunden

Viele Angler wünschen sich die Fähre nach Egersund zurück, aber leider verkehrt die Fähre nach Stavanger. Auch diese Strecke wird am September 2013 täglich bedient.

Fähren (Fortsetzung)

Fähre Frederikshavn – Oslo Stena Line Täglich eine Tagfahrt früh ab Frederikshavn*, täglich eine Nachtfahrt abends ab Oslo Fahrzeit Tag: 8,5 Stunden, Nacht: 12 Stunden * in der Nebensaision nicht montags	Generell überzeugt die Fähre Frederikshavn – Oslo für Reisende, die ihren Hund nach Norwegen mitnehmen möchten. Das Tier wird auf den Überfahrten mit dem Halter in der Kabine untergebracht. Durch die frühe Abfahrt in Frederikshavn kann eine Übernachtung in Kopenhagen zugebucht werden.
Fähre Kopenhagen – Oslo Eine Abfahrt pro Tag ab Kopenhagen, eine Abfahrt pro Tag ab Oslo Fahrzeit 16,5 Stunden	Wer einen Aufenthalt in der schönen Stadt Kopenhagen in seinen Urlaub einbauen möchte, hat für die Weiterreise die Möglichkeit, die Fähre Kopenhagen – Oslo zu nehmen. Nach Kopenhagen existiert eine gute Anbindung von Hamburg, Amsterdam, Frankfurt am Main, München, Offenburg und Basel mit der City Night Line ab Hamburg, Lübeck und Berlin mit dem ICE einschließlich Fährfahrt Puttgarden – Rödby (mit dem ICE geht es auf die Fähre).

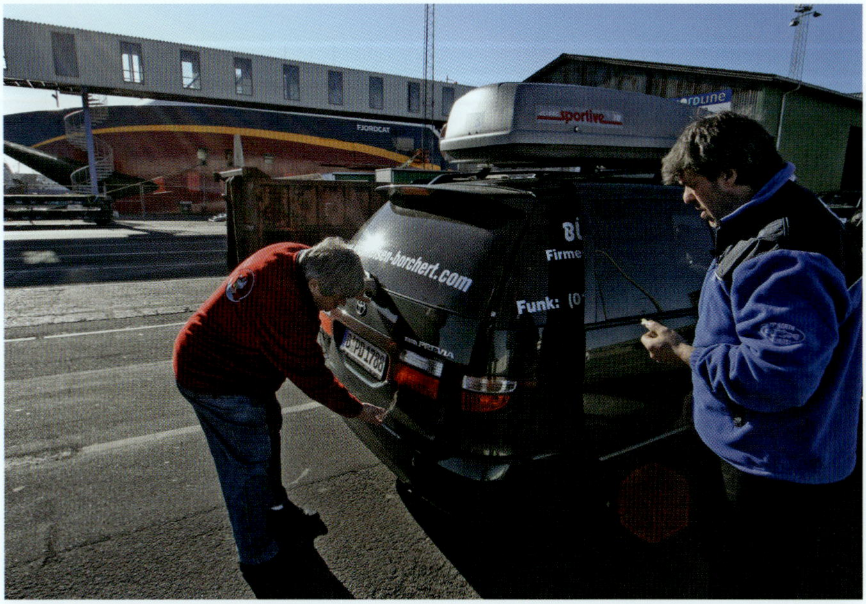

Besser zu früh, als zu spät im Fährhafen.

Volker Dapoz packt

Bald ist es geschafft: Der Autor lädt sein Rutentransportrohr ins Auto. Fehlen noch Köderkiste und Styroporbox für die Fischfilets, dann kann die Tour nach Norwegen beginnen:

Ich packe mein Auto und nehme mit …

Praktisch: Eine solche automatisch aufblasbare Schwimmweste trägt sich sehr angenehm.

Dank dieser Reise-Checkliste sind Sie für Norwegen-Touren mit dem eigenen PKW bestens gerüstet.

Viele kennen das: Man ist am Reiseziel angekommen und stellt fest, dass man etwas Wichtiges vergessen hat. Daher habe ich mir angewöhnt, jedes Mal vor Reiseantritt eine Checkliste abzuhaken. In diesem Fall geht es mir nicht speziell um das Angelgerät, sondern um alle anderen Sachen, die man bei einer Tour mit dem Auto dabeihaben sollte.

✔ Seekarte (vom Reiseveranstalter oder aus dem Internet)
✔ Maßband/Fischwaage
✔ Hakenlöser (Löse- bzw. Sprengringzange)
✔ Schlaggaff/Fischtöter (falls nicht vorhanden)
✔ GPS-Plotter und ggf. Ersatzakkus (Selbst wenn die Boote mit einem Kartenplotter bestückt sind, sollte nach Möglichkeit aus Sicherheitsgründen ein zusätzliches Handgerät an Bord sein.)
✔ Schwimmweste (vor Ort sind meist keine selbst aufblasbaren, also eine Komfort-Frage), Angelgerät und -zubehör
✔ Personalausweis oder Reisepass
✔ Führerschein und Fahrzeugpapiere
✔ Reiseunterlagen (Tickets, Voucher)
✔ Bargeld, EC- und Kreditkarte
✔ Handy, Ladegerät, ggf. norwegische Prepaid-Telefonkarte (rechnet sich vor allem bei Gruppen enorm)
✔ Navigationsgerät, ggf. Straßenkarte (zumindest prüfen, ob in Ihrem Auto auch das norwegische Straßennetz erfasst ist)
✔ Smartphone und/oder Laptop (über häufig vorhandenen WLAN-Zugang kann z.B. kurzfristig das Wetter gecheckt werden. Auch für die Sicherung der Urlaubsbilder oder zum Skypen ist ein Laptop praktisch.)
✔ Digitalkamera, Ladegerät, Speicherkarten, ggf. Kartenlesegerät
✔ Ausländische Währung (z.B. Überreste von vergangenen Touren)
✔ Auslandskrankenversicherung
✔ Camcorder/Ladegerät/Kassetten/Zubehör

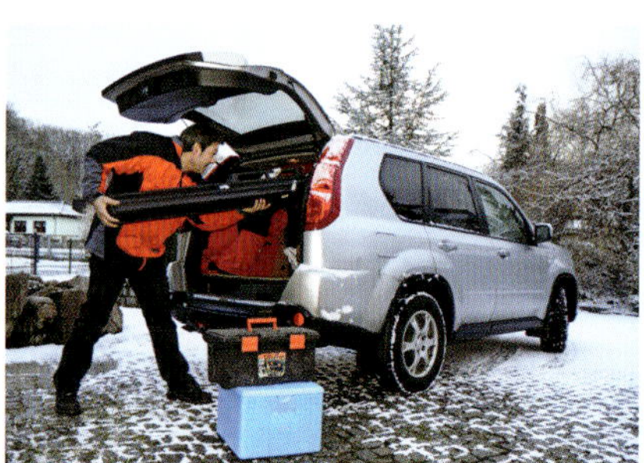

▶ Viele fahren mit dem eigenen PKW nach Norwegen.

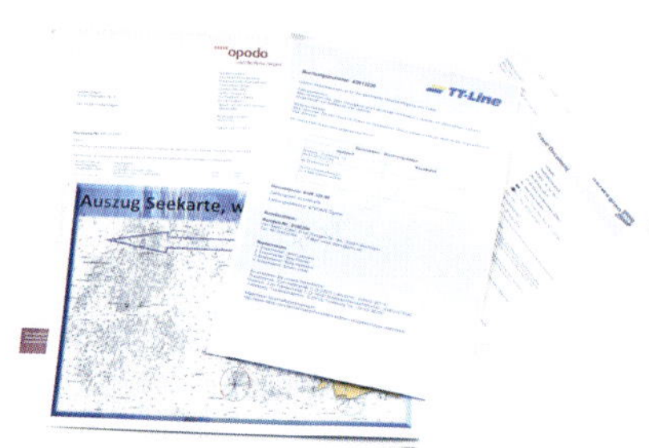

- ✔ Gesellschaftsspiele, Lektüre (für Schlechtwetter-Tage)
- ✔ Schreibzeug
- ✔ Sonnenbrille
- ✔ Waschzeug
- ✔ Schere, Nagelfeile, ggf. Handtücher
- ✔ Hand- und Gesichts-Creme
- ✔ Lipstick (Salzwasser trocknet die Haut enorm aus!)
- ✔ Sonnencreme mit hohem Schutzfaktor von mindestens 30 (auf dem kühlen Wasser unterschätzt man die Sonnenbrandgefahr schnell)
- ✔ Reisetabletten (sehr wichtig! Wir mussten schon viele Angeltage wegen Seekrankheitsfällen vorzeitig abbrechen.)
- ✔ Reise-Apotheke (Pflaster, Verbandsmaterial, Schmerztabletten, Wundsalbe, etwas gegen Magenverstimmung)
- ✔ Ersatzbatterien
- ✔ Verteilersteckdose (wenn viele Angler gleichzeitig ihre Handys und Akkus vom Fotoapparat laden wollen, kann es sonst eng werden)
- ✔ Bekleidung (Hosen, T-Shirts, Fleece-Shirts, Pyjama etc.)
- ✔ Hausschuhe (Norweger sind recht eigen und möchten nicht, dass die Häuser mit Straßenschuhen betreten werden. Aber wer will das schon?)
- ✔ Fernsehzeitung (falls deutsches TV vorhanden)
- ✔ ggf. Bettwäsche (meist aber vor Ort)
- ✔ Toilettenpapier
- ✔ Thermotasse
- ✔ Kissen (für unterwegs)
- ✔ Taschenmesser, ggf. Reisebesteck (Ein Messer sollte immer in Reichweite sein.)

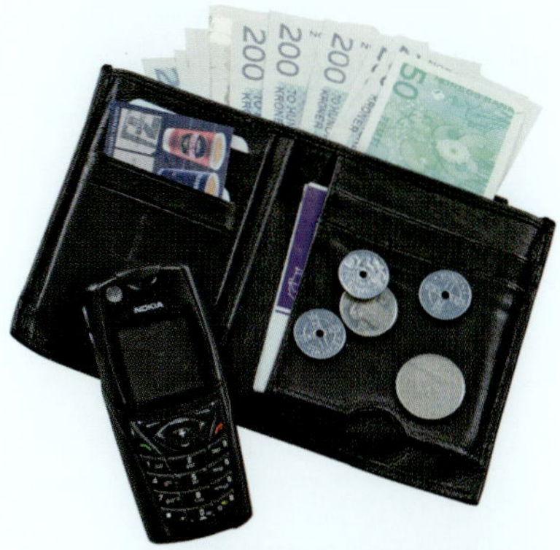

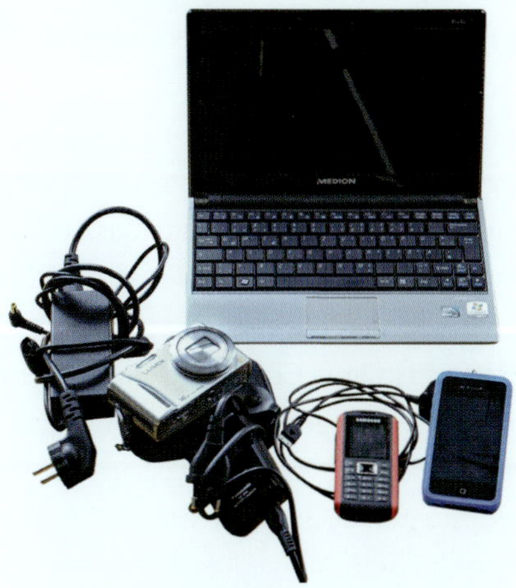

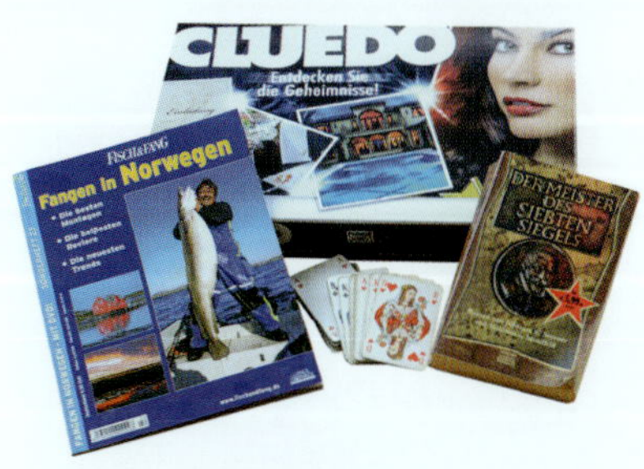

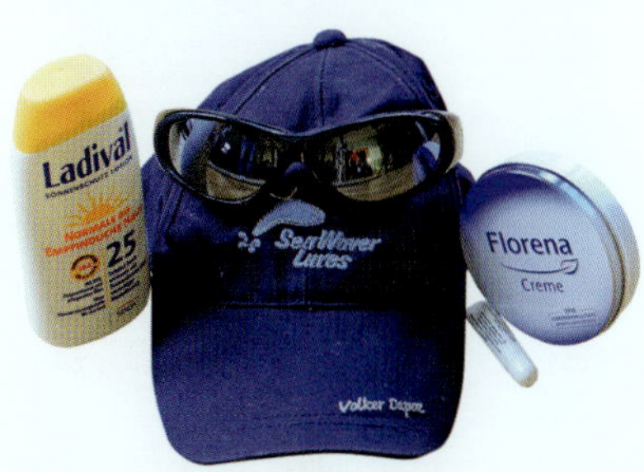

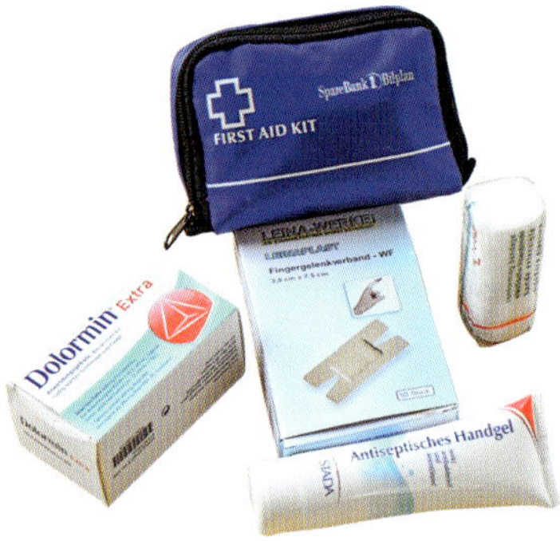

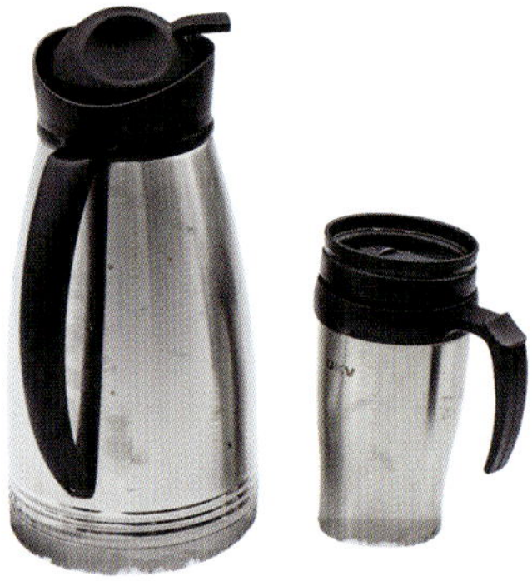

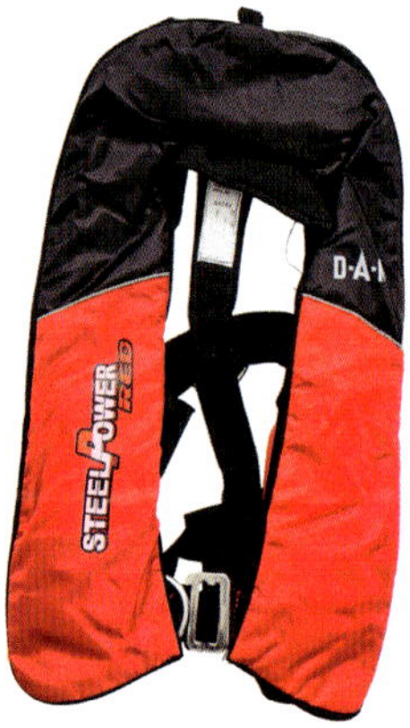

- ✔ ggf. Motoröl für PKW (Bei langen Touren mit Hänger frisst der Motor schon mal 'ne Menge Öl.)
- ✔ Kleine Werkzeugtasche (Zange, Schraubenzieher, Seitenschneider, Kerzenschlüssel etc.), vor allem fürs Boot wichtig
- ✔ Schere, Klebeband, Sekundenkleber, Nähzeug, Gummis
- ✔ Sprühöl (z.B. WD 40)
- ✔ alte Handtücher oder Lappen zum Händeabwischen an Bord
- ✔ robustes Messer (zum Kehlen der Fische, Schneiden von Fetzen oder zum Rausschneiden des Drillings aus der Hose)
- ✔ Thermo-Anzug (Ich empfehle zweiteilige Foatation-Overalls.)
- ✔ warmes, wasserdichtes Schuhwerk (Wenn die Füße kalt sind, macht das Angeln keinen Spaß mehr.)
- ✔ Filetiermesser, Schärfgeräte
- ✔ Kühlbox
- ✔ Gefrier-, Müll- und Plastikbeutel, Klarsichtfolie
- ✔ wasserfester Stift (nicht nur, um die Filettüten zu beschriften)
- ✔ Handbürste
- ✔ Sitzkissen fürs Boot
- ✔ Kleiderbügel (praktisch, um Overalls zum Trocknen aufzuhängen)
- ✔ Pfanne (In den meisten Unterkünften findet man keine vernünftige Pfanne. Und nichts ist ärgerlicher, als wenn der Fisch anbackt.)
- ✔ Mückenspray (Im Binnenland gibt's viele Mücken!)
- ✔ Regenponcho und -hose (für die wärmere Jahreszeit)
- ✔ Mütze, dicke Socken, Handschuhe (für die kalte Jahreszeit)
- ✔ Gummi- oder Neoprenhandschuhe, ggf. gefüttert
- ✔ Feuerzeug/Sturmfeuerzeug
- ✔ Polbrille
- ✔ Spannriemen
- ✔ Cuttermesser
- ✔ 220-Volt-Verlängerungskabel
- ✔ Taschen- und/oder Kopflampe

Gut gerüstet in den Norden

Welches Angelgerät braucht der Norwegen-Einsteiger? In diesem Kapitel erfahren Sie, was Sie benötigen, damit Ihre Angelreise ein Erfolg wird.
Ob Sie vor 40 Jahren das erste Mal nach Norwegen reisten oder ob Sie Ihrer Premiere noch entgegenfiebern: Jeder stand oder steht einmal vor der Frage nach der richtigen Ausrüstung für den Einstieg. Zwei Punkte sprechen dagegen, gleich in die Vollen zu gehen und für Hunderte Euro eine komplette Meeresangel-Ausrüstung anzuschaffen. Punkt 1: „Vielleicht fahre ich einmal und nie wieder?“ Punkt 2: „Für einmal pro Jahr nach Norwegen so viel Geld ausgeben?!“ Dagegen stehen aber zwei andere Argumente: „Wer billig kauft, kauft zweimal.“ und „Einmal Norwegen, immer Norwegen!“
Auch einen anderen Fakt sollte man sich vor Augen führen: Angelurlaub in Norwegen bedeutet sechs, zehn oder sogar 14 Tage fischen – und das von früh bis spät. Die effektive Angelzeit ist für viele vergleichbar mit der jährlichen Angelzeit am heimischen Gewässer. Und mit gutem Angelgerät ist es wie mit gutem Werkzeug: Was nutzt der Akkuschrauber aus dem Discounter, wenn der nach fünf Schrauben den Geist aufgibt? Letztlich ist es aber nicht nur eine Frage der Funktionalität, sondern auch der Anwenderfreundlichkeit. Nehmen wir die Rollenbremse, die nicht nur quietschend und unregelmäßig Schnur freigibt, sondern auch noch schwer einzustellen geht. Vielfahrer landen sowieso irgendwann bei hochwertigen Ruten und Rollen, aber dieses Kapitel soll kein Plädoyer für teures, sondern für zweckmäßiges Angelgerät werden.

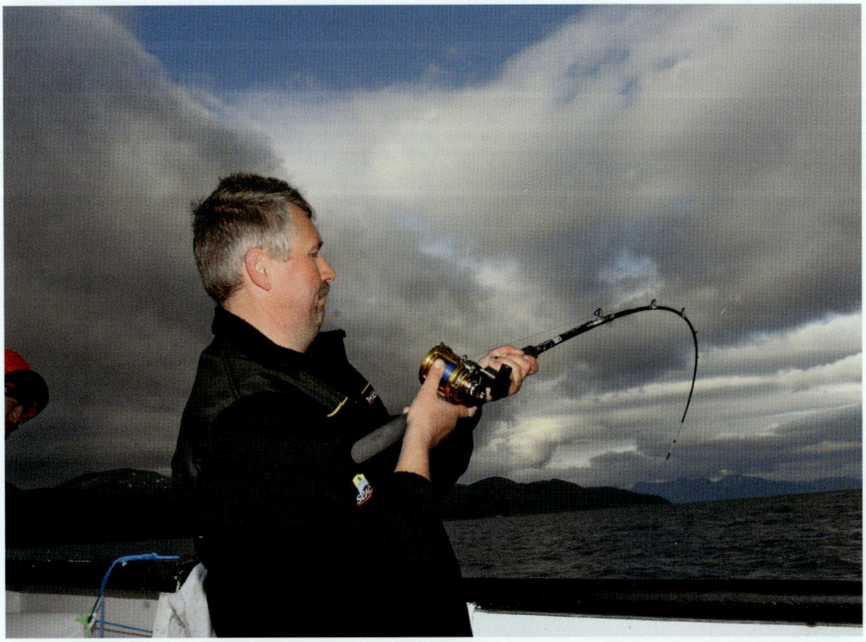

◀ Krumme Ruten wollen alle Norwegenangler.

Breites Spektrum

Die Angelei in Norwegen ist sehr breit gefächert und reicht vom ultrafeinen Fischen auf Pollack bis zum extraschweren Einsatz auf Heilbutt. Es gibt aber eben auch die goldene Mitte: eine Standardausrüstung, die sowohl zum Pilken als auch zum Naturköder-Angeln in mittleren Tiefen geeignet ist. Wer sich später spezialisieren will, kann das immer noch tun. Genau an dieser Stelle ergibt sich schon mal die Kardinalfrage: Stationär- oder Multirolle? Von dieser Wahl hängen mitunter die anderen Komponenten ab. Überspitzt formuliert, bringt es nichts, eine kleine Stationärrolle mit einer steifen Rute von 1,90 Metern zu kombinieren. Die Vorteile der Stationärrolle liegen auf der Hand: Norwegen-Neulinge müssen sich nicht umgewöhnen. Ihnen ist das Handling (insbesondere das Werfen) vertraut. Zweitens gibt es auch im erschwinglichen Preisbereich recht robuste Modelle, und drittens kann eine Stationärrolle, auch wenn sie etwas größer ausfällt, immer noch für Dorsch, Waller oder Hecht eingesetzt werden. Sie stellt somit keine Fehlinvestition dar, auch wenn es mal nicht nach Norwegen geht. Der Hauptnachteil ist konstruktiver Natur: Eine Stationärrolle lenkt die Kraft nun einmal doppelt um: zum einen von der Kurbel rechtwinklig zur Spulenachse, zum anderen wird die Schnur nahezu rechtwinklig zur Spule umgelenkt. Nach den Grundsätzen der klassischen Mechanik entstehen hierbei zwangsläufig Kraftverluste, die die Rolle stark beanspruchen. Deshalb gleich mal an dieser Stelle ein Tipp: Eine Stationärrolle verkraftet den Mega-Druck beim Lösen eines Hängers deutlich schlechter als eine Multirolle.

Also keinesfalls Rute runter und die volle Belastung auf den Schnurfangbügel wirken lassen. Die Hänger sollten mithilfe eines Wickelstocks gelöst werden. Diesen konstruktiven Nachteil hat die Multirolle eben nicht. Die Kräfte werden hier nicht umgelenkt, sondern lediglich durch das Getriebe übersetzt.

Der genannte Vorteil von Multirollen ist auch der Grund dafür, dass sich im Big-Game-Bereich Stationärrollen nur teilweise durchsetzen konnten. Die

▼ Der Norwegenangler und seine Beute.

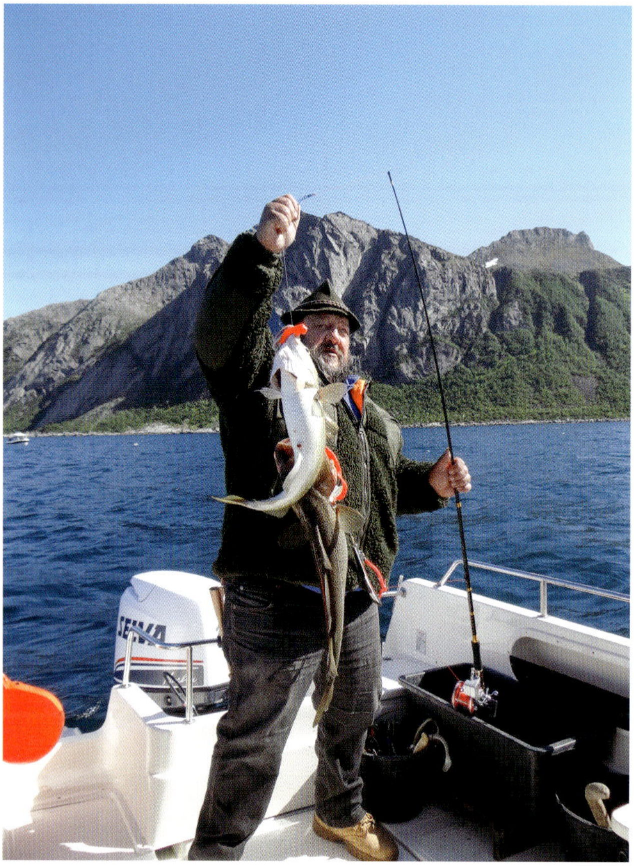

Belastungen durch Tunfisch, Marlin und Co. sind einfach zu heftig. Wer es in Norwegen auf Leng und Rotbarsch in Tiefen bis 300 Metern abgesehen hat, sollte sich eine Multirolle zulegen. Allein das notwendige Bleigewicht sorgt für eine enorme mechanische Belastung. Die meisten anderen Angelmethoden und Fischarten können durchaus mit einer Stationärrolle bewältigt werden. Ich persönlich plädiere für den Einsatz von Multirollen, denn mittlerweile werden viele Modelle auch mit so schmalen Spulen angeboten, dass eine manuelle Schnurführung mittels Daumen überflüssig und damit ein Handlingproblem beseitigt ist.

Stationärrolle und Pilkrute

Wer sich für eine Stationärrolle als Standard- oder Erstausrüstung entscheidet, sollte jedoch auch die Auswahl der Rute und der Schnur darauf ausrichten. Generell muss es keine 10 000er-Größe sein, 6 000er-Modelle halte ich für einen guten Kompromiss. Beispiel: Die 6 000er-Exage von Shimano fasst 240 Meter 0,35er-Schnur. Das sollte für eine ganze Reihe von Einsatzfällen ausreichen. Problematisch ist es nur, die Angabe zur Schnurfassung für Geflochtene umzurechnen, denn so eine Leine sollte es schon sein. Doch für geflochtene Schnüre gibt es leider immer noch keine einheitliche Messmethode, was den Durchmesser angeht. Deshalb ist eigentlich die Angabe der Tragkraft wichtiger. Diese muss für die Stationärrolle nicht so hoch gewählt werden wie für eine Multi. Dafür gibt es mehrere Gründe: Erstens sind nur sehr hochwertige und große Modelle für Tragkräfte jenseits von zehn Kilo ausgelegt, zweitens stören zu starke Schnurdurchmesser enorm beim Werfen (viel mehr als beim Vertikalangeln), und drittens ist es sinnvoll, eine etwas längere Rute zu wählen, als beim Einsatz einer Multirolle. Eine etwas längere Rute hat nämlich eine höhere Elastizität, zumindest, wenn es kein ultrasteifer Stecken ist.

Ich will es mal auf den Punkt bringen: Ich empfehle eine 6 000er-Größe für die Stationärrolle, wobei diese Größenangabe keine klare Klassifizie-

▼ Rute & Rolle sind unsere wichtigsten Werkzeuge.

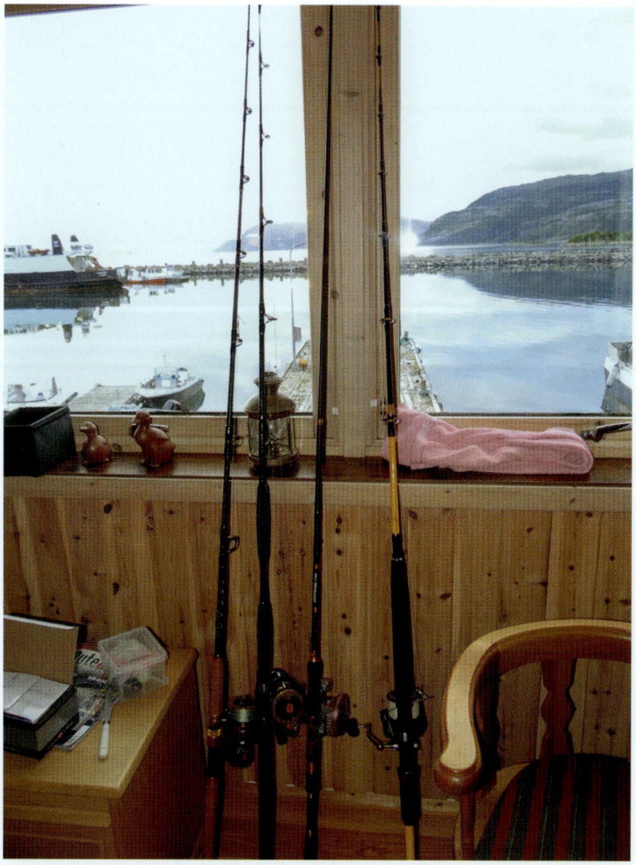

Umlenkung beachten

Bei der Stationärrolle wird die Kraft zweimal im 90-Grad-Winkel umgelenkt: von der Kurbel zur Achse, zudem wird die Schnur rechtwinklig zur Spule umgelenkt.

rung darstellt. Des Weiteren sollte die Rolle eine Kopfbremse besitzen, weil die Heckbremsen anfälliger gegen Salzwasser sind. Bespult wird die Rolle am besten mit einer Geflochtenen, die etwa acht bis zwölf Kilo trägt. Die Rute (auf keinen Fall ein Teleskopmodell!) sollte ein Wurfgewicht von 200–400 Gramm haben. Zwar wird ein 400-Gramm-Pilker natürlich nicht geworfen, aber Ködergewicht, Schnurbogen und Winddrift zerren ganz schön an der Rute. Eine Länge zwischen 2,30 und maximal 2,80 Metern ist ideal. Zudem empfiehlt sich eine Rute mit Stationärrollen-Beringung und progressiver Aktion. Das bedeutet: eine halbwegs flexible Spitze und ein straffes Mittelteil.
Mit einer solchen Ausrüstung ist jeder gut gerüstet, der in Tiefenbereichen bis rund 100 Metern pilkt oder Naturköder anbietet. Wenn alles gut funktioniert und die Kleinteile sowie Handhabung stimmen, sollte auch das Landen eines größeren Heilbutts kein Problem sein.

▼ Die letzten Vorbereitungen für die erste Ausfahrt werden getroffen.

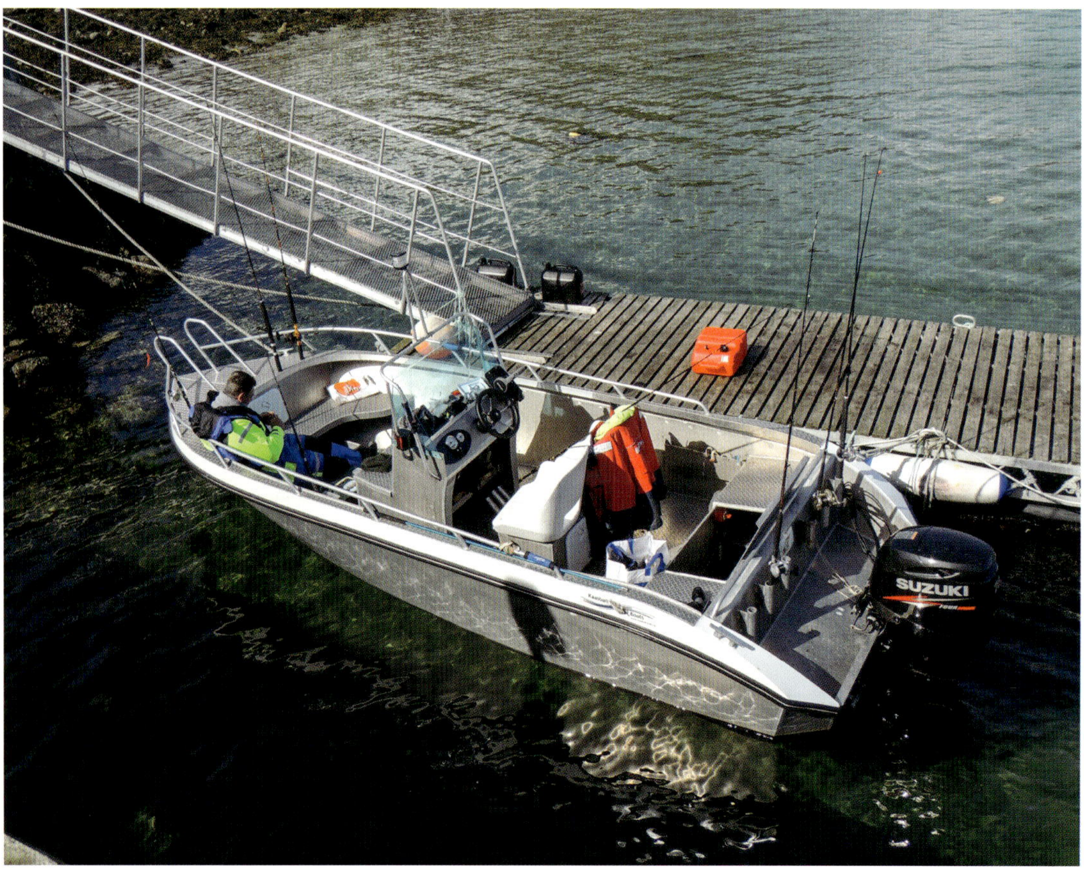

Bootsrute und Multirolle

Da ich selber recht häufig in Norwegen bin und natürlich nicht nur hinsichtlich Dauereinsatz, sondern auch technisch eher an die Belastungsgrenzen stoße, benutze ich fast nur Multirollen. Mit einer einzigen Ausrüstung lässt sich zwar eine ganze Menge, aber eben nicht alles abdecken. Bei den Multirollen gibt es eine Klassifizierung, die sich an den Bremskräften orientiert. Eine 10er-Multirolle hat beispielsweise eine Bremskraft von zehn englischen Pfund (lb). Eine geflochtene Schnur mit einer Tragkraft von 10–15 Kilo ist also völlig ausreichend, auch wenn die Knotenfestigkeit darunter liegt. Zum Werfen ist eine Multirolle nur für Könner geeignet. Aber es gibt eben in Norwegen auch nicht viele Einsatzgebiete, wo das Werfen überhaupt erforderlich wäre. Ausnahmen sind beispielsweise das oberflächennahe Spinnangeln auf Pollack oder Meerforelle sowie das feine Naturköder-Angeln auf Plattfische. Wobei für diese Techniken auch das Spinngerät aus dem Süßwasser eingesetzt werden kann, also ein Neukauf ohnehin nicht notwendig ist. Es sei denn, Sie wollen im Flachwasser auf Heilbutt jiggen. Damit dürfte die Hechtrute deutlich überfordert sein.

Wieder auf den Punkt gebracht: Wer sich für die Multirolle entscheidet,

Pilkrute

Vorteil einer Pilkrute: Mit ihr kann man bei schlechtem Wetter vom Ufer aus Köderfische fangen, oder man sichert sich das Abendessen.
Entscheidend für die Rutenlänge ist das Stück oberhalb der Führhand.

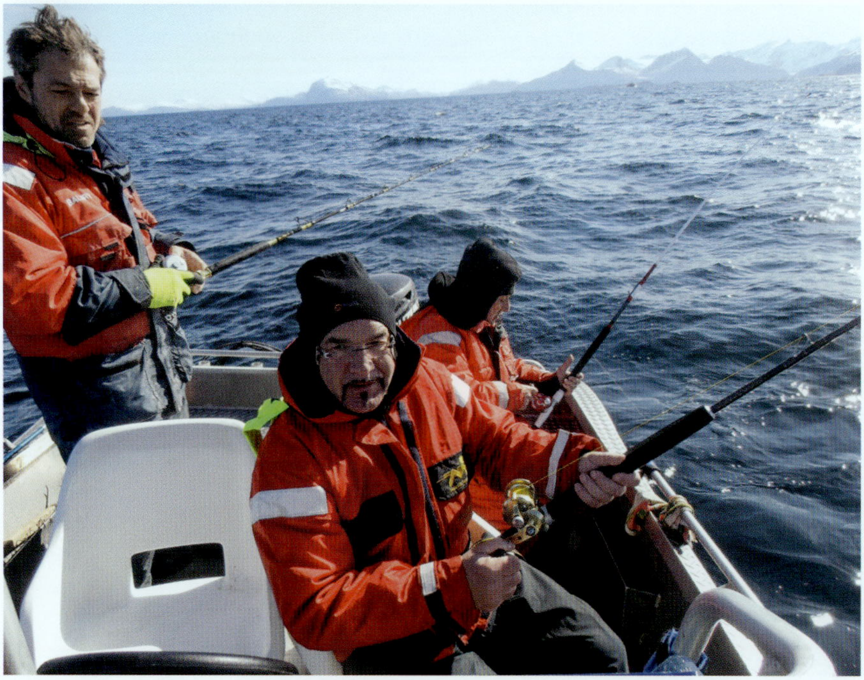

In Norwegen wird überwiegend vertikal gefischt.

Geräte-Tipps für Einsteiger

Stationärrolle

- Penn Slammer 560 (ab ca. 125 €)
- Shimano Exage 6000 (ab ca. 125 €)
- Fin-Nor Sportfisher 60 (ab ca. 92 €)

Pilkrute

- Balzer 71° Nord Flexo Pilk (ab ca. 137,90 €)
- Cormoran Seacor Red Pilk Jig & Pilk (ab ca. 93,50 €)
- Spro Salty Beast Power Pilk Spin (ab ca. 88,90 €)

Multirolle

- Okuma Magnetix 30 CS (ab ca. 169,50 €)
- Daiwa Sealine 47 LCB (ab ca. 199 €)

v Penn GT2 320 LD (ab ca. 199 €)

Bootsrute

- DAM Steelpower Red Boat, 30 lb (ab ca. 107,90 €)
- Sänger Aquantic Power Boat (ab ca. 83,95 €)
- Sportex Jolokia Boat (ab ca. 114,95 €, 10 Jahre Blank-Garantie)

Geflochtene Schnur *

- Balzer Ironline Edition Sea (max. 16,8 kg/0,16er für Stationärrolle; max. 21,7 kg/0,19er für Multi)
- Berkley Whiplash Pro Green (21,7 kg/0,17er, speziell für Multi)
- PowerPro Super 8 Slick in Gelb (15 kg/0,19er für Stationärrolle; 17 kg/0,23er für Multi)

* Die Tragkraftangaben der Hersteller sind lineare Werte und fallen meist etwas zu hoch aus. Hinzu kommt, dass durch Knoten die Tragkraft geschwächt wird. Daher werden Schnüre mit höheren angegebenen Tragkräften empfohlen als im Text beschrieben.

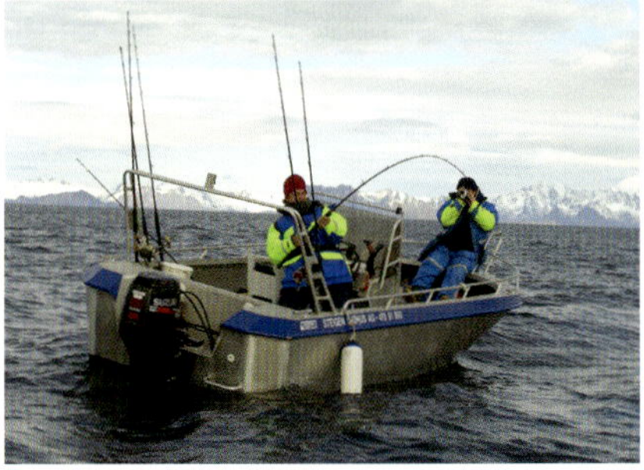

Die winterliche Küstenlandschaft bietet ganz besondere Reize.

der sollte sich für eine 10er oder 12er-Größe entscheiden. Manche Typen werden jedoch nicht nach diesem Schema klassifiziert. In diesem Fall entscheidet die Schnurfassung. Die Rolle sollte etwa 400 Meter geflochtene Schnur mit einer Tragkraft von ca. 12–16 Kilo (beziehungsweise ca. 30 lb) fassen. Die Übersetzung sollte zwischen 1:4 und 1:6 liegen. Weniger bringt kaum Schnureinzug, mehr wird zu mühselig beim Kurbeln.

Ich empfehle 30-lb-Bootsruten zwischen 2,10 und 2,40 Metern. Sollte statt der Belastungskurve das Wurfgewicht angegeben sein, so wäre das vergleichbar mit 200–500 Gramm.

Nachfolgend stellen wir Ihnen einige Modelle mit einem akzeptablen Preis-Leistungs-Verhältnis vor. Die Ruten, Rollen und Schnüre haben sich in der Praxis bewährt und werden nicht gleich am dritten Angeltag den Geist aufgeben. In diesem Sinne: viel Erfolg!

Bei Ruten wird ja immer die Gesamtlänge angegeben. Doch genau genommen ist das irreführend, denn entscheidend ist die Länge, die sich oberhalb der Führungshand befindet. Da sowohl eine Bootsrute (Multi) als auch eine Pilkrute (Stationärrolle) im Bereich des Rollenfußes geführt wird, ist also die Rutenlänge ab dem Rollenhalter interessant. Die Grifflänge entscheidet letztlich nur noch über die Balance der Rute und darüber, ob sie unter den Arm zu klemmen geht (Spinnrute) oder gegen den Bauch oder in den Harness (Bootsrute) gedrückt wird. Das sollte man beim Rutenkauf unbedingt berücksichtigen.

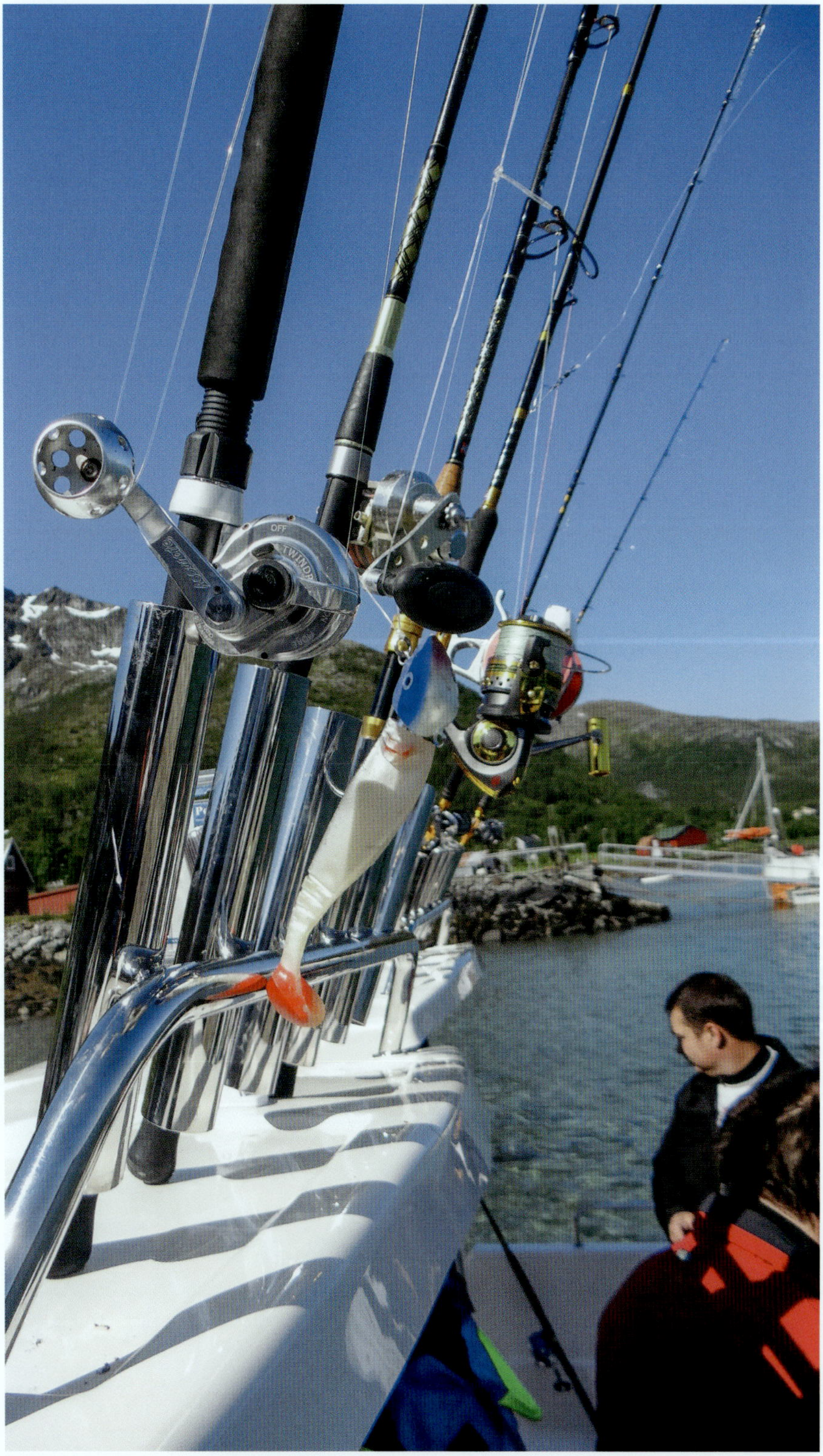

◀ Die Ausrüstung ist komplett!

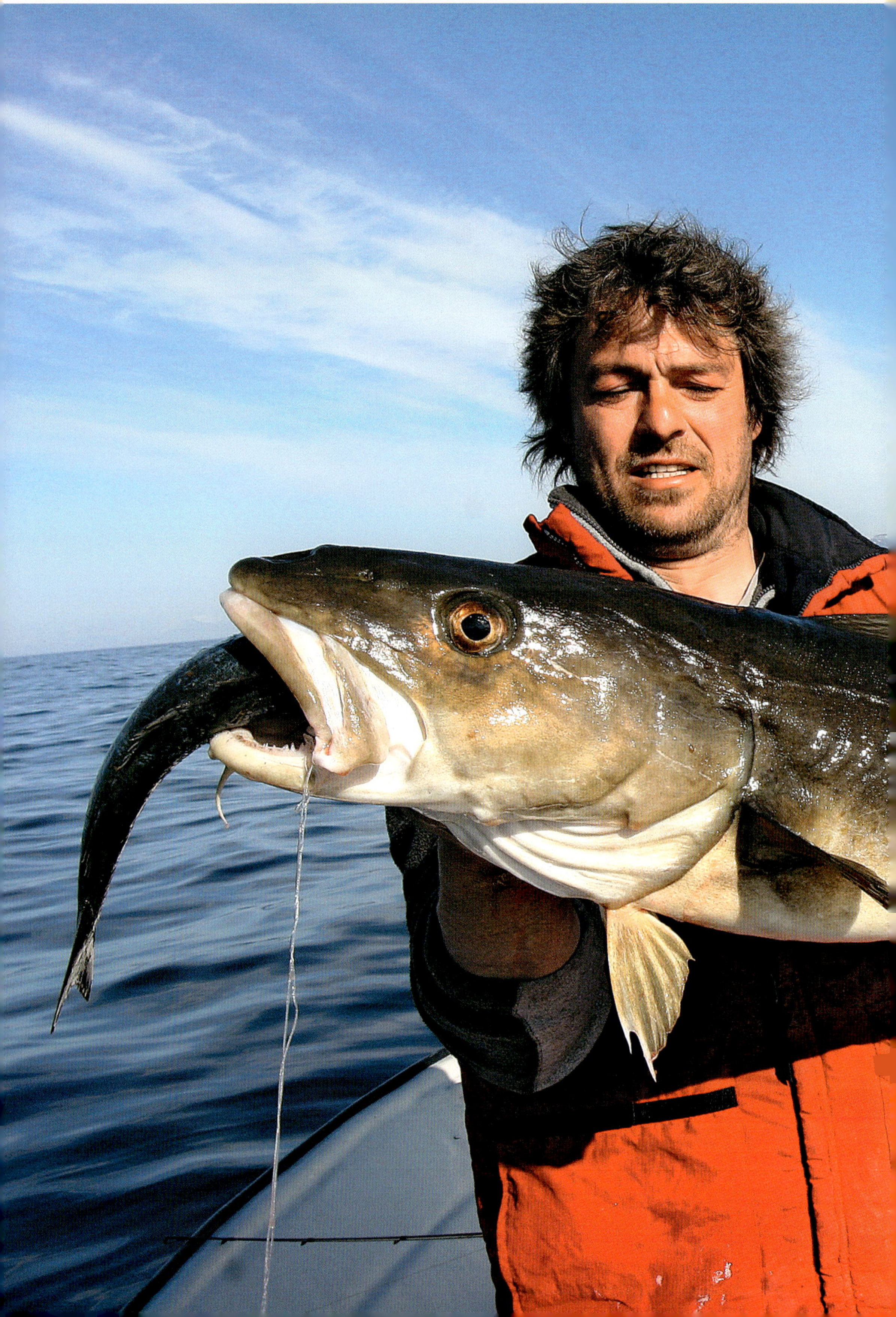

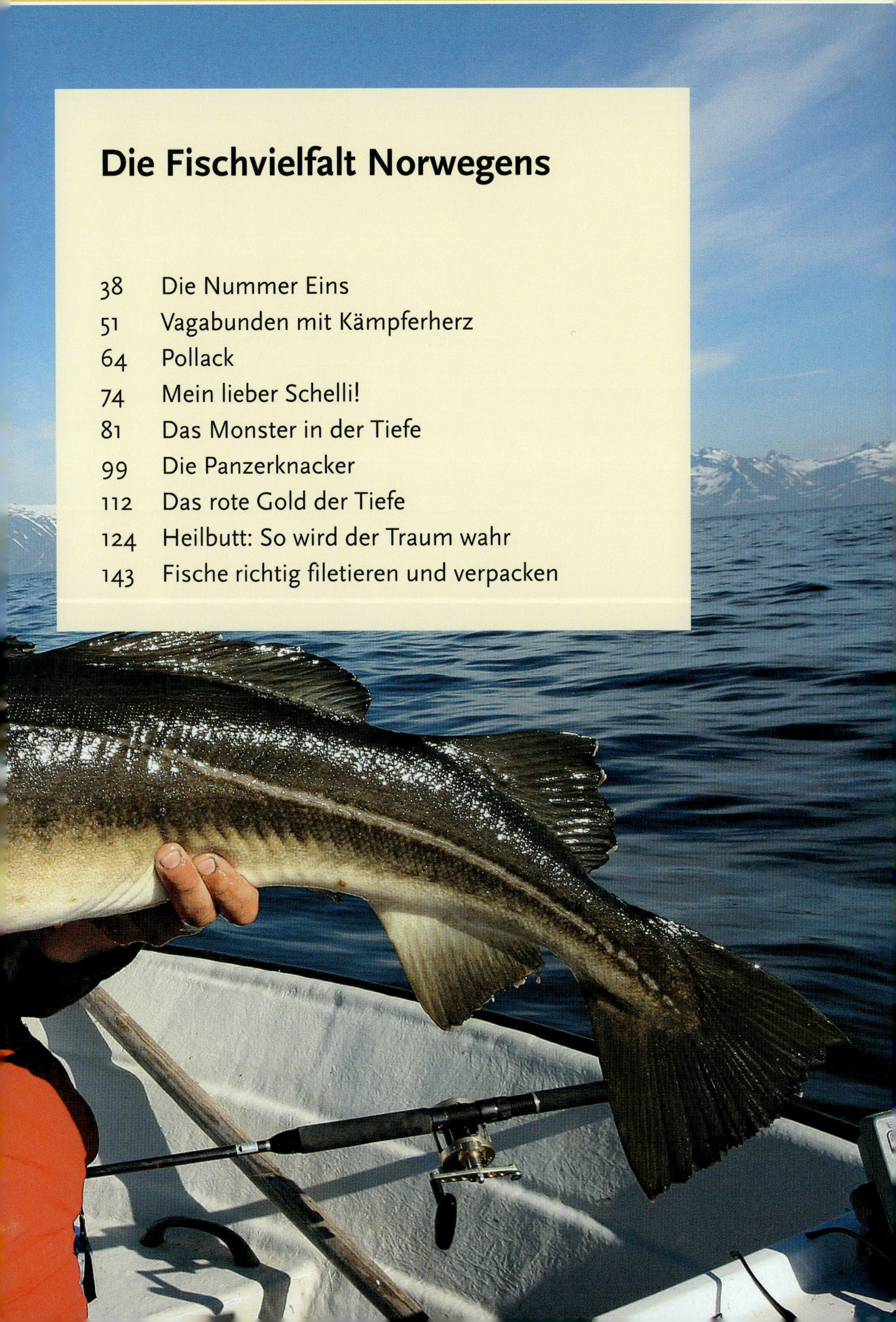

Die Fischvielfalt Norwegens

Die Nummer Eins

Wer richtig gute Dorsch-Angelei erleben will, sollte in den hohen Norden fahren.
Doch die Kapitalen springen auch dort nicht an den Haken.
Der Dorsch steht wegen seiner Verbreitung, wegen seiner Großwüchsigkeit und nicht zuletzt wegen seiner kulinarischen Qualitäten ganz oben auf der Hitliste der deutschen Meeresfreunde. Inzwischen hat sich offensichtlich auch herumgesprochen, dass er nicht ganz so leicht zu überlisten ist, wie lange Zeit geglaubt wurde. Während man früher wohl der Ansicht war, dass der Dorsch auf alles knallt, was sich bewegt, gehen viele Sportfreunde heute schon sehr überlegt an den Dorsch-Fang heran. Das lässt sich sehr gut auf einem Ostseekutter beobachten. Die kiloschweren Stationärrollen, brettharten Ruten und dicken Pilker sind überwiegend feinem Gerät und leichten Ködern gewichen.
Zum Fang der Dorsche gehört eben doch mehr, als einfach nur stundenlang den Pilker tanzen zu lassen! Das liegt sicherlich auch an den sinkenden Beständen. Die damit einhergehende Diskussion um die Laichdorsch-Angelei kann und will ich nicht ignorieren. Deshalb werde ich hier mit keinem Wort auf die entsprechende Angelei in Ostsee, Öresund und Kattegatt eingehen. Auch die Winterdorsch-Fischerei in Norwegen zielt häufig auf Laichfische, allerdings sind die derzeitigen Bestände die höchsten jemals gemessenen, und ob die Fische vor oder nach dem Laichvorgang gefangen werden – im nächsten Jahr sind sie nicht mehr verfügbar. Ganz offensichtlich kommt es auf eine Bewirtschaftung an und eine kontrollierte Entnahme hat nach-

Der Fänger strahlt zu Recht!

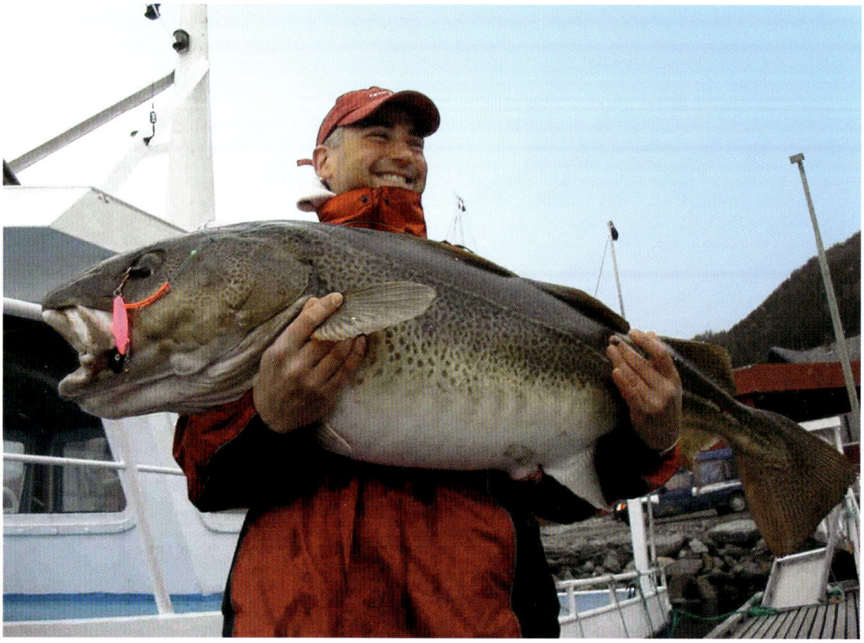

Steckbrief Dorsch

Lateinischer Name	*Gadus morhua*
Anderer Name	Kabeljau
Lebensraum	Ostküste Kanada/USA, Nordatlantik über Grönland und Island, bis in die östliche Barentssee, nach Süden bis nach Frankreich
Kurzbeschreibung	Länge bis 2 Meter, Gewicht bis 100 Kilo (wobei solche Giganten die absolute Ausnahme darstellen und nur historisch dokumentiert sind); markante Leopardenmusterung, Färbung Grau/Braun bis Grün/Grau, Kinnbartel
	Der Dorsch ernährt sich von allen denkbaren tierischen Eiweißen, also sowohl Krustentieren, Würmern, Schnecken und natürlich Fischen.
Auch	Quallen stehen auf dem Speiseplan dieser Allrounder.
Fischereiliche Bedeutung	Sehr hoch. Unterschieden wird in Nordeuropa der Küstendorsch und der Wanderdorsch (Skrei). Während die Bestände des Küstendorsches auf weiten Teilen (Ostsee, Nordsee, Nordatalantik) rückläufig sind beziehungsweise stagnieren, hat der Skrei (Barentssee, nördliches Eismeer) seinen höchsten jemals gemessenen Bestand. In den Gebieten um Island und Grönland gibt es stabil hohe Bestände, im Westatlantik (speziell Grand Banks) wurden die Bestände überfischt und können sich trotz langjährigen Fangverbots nicht mehr entwickeln.
Anglerische Bedeutung	Hoch. Der Dorsch ist einer der beliebtesten Fische für Sportangler. Er ist sowohl in den warmen Flachwassermeeren (Ostsee inklusive Brackwasser) anzutreffen, als auch an der gesamten norwegischen Küste. Er wird sowohl wegen seiner möglichen Körpergröße als auch für die Küche hoch geschätzt.
Beißzeit	Ganzjährig
Angeltiefe	Kleinere Exemplare oft in 0–50 Meter Tiefe, größere Exemplare überwiegend in 60–200 Meter Tiefe
Fangtechnik	Kunstköder, Naturköder
Küche	Neutrales, fettarmes Fleisch, welches sich für alle Arten der Zubereitung eignet (Kochen, Backen, Braten). Der Dorsch verliert kaum Qualität in der Frostung und kann auch problemlos ein Jahr gelagert werden.

gewiesenermaßen keine negativen Auswirkungen. Überraschenderweise können sich ausgerechnet die angrenzenden Industrienationen der Ost- und Nordsee nicht auf ein vernünftiges Bewirtschaftungskonzept einigen. Auf der anderen Seite sind es ohnehin nicht die Sportangler, die für die negative Bestandsentwicklung verantwortlich sind. Die gewerbliche Fischerei spielt eine viel größere Rolle. Dabei sorgt die Angelei für wesentlich mehr volkswirtschaftlichen Nutzen. Die Nordnorweger haben ausgerechnet, dass der zunehmende Tourismus der Region schon jetzt genauso viele Einnahmen bringt, wie die gesamte Küstenfischerei. Ich würde mir

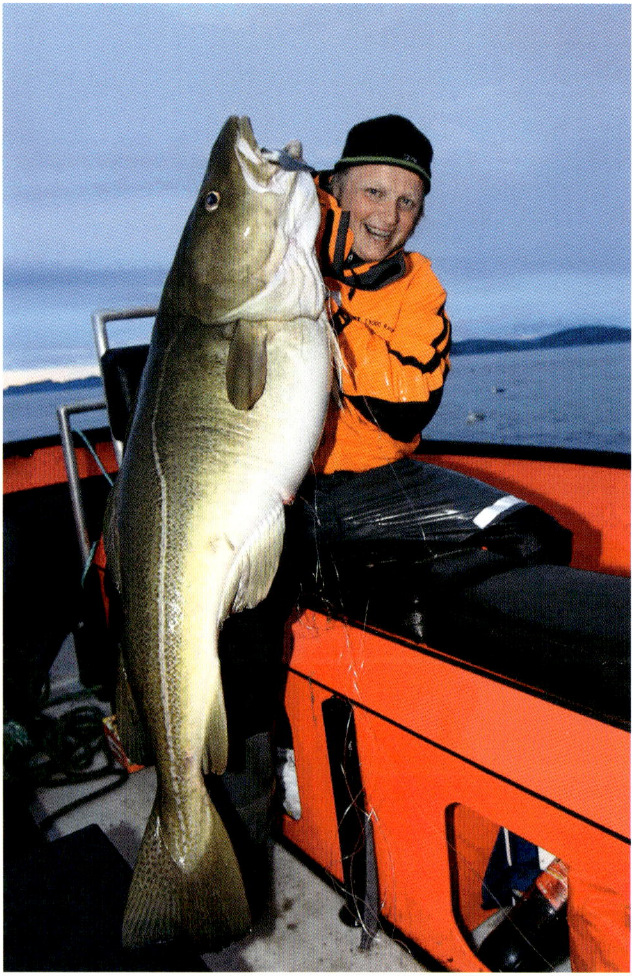

▲ Fische fast so groß wie die Fänger!

wünschen, dass auch in Deutschland mal in diese Richtung gedacht und gehandelt wird.

Die Jagd auf den 40-Pfünder

Wenn ich alle Facetten des Dorschangelns beschreiben wollte, würde das ein ganzes Buch füllen. Es gibt unzählige Methoden und Strategien, die begehrten Fische zu erbeuten.Deshalb soll es im Folgenden schwerpunktmäßig um den möglichst gezielten Fang der großen Exemplare gehen. Damit meine ich Fische jenseits der magischen Metermarke. Diese dürfen in meinen Augen als kapital gelten. Die nächste Schallmauer wäre dann die 30-Pfund-Marke, und die absolute Krönung sind Dorsche, die mehr als 40 Pfund wiegen. Wichtiger noch als die Angeltechnik ist in meinen Augen die Platzwahl. Und da ist mal wieder Nordnorwegen zu nennen. Dort ist die Welt noch in Ordnung, und die Chance auf einen Traumfisch dürfte dort und in Island am größten sein. Ich betone: Die Chance! Denn eine Garantie gibt es natürlich nicht.

Dorsch ist nicht gleich Dorsch. Je nach Hauptverbreitungsgebiet und Wanderverhalten unterscheidet man den Wanderdorsch, auch Skrei genannt, und die lokalen Dorsch-Stämme. Der Wanderdorsch lebt je nach Stamm weit draußen vor der Küste und hebt sich auch in Form und Färbung von den „Stubenhockern" ab. Er ist länglicher, an der Oberseite fast grün und ihm fehlt die sonst typische Leopardenzeichnung. Lediglich zur Laichzeit zieht er dicht unter Land und kommt in die Reichweite der Angler. Am bekanntesten sind die Laichgründe der Lofoten, allerdings sind weitere bedeutsamere Laichgründe vor der nordnorwegischen Küste. Dazu gehören beispielsweise der Sveinsgrun vor Senja, der Malangsgrunnen vor Vengsoy und, nicht zu vergessen, das Gebiet westlich vor Soroya, wo sich jedes Jahr unglaubliche Mengen an riesigen Dorschen zum Laichgeschäft versammeln. Sie kommen aus dem Nordatlantik und der Barentssee. Weiter südlich gibt es ebenfalls einen erwähnenswerten Stamm von Wanderdorschen. Dieser hat sein Laichgebiet weiter draußen vor der Mündung des Namsenfjordes. Vor dem Schärengebiet gehen sie im März der Fortpflanzung nach, um danach wieder langsam Richtung Süden abzuwandern. Während sie im April noch im Bereich Lauvsnes, Flatanger und bis runter nach Bessaker anzutreffen sind, passieren sie Anfang Mai die Region um Sula und ziehen dann wieder raus aufs offene Meer. Dort tummeln sie sich den Rest des Jahres auf den großen Bänken Mebotnen und Svatangane, wo sie ihre Fressgründe haben.

Stubenhocker fangen!

Für uns Angler sind die lokalen Dorsch-Stämme wichtiger. Sie gibt es im Prinzip in jedem Fjord und ihr Verhalten unterscheidet sich, zumindest was die Laichzeit betrifft, von Stamm zu Stamm. Während die einen schon im Februar die Eier ablegen, machen die anderen das erst im Mai. In Südnorwegen und Fjordnorwegen war der Dorsch-Bestand fast komplett am Boden, seit einigen Jahren ist aber eine deutliche Erholung zu verzeichnen. Nichtsdestotrotz ist Südnorwegen nicht der Bereich, wo Dorsch-Rekorde geknackt werden und es ist sicher auch ratsam, eine weitere Populationsstärkung abzuwarten.
Gehen wir also weiter nördlich, nach Mittelnorwegen in den Bereich von Smøla, Hitra und Sula. Auch dort sind die Chancen, einen großen Dorsch zu erwischen, nicht berauschend, aber doch schon deutlich besser. Die Jahresspitze liegt aber im Frühjahr, wenn der oben erwähnte Dorsch-Stamm von seinen Laichgründen zurückkehrt. Ab Juni sinken die Chancen auf regelmäßige Großdorsche merklich. Weiter nördlich sind die Bestände deutlich besser. Im Küstenbereich der Region Flatanger bis hinauf nach Bodø können große Dorsche recht konstant gefangen werden. Juli und August sind dabei oft die „Saure-Gurken-Zeit“, wohl weil dann doch viele Fische in die nahrungsreicheren Gefilde des Nordens auswandern. Nördlich von Bodø bis zu den Vesteralen

Skrei angeln?

Man muss ganz klar sagen, dass die Wanderdorsche im Prinzip nur in der Laichzeit gezielt zu beangeln sind. Den Rest des Jahres halten sie sich außerhalb der Reichweite der Angler auf. So liegen die oben genannten Fressgründe des Molde-Stamms rund 80 Kilometer vor der Küste, was definitiv nicht mit den üblichen Kleinbooten zu erreichen ist.
Die nördlichen Stämme ziehen im Sommer in die Barentssee. Bei dieser Wanderung werden vor den äußeren Inseln wie Vannøya, Arnøya und Sorrøya noch häufiger kapitale Fische gefangen, doch ab Juli ist der Großteil der Fische östlich vom Nordkap auf der offenen See. Das heißt nicht, dass nicht hin und wieder mal ein Skrei gefangen wird, doch das kann man wirklich nicht als gezielte Angelei bezeichnen. Ob man sich an der Fischerei auf die Laichdorsche beteiligen will, muss jeder selbst entscheiden. In meinen Augen hat dies angesichts der riesigen Fangmengen der Berufsfischer keinerlei Auswirkungen auf den Bestand.

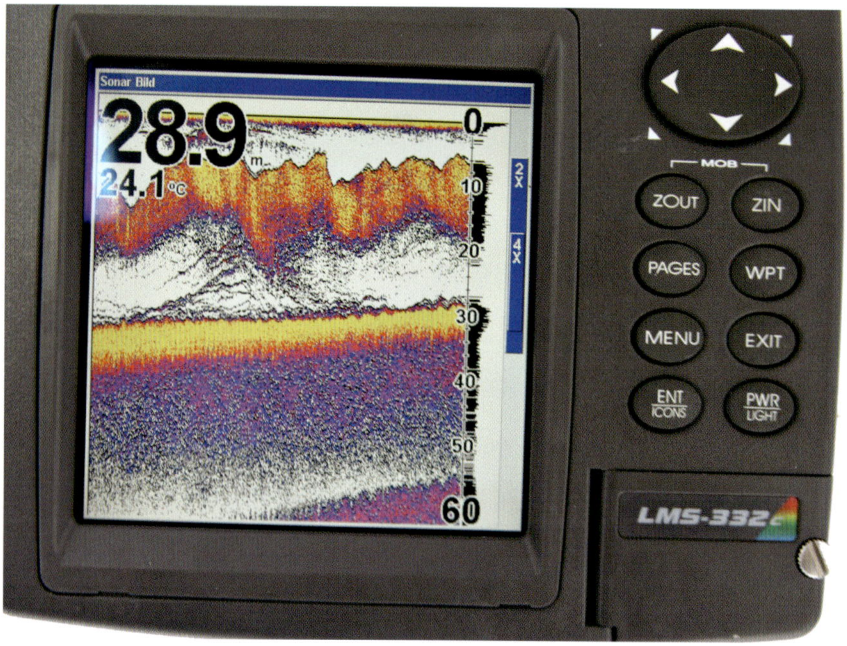

Der Kenner sieht den Futterfisch und darunter große Dorsche.

erreicht der Dorsch-Fang dann eine neue Qualität. Die Bestandsdichte ist einfach wesentlich höher, und auch die zu erwartende Maximalgröße liegt im oberen Level. Sicherlich werden nicht täglich die absoluten Giganten von über 20 Kilo gefangen, aber die Chancen sind vergleichsweise gut. Und Fische von 15 Kilo und mehr werden wirklich regelmäßig erbeutet. Die in meinen Augen besten Plätze liegen dann noch weiter nördlich vor den Inseln Sorrøya, Arnøya, und Ingøya. Diese Stellen können getrost als das Eldorado der Dorsch-Angler bezeichnet werden. Dort ist jederzeit mit dem Lebensdorsch zu rechnen.

Wo stehen sie denn?

Auch in den besten Regionen sind nicht alle Plätze gleich gut. Pauschal lässt sich sagen, dass die besten Fanggründe an den Fjordausgängen und weiter draußen auf der offenen See liegen. Wenn allerdings die kleinen Seelachse oder andere Futterfischschwärme in Massen in die Fjorde ziehen, was im hohen Norden ab Ende Mai der Fall ist, kann man auch dort echte Sternstunden erleben. Doch in der Regel sollte man weiter draußen fischen. Wer sein Glück zwischen 20 und 80–90 Metern über felsigem und sandigem Untergrund versucht, liegt richtig. Die meisten Großdorsche über zehn Kilo habe ich zwischen 60 und 80 Metern über felsigen Kanten erwischt. Der Begriff „Kante“ sollte aber nicht in die Irre führen. Damit meine ich nämlich eher die abfallenden Hänge am Rand von Plateaus und nicht senkrecht abbrechende Felswände. Ich habe auch schon große Dorsche „auf Sicht“ im flachen Wasser beangelt, aber das waren Ausnahmen. Tendenziell brauchen die großen Dorsche ein

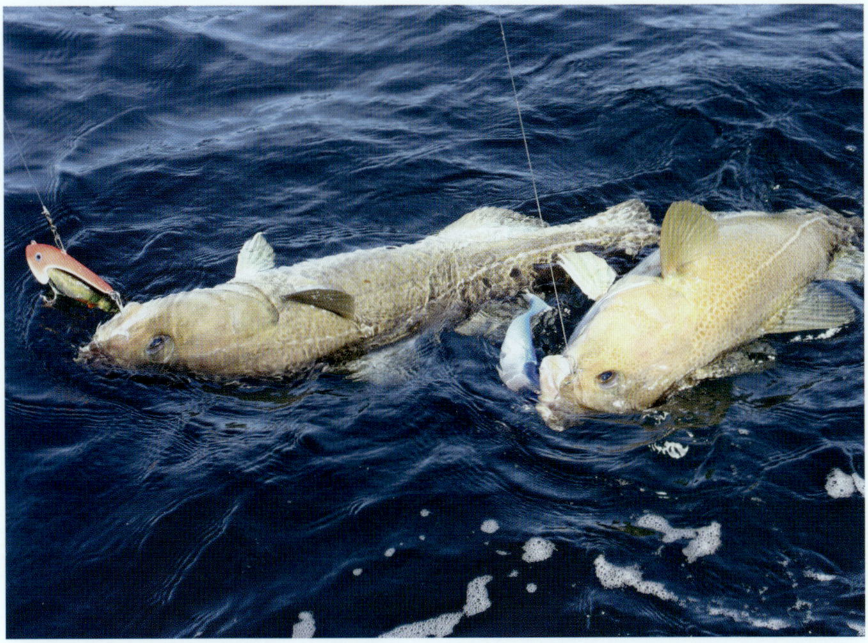

Großdorsche stehen selten allein!

bisschen Platz unterm Bauch. Ich kann mich an eine Begebenheit erinnern, als wir über ein ganz unauffälliges Plateau in Nordnorwegen fuhren. Die elektronische Seekarte zeigte über weite Flächen keine Tiefenlinien, aber an einem einzelnen Punkt stieg der Grund von rundherum 130 auf 83 Meter an. Mein Freund Stefan warf einen Blick auf den Plotter und meinte nur: „... hier muss es große Dorsche geben!" Wir machten kurzerhand kehrt und machten die Probe aufs Exempel. Obwohl, wie so oft, keine Fischsicheln auf dem Echolot zu sehen waren, dauerte es nicht lange, bis beide Ruten richtig krumm waren.

Über Grund geht's rund

Wer also gezielt einen Dickdorsch erbeuten möchte, sollte sich von dem meistens praktizierten Grundfischen verabschieden. Dies fällt gerade am Anfang nicht immer leicht, da vor allem Ostsee-Angler gewohnt sind, fast ausschließlich am Boden zu fangen. In Norwegen können sie sich nur schwer von den bewährten Gewohnheiten lösen. Das hat leider oft zur Folge, dass die Resultate zu wünschen übrig lassen. Wer sich durchringt und im Freiwasser fischt, hat mit einer gewissen Unsicherheit zu kämpfen: Bin ich in der richtigen Tiefe? Diese Zweifel sind der größte Feind des Anglers. Wenn es nach einer gewissen Zeit nicht klappt, lassen viele wieder zum Grund runter, wo ja meistens tatsächlich mit mittleren und kleinen Dorschen zu rechnen ist. Wenn dort dann einer nach dem anderen beißt, fühlen sie sich in ihrer Annahme bestätigt, dass im Freiwasser nichts läuft. Aber zum Fang großer Fische sollte man nun mal eine gewisse Ausdauer an den Tag legen.

Die Treppen-Methode

Doch wie fischt man das Freiwasser systematisch ab? Dafür empfehle ich eine Technik, die man als Treppen-Methode bezeichen könnte. Der ganz am Anfang des Buches erwähnte neun Jahre alte Eirik hat sie von Beginn an instinktiv eingesetzt. Ich war überrascht, dass Eirik schon beim ersten Ausflug nicht so stark auf das Grundpilken fixiert war. Ganz selbstverständlich ließ er den Seawaver zehn Meter runter und machte einige Pilk-Bewegungen. Dann gab er wieder fünf Meter Schnur, machte wieder einige Pilk-Bewegungen und so weiter. Auf diese Weise fischte er konzentriert alle Schichten ab. Am Grund hielt er den Köder ein paar Minuten und holte ihn dann wieder „Stufe für Stufe" hoch. Noch bevor ich Eirik für seine tolle Technik loben konnte, ging er mit der krummen Rute in die Knie. Ein richtig kapitaler Fisch hatte im Freiwasser gebissen! Glücklicherweise war die Bremse gut eingestellt, sodass er Schnur nehmen konnte. Sonst hätte es dem Jungen bestimmt die Rute aus der Hand gerissen! Bei dem darauf folgenden 15-minütigen Drill musste ich ein bisschen helfen. Dann aber hievten wir mit vereinten Kräften den 30-Pfünder über Bord. Was für ein Traumfisch! Die Treppenmethode hilft, nicht den Mut zu verlieren, da der Angler die ganze Zeit konzentriert fischen muss. Außerdem verhindert man so, dass man die Dorsche über- oder unterfischt.

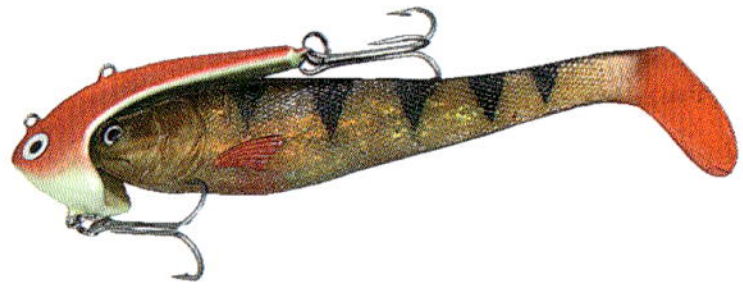

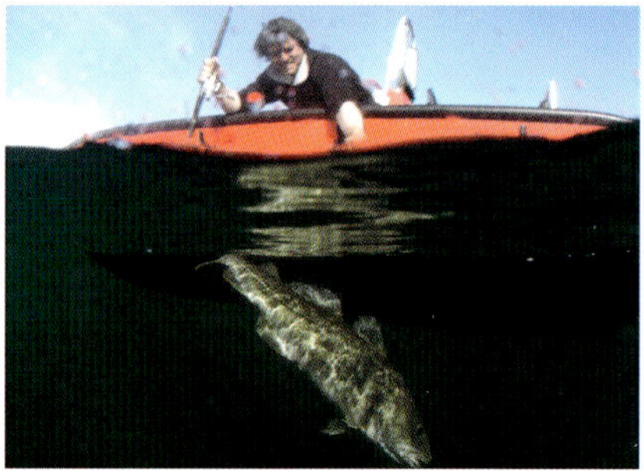

▶ Werden die Fische schon außenbords vom Haken gelöst, haben sie gute Überlebenschancen.

Hell und Dunkel

Auch beim Dorsch-Angeln wird die Frage nach der besten Farbe heiß diskutiert. Ich bin überzeugt, dass bestimmte Tönungen zu bestimmten Zeiten und unter bestimmten Bedingungen unterschiedlich gut fangen. Bei der Köder-Auswahl richte ich mich allerdings eher nach Grundmustern als nach speziellen Farbtönen. Das heißt, dass ich von jedem Köder möglichst eine helle (Gelb/Rot, Perlmutt/Blau), eine dunkle (Schwarz, Schwarz/Pink, Schwarz/Rot) und eine selbst leuchtende Variante zur Auswahl habe. So kann ich auf jede Situation reagieren. Das Problem besteht aber darin, dass man mit seinem Köder nicht durch die kleinen Köhler kommt. Noch bevor ein Dorsch überhaupt die Chance hat, den Köder zu attackieren, hängt unter Garantie ein kleiner Seelachs am Haken. Eine weit verbreitete Technik, um in so einer Situation Dorsche zu haken ist, sich, wenn man einen Biss bekommen hat, die Tiefe zu merken und beim nächsten Ablassen direkt dort zu fischen. Meist lässt dann der Erfolg nicht lange auf sich warten.

Nicht immer Pilker

Wer nun aber glaubt, dass er einfach nur zur richtigen Zeit am richtigen Ort seinen Pilker schwingen muss, ist von seinem Traumdorsch möglicherweise genauso weit entfernt wie vorher! Ich habe es erlebt, dass ein paar Sportfreunde zur besten Zeit in einem Traumrevier bei Topbedingungen nicht mal die magische Metermarke geknackt haben! Und nur, weil sie eine ganze Woche lang stur auf den Pilker gesetzt haben. Der funktioniert eben nicht immer! Vor allem dann nicht, wenn die Fische gar nicht am Grund stehen und ein Beuteschema haben, in das der Pilker nicht passt. Eine ganze Reihe von Beutefischarten hält sich nun mal vorwiegend im Mittelwasser auf. Wenn halbwüchsige Seelachse, Makrelen oder Heringe nahe an der Oberfläche auf Nahrungssuche gehen, dann stehen die großen Dorsche nicht am Grund und warten auf Brocken, die vom Tisch fallen. Nein, sie lauern unter, neben und sogar manchmal über dem Schwarm und schlagen die Fische, die sich zu weit aus dem schützenden Miteinander entfernen.
Wenn man also gezielt Großdorsche fangen möchte, muss man sich überlegen, welche Methoden für die Angelei im Freiwasser am besten geeignet sind.

Fischen am Schwarm

Gerade in Nordnorwegen trifft man immer wieder auf raubende Seelachs-Schwärme. Brodelndes Wasser, wild ins Wasser stoßende Möwen oder die Anzeige auf dem Echolot sprechen meist eine deutliche Sprache. Diese

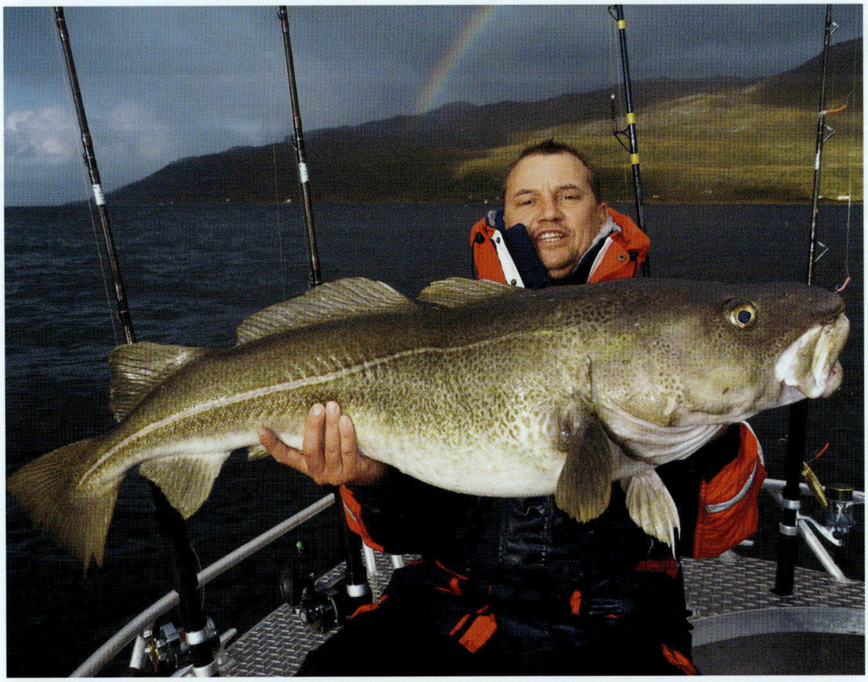

Egal ob Regen oder Wind – die Jagd bleibt spannend.

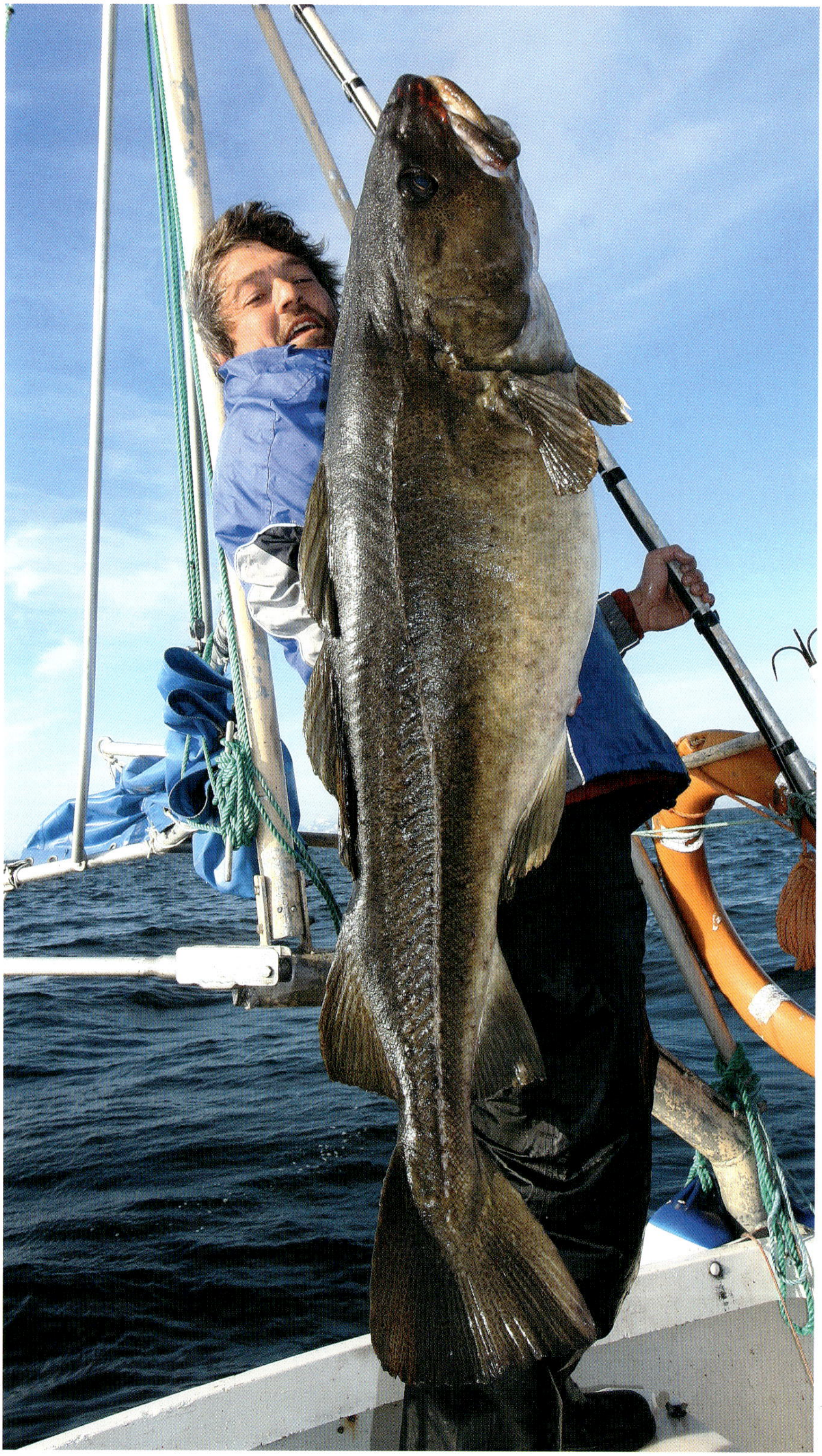

Der Autor mit einem wahren Dorschgiganten.

Situation ist zwar noch keine Garantie, dass auch Dickdorsche in der Nähe sind, aber die Wahrscheinlichkeit ist sehr groß. Also nichts wie hin und die Rute schwingen! Das Geheimnis zu fangen, ist das sogenannte Überbeißer-System. Der Trick besteht darin, einen oder zwei von den kleinen Zapplern, wie die kleinen Seelachse zwischen einem und zwei Pfund auch genannt werden, einfach am Haken zu lassen. Dafür kann man den Pilker mit Beifängern ausstatten, an denen die Köderfische – denn nichts anderes sind die Köhler ja in diesem Fall – hängen bleiben. Sie bietet man dann etwas unter dem Schwarm an. Früher oder später stürzt sich dann ein Dorsch auf die Seelachse, überbeißt sie (daher der Name des Systems) und hakt sich an einem der extragroßen Drillinge. Diese Angelei ist äußerst effizient, doch sie hat einen Haken: Streng genommen handelt es sich dabei nämlich um das Fischen mit lebendem Köderfisch, das in Norwegen genau wie in Deutschland verboten ist. Zwar gibt es zu diesem speziellen Fall noch keine Rechtsprechung, doch neben juristischen Gründen sprechen ja auch moralische gegen den Einsatz des lebenden Köderfisches.

Mit XXL-Gummis

Daher rate ich eher zum Einsatz großer Gummifische. Mit ihnen funktioniert das Angeln am Köhler-Schwarm nämlich genauso gut. Mittlerweile gibt es eine Reihe von Gummishads mit schweren Köpfen zu kaufen. Schon von der Ostsee ist bekannt, dass diese Dinger auch im Meer ihren Job sehr gut machen. Nachteile sind, dass sie vergleichsweise langsam sinken, bei großen Ausführungen die Fehlbissquote ohne zusätzlichen Haken hoch ist, und die Gummifische des Öfteren gewechselt werden müssen, da sie mit der Zeit ziemlich zerbissen werden. Dennoch hat sich beispielsweise der Gummifisch am Giant Jighead zu einem der am meisten eingesetzten Großdorsch-Köder gemausert. Mit dem System lassen sich auch Großgummis jenseits der 20 Zentimeter problemlos präsentieren. Nicht zuletzt ist das Angeln absolut stressfrei, weil der Gummifisch im Freiwasser kaum aktiv geführt werden muss. Leichte Wellenbewegungen und die Drift reichen, um die Eigenaktion zu entfalten. Der Giant Jighead sollte beim Schwarm langsam abgelassen werden. Wenn man

Fetzige Alternative

Eine weitere Variante, um den lästigen Seelachs-Attacken zu entgehen, ist die Verwendung von Fischfetzen am Pilker. Der Dorsch ist zwar eigentlich kein Fan davon, aber am Schwarm hat die Methode doch einige Vorteile. Wer die Drillinge mit großen Fetzen garniert, hindert nämlich die kleinen Seelachse daran, dass sie sich haken. Das funktioniert noch zuverlässiger, wenn man gleich einen ganzen Seelachskopf über den großen Pilker schiebt. Mitunter befestige ich auch einen ganzen Seelachs mit dem Kopf voran am Drilling. Der sollte dann aber schon mindestens Größe 8/0, besser sogar 12/0 sein. Ein so präparierter Pilker läuft bei langsamen Auf-und-Abbewegungen träger und für die Großdorsche verführerischer.

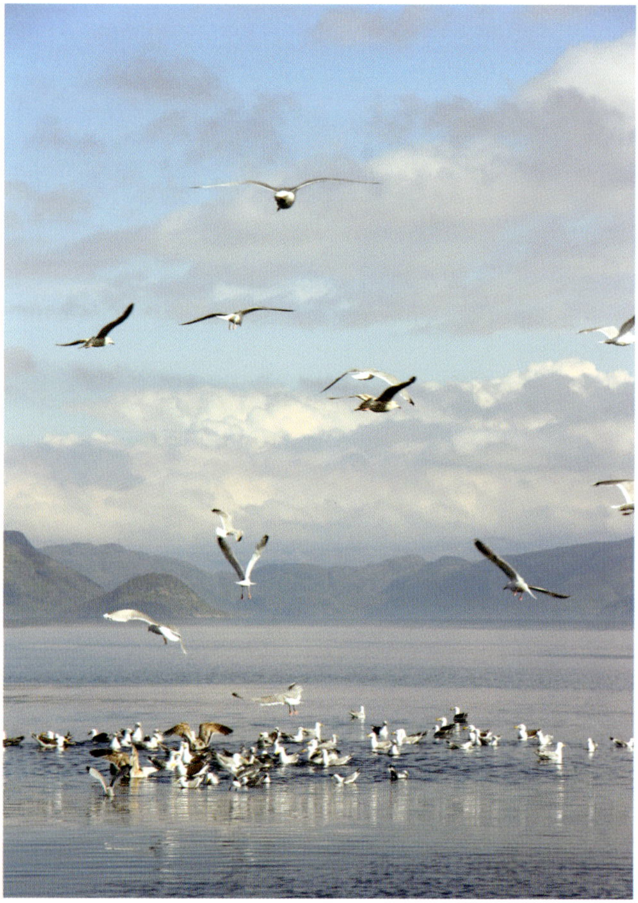

▲ Stoßende Möwen weisen den Weg zum Fisch.

ihn nämlich mit Karacho durch die Seelachse schießen lässt, passiert es häufig, dass ein Fisch gerissen wird. Sobald der Köder dann unter dem Schwarm angekommen ist, hält man ihn dort. Wie gesagt sind allzu schnelle Pilkbewegungen eher störend. Normales Auf-und-Abbewegen reicht meist aus.

Naturköder-System

Wer ausdauernd mit ganzen Köderfischen angelt, wird früher oder später einen großen Dorsch fangen. In meinen Augen ist diese Methode die beste und selektivste auf kapitale Fische. Wichtig ist, dass die Köderfische frisch sind. Ältere Exemplare vom Vortag mögen die Dorsche nämlich nicht. Sie haben da einiges mit dem Barsch gemeinsam, den ein steifes Plötzchen ja auch völlig kalt lässt. Daher fange ich meine Köderfische immer direkt vorm Einsatz. So sind sie in jedem Fall noch beweglich, was den Dorsch zusätzlich reizt. Seelachse eignen sich hervorragend und sind immer verfügbar. Um die Köder zu präsentieren, gibt es mehrere, erfolgversprechende Varianten. Das komfortabelste System ist ohne Zweifel das Deadbait-System. Hier wird ein Köderfisch mittels Kabelbinder in Sekundenschnelle fixiert.

Eine weitere Variante ist das überdimensionierte Drachkovitch-System. Das besteht aus einem großen Jigkopf, an dem zwei Drillinge an kurzem Vorfach befestigt sind. Der Köderfisch wird auf den Haken am Blei geschoben und mit den zwei Drillingen fixiert. Das System wird dann ähnlich wie ein Gummifisch geführt, wobei man auf zu heftige Bewegungen verzichten sollte. Erstens riskiert man dann, dass sich der Köderfisch löst, und zweitens reagieren die Dorsche eh besser auf langsame Präsentationen. Eine andere, von mir bevorzugte Variante ist das Angeln mit einer simplen Endblei-Montage. Sie lässt sich vertüddelungsfrei präsentieren und fängt zuverlässig große Fische. Das Vorfach besteht aus 0,90–ein Millimeter starker Monofilen. Mittels der Springerschlaufe knote ich zwei bis drei Seitenarme von rund 25–30 Zentimetern Länge. In die

Seitenarme schlaufe ich zwei Haken ein: Einen kleinen zum Befestigen des Köders und einen großen Doppelhaken (10/0 bis 12/0) zum Haken des Dorsches. Als Beschwerung nehme ich ein 500-Gramm-Sinkblei oder einen Pilker ohne Drilling. Der Vorteil dieser Montage liegt darin, dass ich mit zwei oder sogar drei ganzen Köderfischen gleichzeitig in unterschiedlichen Tiefen angeln kann. Dazu muss ich das Vorfach natürlich entsprechend lang machen. Die Wahrscheinlichkeit, die Dorsche zu finden, erhöht sich enorm, wenn beispiels-weise ein Köderfisch kurz über Grund, ein weiterer fünf bis acht Meter darüber und noch einer 10–15 Meter überm Boden angeboten wird. Bei einem Biss muss man nur lange genug warten, bis der Dorsch den Köder tief genug geschluckt hat. Daher schlage ich nicht gleich bei den ersten Zupfern an, sondern warte, bis der Fisch konstant zieht.

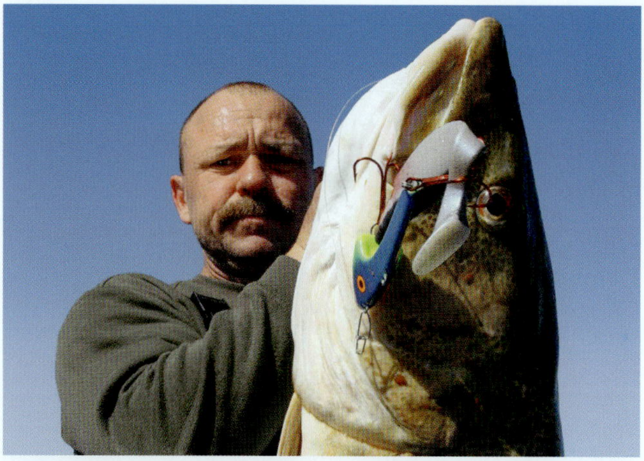

▲ Dorsche mögen kleine Seelachse. Hier ein Gummifisch im Seelachsdesign.

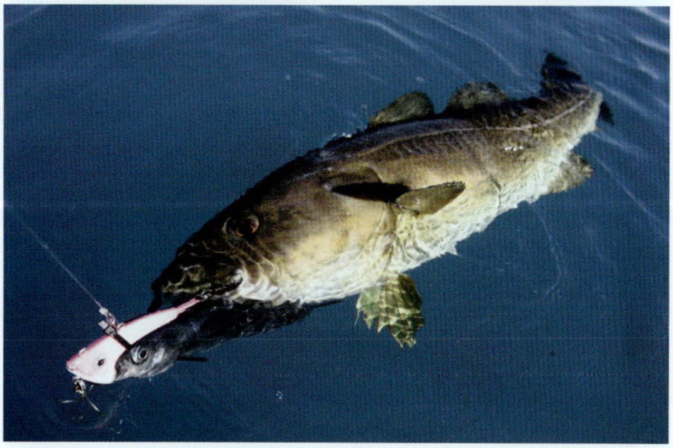

▲ Hier ein echter Seelachs am Baithead (Kopf für Naturköder).

Bitte mit Rückgrat

Für den Einsatz von Großködern und Köderfischen benötigt man straffe Ruten. In den beschriebenen Tiefen zwischen 60 und 90 Metern reichen zwar meistens Köder von 200–400 Gramm aus, aber die bieten dem Wasser schon einen ganz schönen Widerstand. Außerdem muss der Anhieb sehr kräftig ausfallen, da sich die Fische anders als beim klassischen Pilker nur äußerst selten selbst haken. Daher nehme ich Ruten mit einer Testkurve zwischen 30 und 50 lbs zwischen 2,10 und maximal 2,40 Metern Länge. Sogenannte „Schwabbelstöcke", die sich bis ins Handteil biegen, sind unangebracht. Auch wenn die Rute eine weiche Spitze hat, sollte das Rückgrat knochenhart sein, weil sonst der Anhieb nicht sitzt. Um mit möglichst wenig Ködergewicht in die gewünschte Tiefe zu kommen, muss mit möglichst dünner Schnur gefischt werden, die der Strömung wenig Widerstand bietet. Ich verwende daher eine Geflochtene mit 10–15 Kilo Tragkraft. Sie habe ich auf eine kleine Multirolle gespult.
Mit dieser Kombination kann ich stundenlang ermüdungsfrei fischen, bin aber auch bei richtig kapitalen Fischen immer Herr der Lage. Wie bei allen

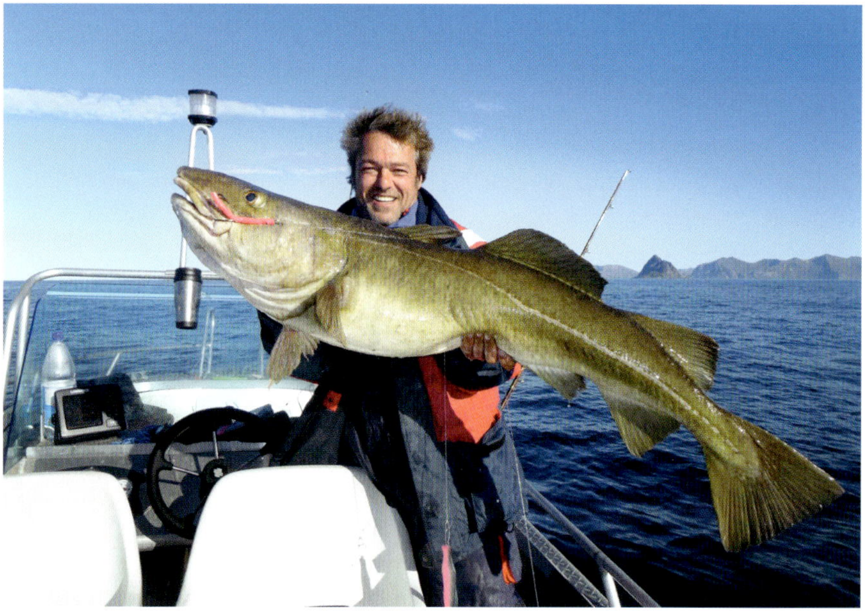

Manchmal gibt es auch große Fische auf kleine Köder.

Angelarten, bei denen mit großen Fischen gerechnet werden kann, sind die Kleinteile enorm wichtig. Fast immer sind Fischverluste auf aufgebogene Sprengringe, Haken oder Einhänger zurückzuführen. In den seltensten Fällen reißt die Schnur! Der Dorsch belastet diese Materialien ganz besonders. Mit der Unterwasserkamera konnten wir Dorsch-Drills filmen. Dabei stellten wir fest, dass die berühmten Kopfstöße gar keine sind. Nein, der Dorsch rollt sich um seine eigene Längsachse! Im Grunde wäre es ja auch eine komische Vorstellung, wenn der Fisch irgendwo ruhig steht und mit dem Kopf wackelt. Durch dieses Rollen treten aber enorme Hebelkräfte auf. Selbst 40 Kilo tragende Sprengringe werden dabei schnell aufgebogen, weil es eben keine lineare Belastung ist. Die Wirkung kann man sich mit einem einfachen Test klarmachen. Man sollte mal versuchen, durch kräftiges Ziehen den Drilling von einem Pilker abzureißen. Das ist fast unmöglich. Wer aber anfängt, den Haken abzudrehen, wird feststellen, dass es recht einfach geht!

O Tannenbaum

Viele Sportfreunde werfen auch immer wieder die Frage nach den Beifängern auf oder angeln gleich nach dem Motto: Viel hilft viel! So sieht man immer wieder Montagen, die mit zahlreichen zusätzlichen Ködern geschmückt sind. Diese Variante hat es unter dem Begriff „Tannenbaum“ zu trauriger Berühmtheit gebracht. Denn sie hat deutliche Nachteile: Erstens bringen die erforderlichen Knoten unnötige Schwachstellen ins System. Wenn dann auch noch zwei große Fische gleichzeitig zuschnappen, ist der Schnurbruch vorprogrammiert. Zweitens behindern sie die Köderführung, da die ganzen Makks, Oktopusse und sonstigen Gummi- Verführer dem Wasser gehörig Widerstand bieten. Und drittens verhindern sie eine Großdorsch-Selektion, da auf die kleinen Köder natürlich alle Arten von Fischen beißen. Und wenn man ständig kleinere Exemplare drillt, hat der ersehnte Kapitale gar nicht erst die Gelegenheit zu beißen. Daher rate ich maximal zu einem Beifänger. Dieser kann manchmal ganz nützlich sein, um ein Gefühl dafür zu entwickeln, ob man in der richtigenTiefe fischt.

Vagabunden mit Kämpferherz

Wenn ein großer Köhler einsteigt, herrscht Alarm an Bord. Bei der ersten Flucht reißt er nicht selten mehr als 50 Meter Schnur von der Rolle! Klar, dass viele Angler dieses Drill-Spektakel suchen.

Seelachse oder Köhler, wie sie eigentlich heißen, gibt es überall vor Norwegens Küste. Wer schon mal über einem Kleinköhler-Schwarm stand und versucht hat, mit seinem Pilker den Grund zu erreichen, weiß, dass sie sogar zur Plage für Angler werden können. Das sieht bei den Kapitalen von über zehn Kilo ganz anders aus. Diese Kämpfer sind begehrte Beute. Die Kunst besteht darin, gezielt die Dicken zu erwischen. Auf den ersten Blick erscheint das gar nicht so schwer: Es gibt nämlich viel mehr große Seelachse, als man denkt. Ob in Süd-, Mittel- oder Nordnorwegen – überall treiben sich Schwärme vagabundierender Dick-Köhler herum. Und sie sind nicht mal besonders vorsichtig! Meist stürzen sie sich gierig auf den Köder. Hört sich zu einfach an, um wahr zu sein? Stimmt, denn es gibt ein Riesen-Problem: Man muss sie finden! Und da die großen Köhler meist im Freiwasser anzutreffen sind, ist genau das die große Herausforderung.

Bevor ich die Methoden und Techniken beschreibe, möchte ich kurz auf die einzelnen Regionen eingehen. Im Süden und Norden gibt es nämlich einige Besonderheiten, die bei der Suche hilfreich sind.

Südnorwegen

Das Gebiet erstreckt sich ungefähr von Oslo bis südlich von Bergen. In die küstennahen Schärengebiete ziehen die großen Seelachse fast überhaupt nicht. Einzig im Winter gibt es nennens-

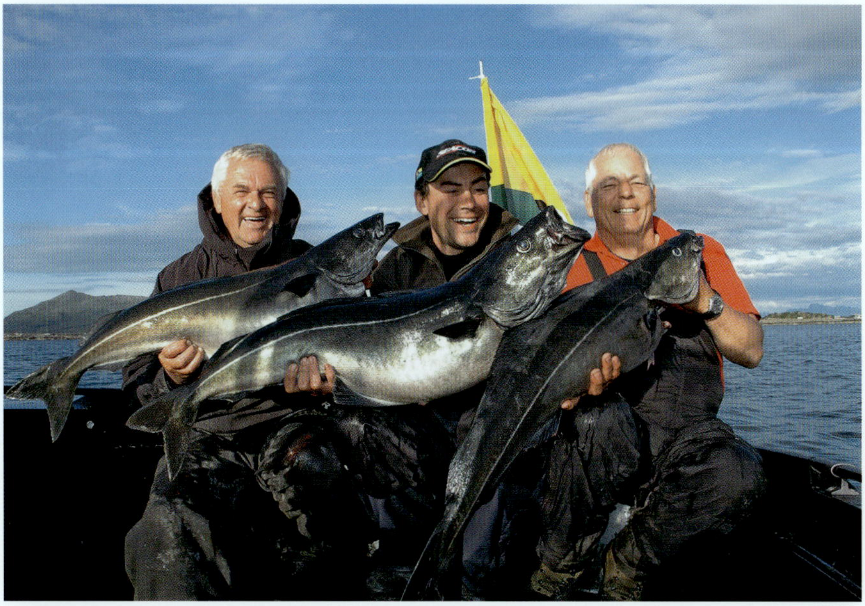

◀ Seelachs bedeutet Angelspaß pur!

Steckbrief Köhler

Lateinischer Name	*Pollachius virens*
Anderer Name	Seelachs
Lebensraum	Hauptsächlich norwegische Außenküste bis weit in die Barentssee. Island, Grönland, Westatlantik, südlich bis nach Nordspanien
Kurzbeschreibung	Länge bis 1,30 Meter, Gewicht bis 32 Kilo, Schwarmfisch. Der Seelachs ist der Vagabund des Nordatlantiks. Um auf Laich- sowie Fressgründe zu gelangen, legt er große Strecken zurück. Er ist ein hervorragender Schwimmer und nicht zuletzt deswegen ein beliebter Fisch für Sportangler.
Fischereiliche Bedeutung	Hoch. Der Köhler, der im Handel fast ausschließlich unter dem Begriff „Seelachs" vertrieben wird, hat aufgrund seines Schwarmverhaltens, seines Massenaufkommens und des halb geringen Fangaufwandes eine hohe fischereiliche Bedeutung. Andererseits sind die erzielten Preise nicht besonders hoch, weil das meist graue Fleisch nicht sehr hoch geschätzt wird. Der Köhler wird deshalb meist weiterverarbeitet, etwa für Fischstäbchen und „Seelachs-Schnitzel".
Anglerische Bedeutung	Hoch. Er kommt in Norwegen in allen Küstenabschnitten vor und ist auch in allen Fjorden präsent. Deshalb und weil er wegen seiner Wehrhaftigkeit bei Anglern hoch geschätzt wird, ist er einer der wichtigsten Fischarten für Norwegen-Fahrer. Er wird aufgrund seiner rasanten Fluchten auch als „Rutenknacker" bezeichnet.
Beißzeit	Hauptbeißzeit Juni bis November (typischer „Herbstfisch")
Angeltiefe	Meist pelagisch. Kleinere Exemplare meist bis ganz nah an der Oberfläche zu finden. Große Exemplare deutlich tiefer, meist zwischen 80 und 200 Metern Wassertiefe
Fangtechnik	Überwiegend Kunstköder (Gummi-Makks)
Küche	Festes und fettarmes Fleisch, welches besonders viel Jod enthält. Das Fleisch eignet sich für alle Arten der Zubereitung (Kochen, Backen, Braten!). Zum Räuchern weniger geeignet, da das Fleisch sehr fettarm ist. Atlantischer Seelachs und Alaska-Seelachs (welcher eigentlich Pazifik-Pollack ist) machen ca. 20 % aller Fischprodukte in Deutschland aus. Daran ist die hohe Bedeutung dieser Fischart zu erkennen, obwohl das frische Fleisch vom Köhler nicht zu den beliebtesten gehört. Für den Angler empfiehlt es sich übrigens, nicht die großen Exemplare zu verwerten. Fische bis zu einem Gewicht von ca. 3 kg sind besser für die Küche als die abgewachsenen Exemplare. Noch ein weiterer kulinarischer Tipp. Seelachse stehen oft an tiefen Korallenstrukturen. Oft haben sie dort eine andere Nahrungsgrundlage und fressen überwiegend Garnelen und weniger Kleinfisch. Diese Seelachse können durch ihre Nahrungsgewohnheiten über eine erstaunlich hohe Fleischqualität verfügen, allerdings ist dieser Tipp eher an die Experten und Ortskundigen gerichtet.

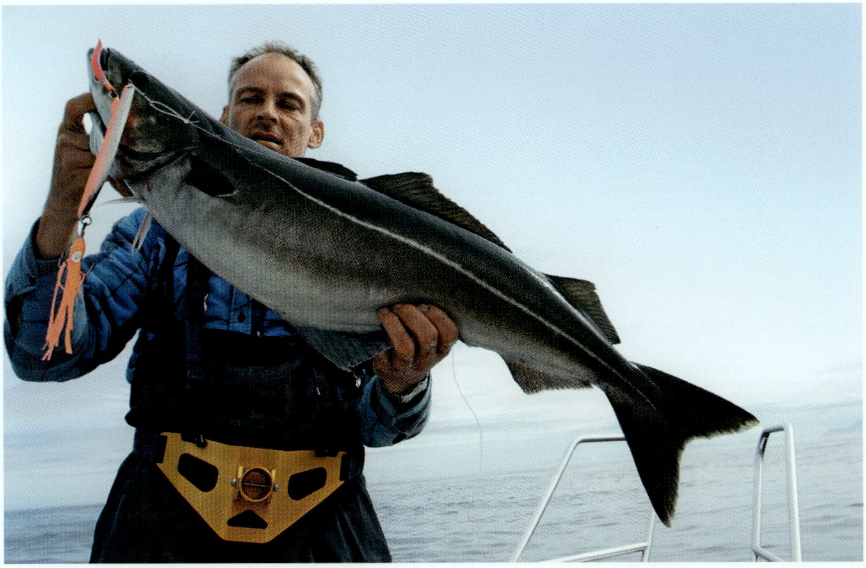

Der Seelachs ist für seine Größe besonders kampfstark!

werte Chancen, einige der großen Brocken zu erwischen, und auch dann nur in den äußersten Schärengebieten. Als Gebietsfremder wird man aber meistens nicht fündig. Einheimische Skipper sind gefragt. Ich weiß, dass es nicht gerade leicht fällt, eine Reise zu buchen und dann noch zusätzlich Ausfahrten zu bezahlen. Aber es erhöht die Chancen auf kapitale Köhler gewaltig. Und es gibt auch ein finanzielles Argument, das einleuchtet: Eingefleischte Südnorwegen-Fahrer sagen, dass sie das Geld für eine Reise in den hohen Norden sparen. Als Ausgleich unternehmen sie einfach zwei oder drei geführte Touren, was unterm Strich immer noch billiger ist. Da bei solchen Gelegenheiten auch nennenswerte Fänge von Leng und Dorsch gelingen, ist dies wohl eine vernünftige Herangehensweise. Richtige Seelachs-Giganten sind zwar selten, aber die magische Grenze von zehn Kilo wurde schon erreicht und überboten. Uwe Schwarz, Kenner der südnorwegischen Küste, sagt Folgendes in einigen kurzen Sätzen: „Wenn das Wasser im Spätherbst deutlich abkühlt, kommen die ersten großen Seelachse. Das ist so ab Mitte November der Fall. In dieser Zeit stehen die Köhler meist in etwa 80 Metern Tiefe an den abfallenden Kanten. Die gute Fangperiode geht dann bis zum April. Wenn sich das Wasser jedoch erwärmt, kommen verstärkt kleinere Seelachse an die Südküste und die Großen wandern ab. Einige Zeit stehen sie noch in den tieferen Gewässerschichten bei ca. 120 Metern, aber dann verschwinden sie weiter in den Norden. Im Sommer sind fast nur die kleineren Exemplare zu fangen."

Fjordnorwegen

Darunter versteht man das Gebiet der großen Fjorde wie etwa Romsdal-, Bokna- und Sognefjord. Von diesen hat es der Romsdalfjord zu einiger

„Seelachs-Berühmtheit" gebracht. Dort wurde auch eine Ur-Form des Speed-Jiggens auf die Köhler populär gemacht. Die Fische erreichen dort schon mal über 20 Pfund, doch der Durchschnitt wiegt um fünf Kilo. Im Romsdalfjord wird hauptsächlich auf die Freiwasser-Köhler gefischt. Juli und August gelten dort als die beste Zeit. Die Fangaussichten im Bokna-, Hardanger oder auch Sognefjord sind wahrscheinlich genauso gut und vielleicht noch besser, aber der Romsdalfjord ist nun einmal bekannter unter den Anglern. Allerdings mehren sich die Stimmen, die von immer schlechteren Ergebnissen im Romsdalfjord berichten. Für die Küstenbereiche Fjordnorwegens gelten die gleichen Spielregeln wie im Süden: Im Winter und zeitigen Frühjahr sind die Chancen höher, auf kapitale Köhler zu treffen. Wer sich aber gezielt mit den Rutenknackern anlegen will, sollte es weiter nördlich versuchen.

Mittelnorwegen

Aus Mittelnorwegen erreichten uns in den letzten Jahren wohl die konstantesten Fangmeldungen großer Seelachse. Entlang der ganzen Küste, ausgehend von der beliebten Insel Hitra über Sula bis hinauf nach Lauvsnes in der Nähe des Namsenfjordes, gelangen spektakuläre Fänge. Es wurden zahlreiche Fische von über 15, teilweise sogar von über 20 Kilo gemeldet. Auch in Mittelnorwegen bevorzugen die großen Seelachse das offene Meer. Und da ist es alles andere als empfehlenswert, mit irgendwelchen 10-PS-Booten auf große Fahrt zu gehen. Große Boote und profunde Kenntnisse sind Pflicht. Noch besser sind Guides, die mit der Unstetigkeit der See und Fische vertraut sind. In England und Amerika schon selbstverständlich, wird auch in Deutschland das Guiding immer beliebter. Stefan Voigt und Mike Redelius bieten das in Mittelnorwegen an: „Auch in Mittelnorwegen liegen die besten Fangplätze fast ausnahmslos im offenen Meer. Da draußen fangen wir Seelachse auch über sehr flachen Plateaus von nur 30 Metern Tiefe, allerdings nur nachts. In Küstennähe stehen große Seelachse meist über tiefem oder sehr tiefem Wasser und meiden die flachen Bereiche. Ausnahmen gibt es dort, wo extreme Strömungen herrschen (in den sogenannten „Straumen"). Im Juli und August sind die Fänge am schlechtesten. Offensichtlich ist das Wasser dann schlicht und ergreifend zu warm und wenig Nahrung vorhanden. Dann ziehen die Köhler weiter in den Norden."

Nordnorwegen

Bekannte Fangplätze sind der Saltstraumen und der Moskenesstraumen, die vorgelagerte Insel Røst sowie die Außenküste der Vesteralen. Aber auch in anderen Ecken ist jederzeit mit dicken Brummern zu rechnen. Nordnorwegen ist vor allem im Sommer und Herbst ein wahrer Tummelplatz der schwarzweißen Freiwasserjäger. Auch hier gelten die beschriebenen Regeln: Je näher an der Küste, desto tiefer muss das Wasser für die Großköhler sein. Ausnahmen bilden wieder die beschriebenen Strömungsgebiete.

Ganz erstaunlich ist die Tatsache, dass die großen Köhler im hohen Norden selbst nachts nur in Ausnahmefällen über flachen Plateaus anzutreffen sind. 80 Meter Wassertiefe sind fast das Minimum. Zwar habe ich schon Köhler bei der Jagd die Oberfläche durchbrechen sehen, aber das wahr erstaunlicherweise immer über sehr tiefem Wasser der Fall. Im Allgemeinen kann gelten: Im Norden gibt's überall große Köhler, man muss sie nur finden!

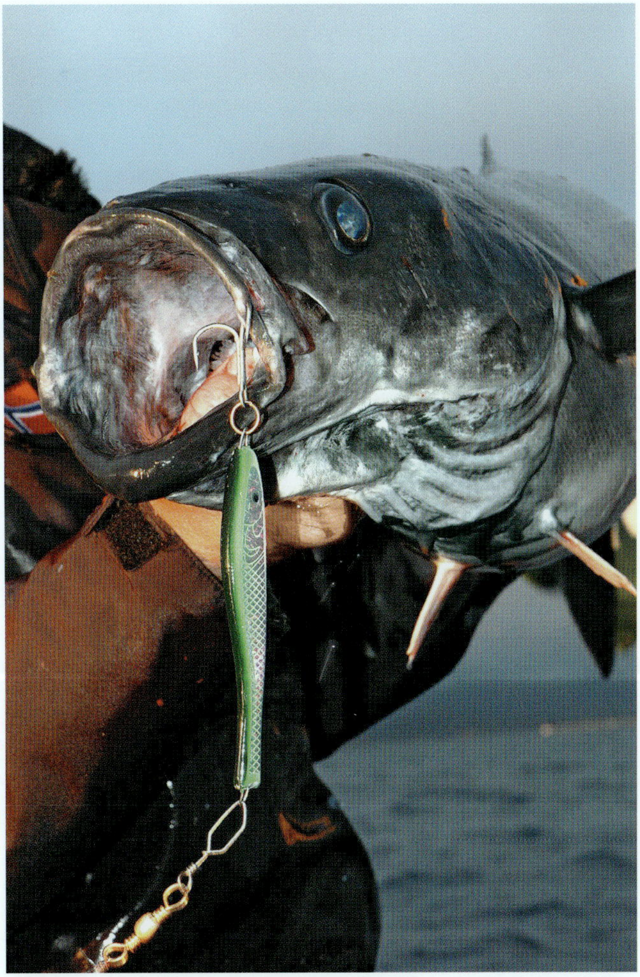

▲ Die schnellen Jäger sind auch gut auf Pilker zu fangen.

Die Nadel im Heuhaufen

Die meisten Fangzonen werden mehr oder weniger zufällig entdeckt. Man driftet vom Fangplatz weg und will wieder zurücksetzen. Das Wasser ist mittlerweile nicht mehr 60, sondern mehr als 150 Meter tief. Beim Hochdrehen knallt es dann plötzlich gewaltig, und ein Seelachs ist eingestiegen. Nicht selten ist das der Beginn eines unvergesslichen Angel-Erlebnisses, bei dem alle an Bord große Köhler fangen.
Wer aber gezielt nach den Fischen sucht, hat es nicht leicht. Selbst erfahrene Guides können manchmal nicht vorhersagen, ob und wo die Seelachse zu finden sind. Oft stehen die schwarzsilbernen Jäger ohne jeden Anhaltspunkt im Niemandsland. Weit und breit sind überall 300 oder 400 Meter Wassertiefe, und die Burschen treiben sich im Mittelwasser herum. Allerdings kristallisieren sich mit zunehmender Revierkenntnis auch Plätze heraus, die immer wieder gute Ergebnisse bringen. Aus irgendeinem Grund suchen die Seelachse diese Stellen regelmäßig auf. Viele Sportfreunde, die den Romsdalfjord besucht haben, können das bestätigen. Dort gibt es Ecken, die stundenlang wie tot erscheinen. Weil aber bekannt ist, dass sich früher oder später die Seelachse in dieser Zone einstellen, fischen die Angler unbeirrt weiter und werden häufig belohnt. Manchmal geht es aber auch schief. Das Finden der kapitalen Köhler ist und bleibt ein hartes Brot, weswegen ich dringend einen Guide empfehle. Aber auch das Beobachten der einheimischen Fischer kann Anhaltspunkte liefern.

Steil und tief

Wer es dennoch partout auf eigene Faust angehen will, sollte unbedingt methodisch vorgehen. Ich rate, unbedingt bereits am Vortag mittels der Seekarte mehrere potenzielle Plätze rauszusuchen und auf dem GPS-Gerät zu markieren. Wie oben bereits beschrieben, ist innerhalb des Schärengürtels meist nicht viel zu holen – die großen Seelachse bevorzugen das offene Meer. Interessant sind die Gebiete an der Außenküste, wo das Wasser von zwei- auf dreistellige Tiefenbereiche abfällt. Wenn man zum Beispiel Abbrüche findet, die von 60 auf 200 Meter runtergehen, hat man schon mal den ersten heißen Platz gefunden. Besonderes Interesse verdienen hier wieder möglichst steile Kanten, die auch bei Rotbarschen und Pollacks so beliebt sind. Es gibt gerade an der westlichen Außenkante der Schärenküste nicht wenige Plätze, die nahe der Oberfläche Pollacks, eine Etage darunter Seelachse und weiter unten Rotbarsche beherbergen. Als i-Tüpfelchen stehen am Grund noch Lengs und Lumbs. Meist sind das Stellen, an denen die steile Kante nach Südwesten zur offenen See ausgerichtet ist. Dort drückt die Tiefenströmung (Golfstrom) nach oben, was enorm viel Nahrung bis zur Oberfläche drückt. Dies gilt besonders, wenn etwas weiter draußen Tiefen von 300–400 Meter herrschen. Eine ähnliche Situation kann übrigens auch innerhalb der Fjorde entstehen. Wenn die durch den Tidenhub verursachte Strömung auf ein Hindernis trifft und nach oben gepresst wird, können auch dort ähnliche Fisch-Konzentrationen auftreten. Diese Stellen sind aber eher selten und in der Regel sind die Plätze vor der Außenküste besser. Daher schaue ich mir diese Ecke genau an. Monoton verlaufende Tiefenlinien kann man getrost auslassen. Aber über-

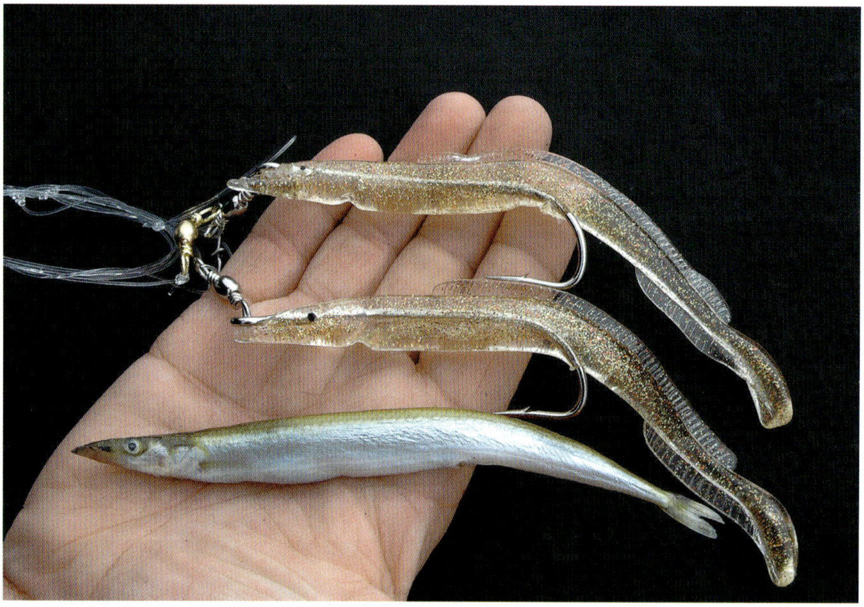

Wenn das Beuteschema passt, dann gibt es oft rappelvolle Kisten.

all dort, wo sich einige Besonderheiten zeigen, setze ich eine Markierung. Dies können neben den beschriebenen Abbrüchen auch tiefere Plateaus, Unterwasser-Felsvorsprünge oder andere Unregelmäßigkeiten sein. Von solchen potenziellen Plätzen suche ich mir mindestens zehn heraus und klopfe sie systematisch nacheinander ab. Wenn an einer Stelle nach einer halben Stunde noch kein Köhler zugeschnappt hat, mache ich mich auf zur nächsten.

Mit Möwe und Lot

Eigentlich kommt man nicht darum herum, die herausgesuchten Stellen mühsam abzufischen. Hin und wieder hat man aber Glück. Manchmal zeigen nämlich ins Wasser stoßende Möwen die Fanggründe an. Sie machen Jagd auf die von den Seelachs-Schwärmen an die Oberfläche gedrückten Kleinfische. Die Möwen kreisen in einem riesigen, kreischenden Knäuel über dem Wasser und stoßen immer wieder auf ihre Beute. Allerdings ist das noch keine Fanggarantie für dicke Seelachse. Dieses Spektakel kann auch von kleineren Exemplaren oder Dorschen verursacht werden.

Ein Hilfsmittel, das die Möwen ersetzen kann, ist das Echolot. Die meisten Geräte schaffen es allerdings nicht, bei Wassertiefen von über 350 Metern ein Bild zu liefern. Die Signale erreichen den Grund nicht, werden also nicht reflektiert. So erhält das Lot keine Daten und der Angler logischerweise kein Bild. Abhilfe schaffen sogenannte Tiefenlote, die auf die Geberfrequenz von 50 kHz umschaltbar sind. Diese Frequenz erreicht Tiefen bis zu 500 Meter, was meistens ausreicht. Bei der Suche nach Köhlern zoome ich meist in den Bereich zwischen 30 und 100 Metern, da die Fische sich in der Regel zwischen 40 und 80 Metern aufhalten. Allerdings bedarf es schon etwas Übung, die Echos großer Seelachse zu erkennen. Sie erscheinen nie als Haufen von Punkten, als Sicheln oder gar als Fischsymbole, da sie meist recht weit auseinanderstehen. Die Echos sehen aus wie abgehackte Wellen und man muss genau

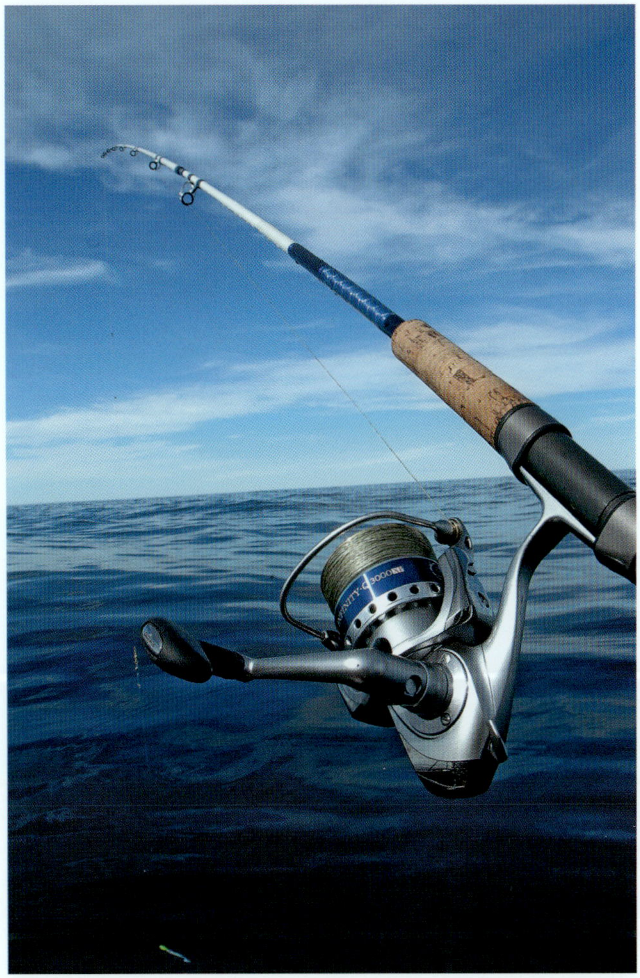

▲ Beim gezielten Fischen auf Seelachs komen oft Stationärrollen zum Einsatz.

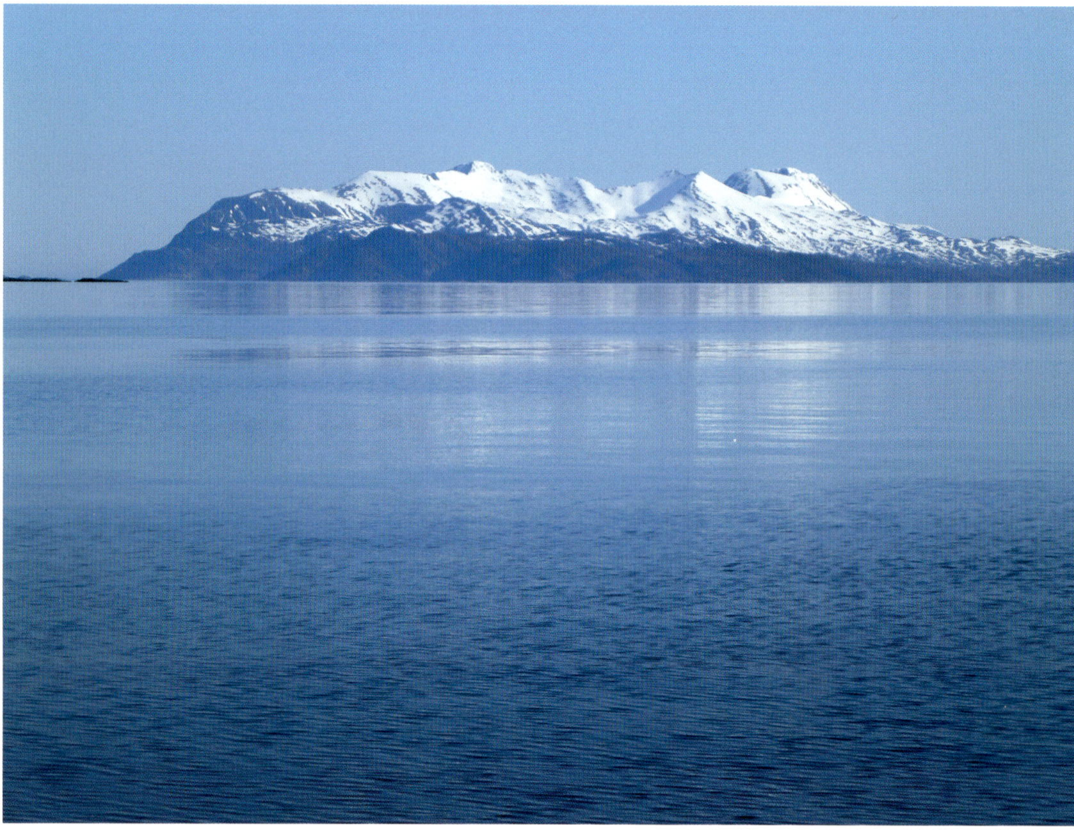

Wer weiß schon, was unter dieser Oberfläche alles lauert?!

hinschauen, um sie in den Störsignalen zu erkennen. Wer allerdings den Bogen einmal raus hat, kann auf diese Weise viel Zeit sparen, indem er erst dann angelt, wenn die Zeichen zu sehen sind.

Wie die Einheimischen

Um eine möglichst hohe Wassersäule abzudecken, bietet sich der Einsatz von langen Vorfächern an. So fischen auch die Norweger. Die Haspel mit den vielen Makks auf der Schnur hat bestimmt schon jeder Norwegen-Fahrer gesehen. Im Abstand von rund zwei Metern sind Makks eingeschlauft, die in Größe und Farbe variiert werden können.

Diese Technik ist grundsätzlich auch an der Angelrute möglich. Besonders gut eignet sie sich, wenn man die Fische in einer Tiefe von rund 100 Metern vermutet. Dorthin lasse ich die Montage ab, kurbele 20–30 Meter hoch, lasse wieder ab und so weiter. Mit Unterstützung der Drift und der sechs bis acht Meter langen Montage mit drei bis vier Beifängern suche ich so eine enorme Wassersäule ab. Die Monofile sollte bei dieser Angelei sehr dick sein. 1,20 Millimeter sind nicht übertrieben. Denn wenn zwei Fische gleichzeitig den Köder nehmen und in entgegengesetzte Richtungen preschen, knallt fast jedes Vorfach durch. Diese schmerzliche Erfahrung musste ich

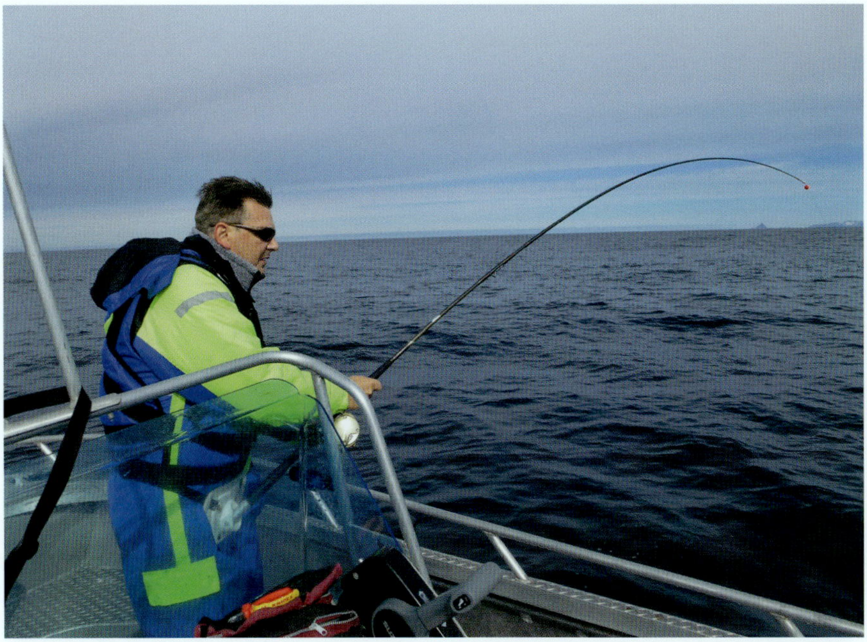

◀ Man nennt sie auch Rutenknacker ... !

schon häufiger beim Rotbarsch-Angeln machen. Die Köhler haben mich dabei mehr Material gekostet als alle Hänger zusammen.

Nicht zu fein

Von der beschriebenen Ausnahme mit dem Suchvorfach abgesehen, setze ich am liebsten auf einen einzelnen, schlanken Pilker. Das erlaubt mir, relativ leicht zu fischen. Das ist angesichts der Tatsache, dass man mitunter stundenlang fischen muss, bevor die ersten Bisse kommen, entscheidend. Mit schwerem Gerät wäre man dann viel zu schnell müde. Allerdings möchte ich auch nicht der ultraleichten Angelei das Wort reden. Viele Seelachs-Fans nehmen immer feineres Material. Ich selber kann das nicht unbedingt befürworten. Eine 20-Gramm-Rute erhöht zweifellos den Spaß für den Angler, aber auch den Stress für den Fisch. Insbesondere, wenn der Fisch zurückgesetzt werden soll, muss er einigermaßen zügig gelandet werden.

Es gilt also, einen Mittelweg zu finden. Wenn ich es auf große Seelachse abgesehen habe, benutze ich zwei Gerätemontagen. Eine etwas längere Wurfrute von rund 2,70 Metern mit einem Wurfgewicht von etwa 120 Gramm. Sie bestücke ich mit einer Stationärrolle, auf die eine Geflochtene mit fünf bis acht Kilo Tragkraft gespult ist. Außerdem nehme ich eine 20-lbs-Bootsrute mit. Für sie bevorzuge ich eine kleine Multirolle sowie eine Schnur von acht bis zehn Kilo Tragkraft. Ich bin übrigens kein Anhänger der Monofilen. Häufig wird behauptet, dass es mit Geflochtener zu viele Aussteiger gäbe, aber das kann ich nicht bestätigen. Bei entsprechender Bremseinstellung passiert das so gut wie nie. Dafür ist es natürlich wichtig,

Der Suchtrupp

Um herauszufinden, ob an einem Platz Köhler vorhanden sind, ist es hilfreich, wenn mehrere Angler zusammenarbeiten. Ich konnte schon Angler beobachten, die das Suchen perfektioniert haben. Sie lassen sich über seelachsverdächtige Zonen driften und benutzen Schnurzähler und unterschiedliche Köder. Wenn der erste einen Biss hat, ruft er seinen Kollegen sofort die Tiefe und den verwendeten Köder zu. Die reagieren sofort und beharken die genannte Zone mit dem Erfolgsköder. Statt bei jedem Wurf die komplette Wassersäule von 80 Metern bis zur Oberfläche abzufischen, konzentrieren sie sich dann beispielsweise auf den Bereich zwischen 35 und 50 Metern, wenn dort die Attacke kam. Es leuchtet ein, dass diese Vorgehensweise äußerst effizient ist. Das klappt aber nur, wenn alle konzentriert angeln und stets auf die Tiefe achten, in der sie gerade fischen.

Sind nur ein oder zwei Angler an Bord, können sogar zwei Ruten pro Person eingesetzt werden. Die Köder werden abwechselnd in die Andrift geworfen. Während der eine absinkt, wird der andere hochgedreht und sofort wieder ausgeworfen. Das ist allerdings recht stressig und kraftraubend, dafür aber ebenfalls sehr effizient. Ist der Seelachs-Schwarm dann gefunden, verbietet sich der Einsatz von zwei Gerten von selbst.

dass die Bremsen sauber und ruckfrei anspringen, denn sonst droht bei einer rasanten Flucht Schnurbruch oder der Fischverlust. Ich komme bestens mit Kampf- beziehungsweise Schiebebremsen klar. Mit ihnen kann ich den Widerstand fein justieren und vorher einstellen. Ein Schnurzähler leistet ebenfalls wertvolle Dienste, da ich mit ihm immer weiß, in welcher Tiefe ich fische. Die leichtere Rute kommt dann zum Einsatz, wenn ich die Seelachse in Wassertiefen von 20–50 Metern vermute. Der 80–120 Gramm schwere Pilker wird schräg in die Andrift geworfen. Ehe er auf 40–60 Meter durchgesackt ist, ist das Boot meist schon weitergedriftet. Der Köder wird dann relativ zügig einfach eingedreht. Diese Technik ist weitgehend bekannt. Ist die Drift kräftig, sind natürlich schnell

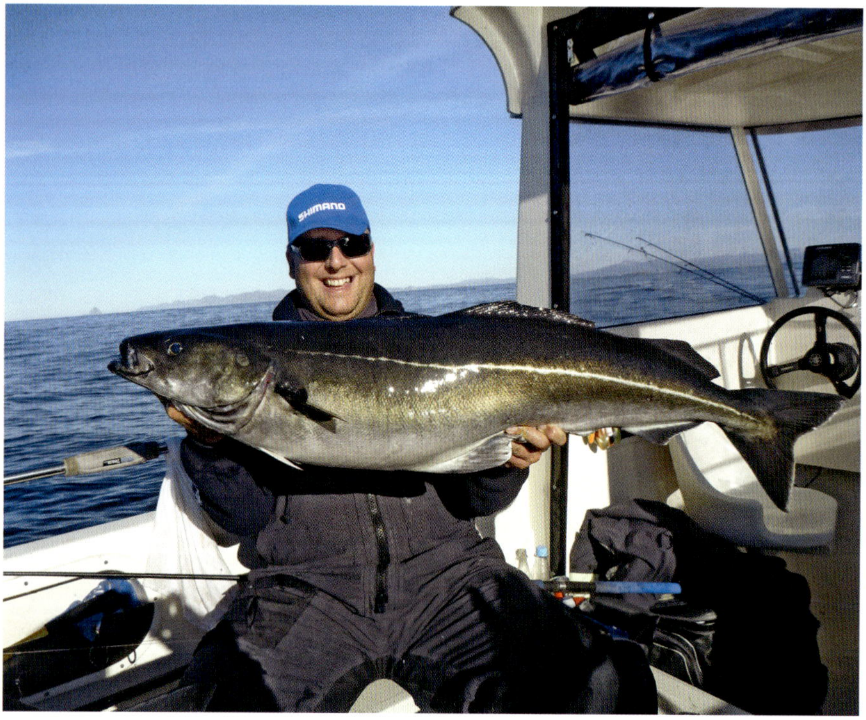

Solche Seelachse freuen auch den gestandenen Meeresangler.

sinkende Pilker angesagt. Ist die Drift nicht so stark, sind Vibrationsköder wie der Seawaver eine hervorragende Alternative. Die zweite, schwerere Rute nehme ich, wenn es tiefer nach unten geht. Die ganz großen Seelachse stehen recht häufig in schwierig zu beangelnden Bereichen wie in Tiefenströmungen. Da müssen schon mal schnell sinkende Pilker von 300 Gramm und mehr montiert werden, was mit dem leichten Gerät nicht mehr zu meistern wäre.

Selektiv mit Großgummis

Pilker sind ganz klar die Köder Nummer eins. Je nach Standtiefe, Drift und Strömung sollten Schnellsinker oder Flatter-Modelle eingesetzt werden. Immer beliebter werden aber auch Gummifische. Die stoßen zwar dort an ihre Grenzen, wo schnell sinkende Köder gefragt sind, aber dafür haben sie andere Vorteile: Zum einen müssen die Gummis nicht ganz so schnell eingeholt werden. Die Seelachse nehmen die Weichplastikköder auch dann, wenn sie normal gejiggt werden. Zum anderen können sehr große Köder eingesetzt werden. Modelle jenseits der 20-Zentimeter-Marke eignen sich hervorragend zum selektiven Angeln. Seelachse stehen zwar meist in Jahrgängen zusammen, aber fast immer sind bei den ausgewachsenen Exemplaren von über fünf Kilo ein paar kapitale Fische dabei. Dies gilt nicht für die kleinen Köhler, bei denen meist keine Dicken stehen. Aber wenn man zum Beispiel einen Trupp von Sechs-Kilo-Köhlern gefunden hat, treibt dort sehr wahrscheinlich auch eine Zehn-Kilo-Granate ihr Unwesen. Es gilt also, im Schwarm zu angeln, ohne dass sich sofort die „Kleinen" auf den Köder stürzen. Dies gelingt ausgezeichnet mit Großgummis, die zum Beispiel am Giant Jighead montiert sind. Einmal unterm Schwarm angekommen, kann man die Gummis dort halten und muss sie nicht wie die Pilker zügig einholen. Die Seelachse reagieren hierbei nämlich eher auf den Flatterreiz der Schaufel als auf Tempo. So kann man länger in der heißen Zone fischen.

Schnell führen

Der Rotbarsch-Angelei verdanke ich noch eine weitere Erkenntnis: Köhler beißen fast ausschließlich auf schnell geführte Köder! Einmal habe ich mit einigen Kollegen auf Rotbarsche gefischt. Wir verwendeten alle die gleichen Fetzen-Montagen, nur die Bleigewichte unterschieden sich. Während meine Mitangler ohne Mühe den Grund erreichten, wollte das bei mir nie klappen. Bei einer Gesamttiefe von 180 Metern stoppte die Montage jedes Mal bei rund 80–120 Metern ab, und die Haken waren mit Seelachs besetzt. Es war so verrückt, dass ich fünf Mal in Folge nicht durchgekommen bin, während meine Bootsnachbarn ganz gemütlich auf Rotbarsch angeln konnten. Der einzige Unterschied zwischen unseren Montagen war die Sinkgeschwindigkeit. Ich hatte ein sehr schnell sinkendes Blei (800 Gramm Seewolf-Klopfer) und eine etwas dünnere Hauptschnur. Ich habe das „Problem" letztlich dadurch gelöst, dass ich die Montage im „Gefahrenbereich" abgestoppt und verlangsamt abgelassen habe.

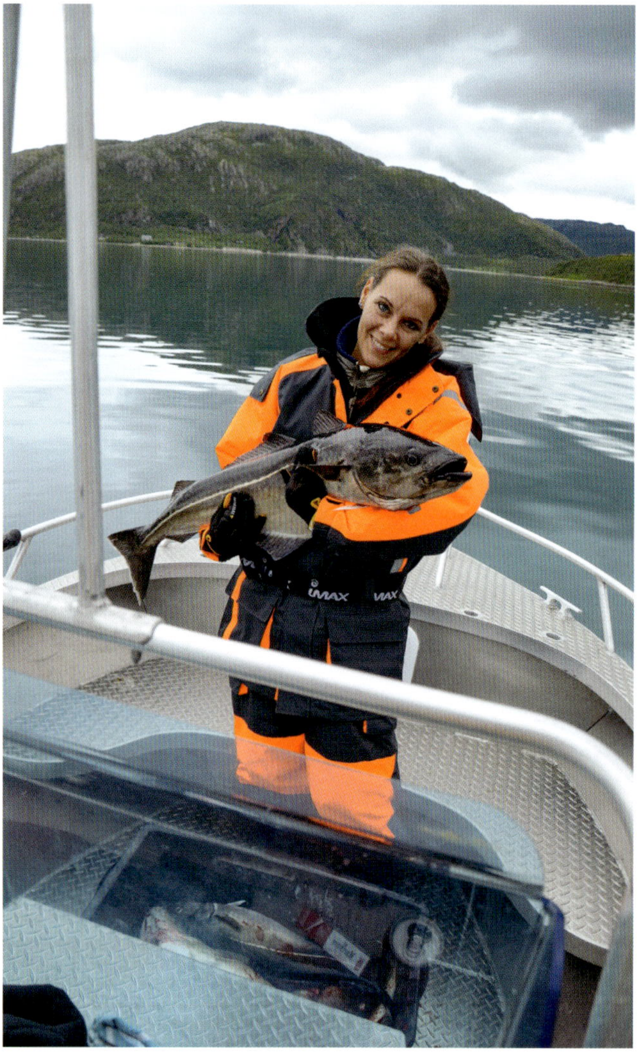

▶ Angeln ist Liebe ...

Fünf Köhler-Kniffe

1. Jahreszeiten beachten! Als grobe Faustregel kann gelten, dass im Süden der Winter und das zeitige Frühjahr und im Norden der Sommer bis Oktober fangträchtig sind. Irgendwann im Frühjahr gibt es eine Phase, in der die Köhler wie vom Erdboden verschwunden zu sein scheinen. In Mittelnorwegen ist das etwa im Mai. Die großen Seelachse ziehen dann zum Laichen auf die offene See, und dann geht zwei bis drei Wochen lang fast gar nichts.

2. Ebbe und Flut beachten! Dies gilt vor allem für die Außenküste. Dort sollte man so angeln, dass man mit steigendem Wasser am Hot-Spot ist. An anderen, sehr markanten Plätzen spielen die Gezeiten eine weniger wichtige Rolle. So kann es zum Beispiel an Steilkanten vorkommen, dass sich dort die Köhler jeden Abend einfinden, ganz egal, ob gerade Ebbe oder Flut herrscht.

3. Im Tiefen fischen! Dass große Seelachse häufiger vorkommen, als

Schwieriges Schleppen

Eine Randtechnik soll nicht unerwähnt bleiben: Trolling auf große Seelachse kann unheimlich ergiebig sein. Allerdings ist das in Norwegen mit zahlreichen, nicht zu unterschätzenden Schwierigkeiten verbunden. An erster Stelle ist der Aufwand hinsichtlich der Ausrüstung zu nennen. Entsprechende Boote können nämlich in Norwegen fast nirgendwo gechartert werden. Wer also ernsthaft interessiert ist, sollte sich sein Boot von Deutschland aus mitnehmen. Ein weiteres Problem besteht darin, dass das selektive Fischen ziemlich schwierig, wenn nicht gar ganz unmöglich ist. Es gibt einfach zu viele unerwünschte Fische, die sich immer wieder auf die Köder stürzen. Neben Makrelen sind vor allem die allgegenwärtigen Kleinköhler zu nennen. Auch Quallen können einem das Leben schwer machen. Und nicht zuletzt machen einem die starken Strömungen und großen Tiefenunterschiede zu schaffen. Dies alles führt dazu, dass ich Einsteigern vom Trollen abrate. Das ändert aber nichts an der Tatsache, dass erfahrene Schleppfischer tolle Erfolge auf große Köhler verzeichnen können.

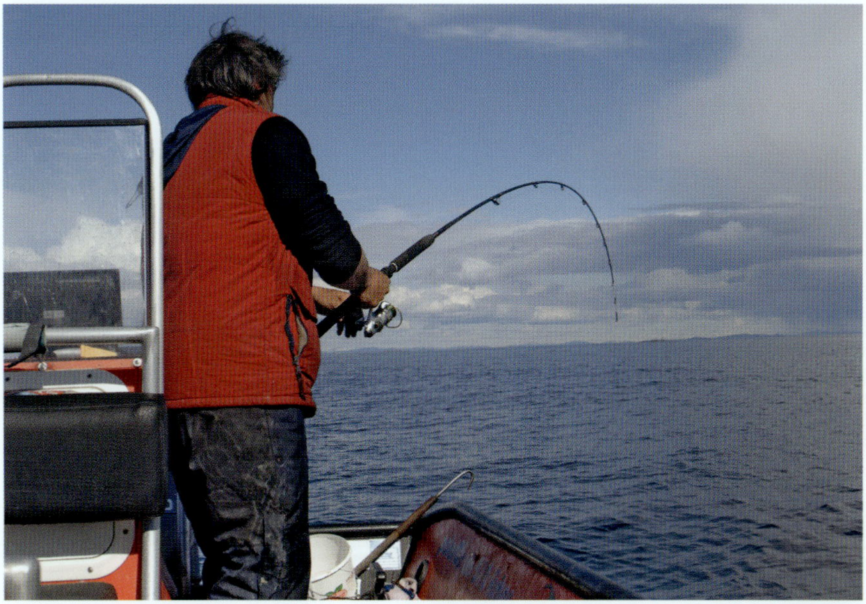

Am etwas feineren Gerät machen diese Kämpfer richtig Spaß.

man denkt, haben wir beim Tiefseeangeln festgestellt. Beim Hochholen der Montagen sind uns in ganz unterschiedlichen Regionen Köhler im Mittelwasser auf die Naturköder geknallt. Und zwar fast ausschließlich dort, wo das Meer über 200 Meter tief war. Diese tiefen Bereiche waren lange Zeit uninteressant für Angler und wurden kaum beachtet. Heute stehen sie aber wegen der großen Lengs in den Blickpunkt. Die großen Köhler sind ein erfreuliches „Nebenprodukt“ dieser Entwicklung.

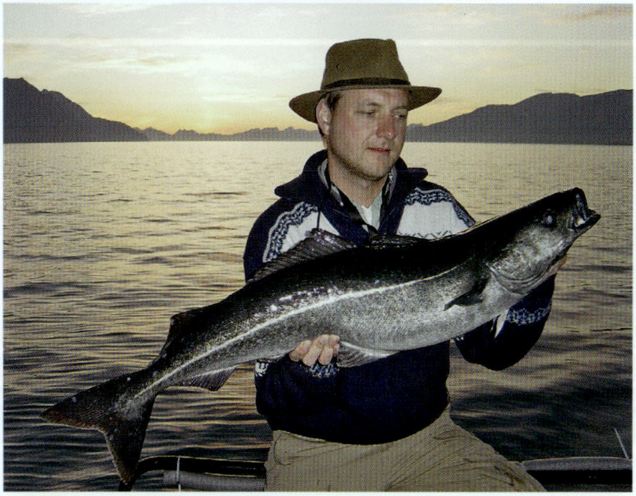

4. Suchen, suchen, suchen! Leider sind die Standplätze der Köhler kaum vorhersehbar. Daher sollte man sich vor der Tour mindestens zehn potenzielle Stellen markieren und systematisch abfischen. Sind Köhler da, kommen die Attacken meist sofort. Wenn sich nach einer halben Stunde nichts getan hat, geht‘s weiter.

5. Aussteiger vermeiden! Vor den Pilker sollten als Puffer zwingend zwei bis drei Meter monofile Schnur geschaltet werden. Der Durchmesser muss mindestens 0,70 Millimeter betragen, damit das Vorfach den Belastungen trotzt. Zwischen Drilling und Pilker sollten zwei Sprengringe montiert werden. So wird die Verbindung beweglicher, und die Fische können sich nicht mehr so leicht aushebeln.

Pollack

Man könnte den Pollack als Zander des Meeres bezeichnen: Vorsichtig, launisch und nicht immer einfach zu überlisten. Und genau das macht seinen Reiz aus!
Der Pollack ist inzwischen für Südnorwegen und für weite Teile Fjordnorwegens der wichtigste Angelfisch geworden. Die Dorsch-Bestände sind im Süden nicht so prall, und die Köhler ziehen zumindest im Sommer weiter in den Norden. Bleiben die Pollacks, die auch in der Haupt-Urlaubszeit sehr gut zu erbeuten sind. Dabei ist der golden schimmernde Fisch alles andere als eine Notlösung. In puncto Kampfkraft steht er seinem großen Bruder, dem Köhler, in nichts nach. Wer schon mal einen Pollack an leichtem Gerät gedrillt hat, weiß, wie viel Spaß das macht. Meist wiegt er zwei bis drei Kilo, doch in Ausnahmefällen bringt er auch schon mal über zehn Kilo auf die Waage. Und in der Küche machen die Filets eine richtig gute Figur. Pollack gilt sogar unter Norwegern als Delikatesse. Grund genug also, sich mit den Fischen intensiver zu beschäftigen. Der deutlich beste Bestand an Pollacks ist im Schärengebiet und den den Küsten vorgelagerten Flachwassergebieten vorhanden. Die Dichte nimmt von Mittelnorwegen nach Norden ab. Im Innenbereich der Fjorde läuft vor April in der Regel nicht viel. Wer sich mal richtig an Pollacks „satt" angeln will, sollte im Zeitraum von Mai bis Juni an die Küste Fjord- oder Mittelnorwegens fahren. In Südnorwegen beginnt die Topsaison schon eher.

Mit der Sonne kommen die Pollacks

Die Pollacks halten sich je nach Jahreszeit in unterschiedlichen Wassertiefen auf. Hinzu kommen noch lokale Besonderheiten, die das Verhalten der Fische zusätzlich beeeinflussen. Wie immer

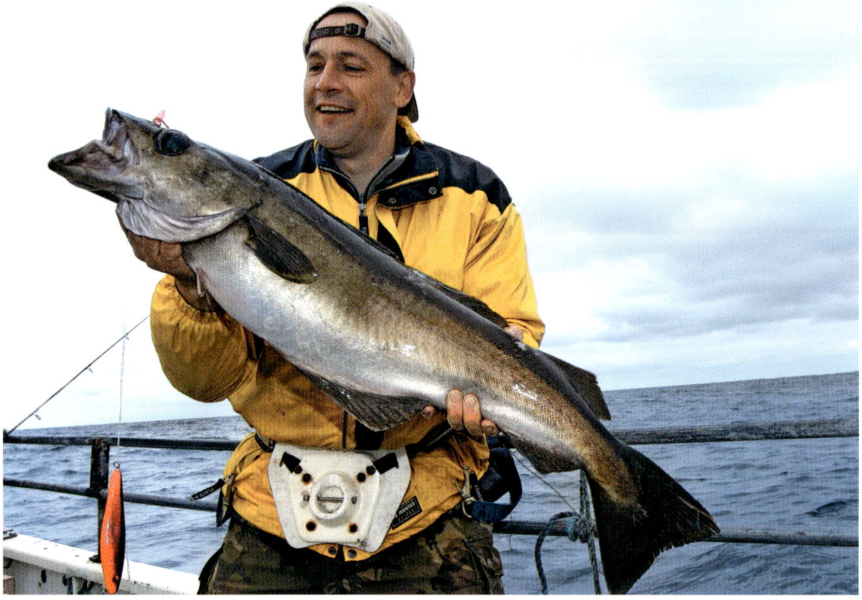

▶ Hier ist das oberständige Maul deutlich erkennbar.

Steckbrief Steinköhler

Lateinischer Name	*Pollachius pollachius*
Anderer Name	Steinköhler
Lebensraum	Hauptsächlich norwegische Außenküste (Süd und Mitte), britische Inseln, Färöer, europäische Küste bis Portugal, Island gering
Kurzbeschreibung	Länge bis 1,30 Meter, Gewicht bis 20 Kilo, Schwarmfisch, seltener über fünf Kilo Der Pollack hat große Ähnlichkeit mit Dorsch und Köhler. Markant ist jedoch sein oberständiges Maul, das heißt, der Unterkiefer ist dabei länger ausgebildet als der Oberkiefer. Er ist deshalb zum Oberflächenräuber prädestiniert.
Fischereiliche Bedeutung	Gering. Der Pollack wird kaum gezielt befischt, meist wird er nur als Beifang beim Dorsch- und Seelachs-Fischen erbeutet. Er laicht über einen längeren Zeitraum zwischen Januar und Mai in Tiefen zwischen 100 und 150 Metern. Erst dann zieht er wieder dicht unter Küste.
Anglerische Bedeutung	Hoch. Anglerisch hat der Pollack eine große Bedeutung, da er vor allem in Südnorwegen deutlich zahlreicher auftritt als der Dorsch. Er wird deshalb auch häufig als der „Brotfisch" Südnorwegens bezeichnet. Überdies bietet er am leichten Gerät einen spannenden Drill und kann auch gut vom Ufer gefangen werden.
Beißzeit	Typischer Sommerfisch, bedingt Frühjahr und Herbst
Angeltiefe	Im Frühjahr stehen die Pollacks meist noch tief. Erst langsam kommen sie von ihren Laichplätzen dichter an die Küste und damit an die Oberfläche. Bei ausreichender Erwärmung ziehen sie aber tief in alle Fjorde und sind sehr ufernah oder aber meist und dafür oft auch flach zu finden. Besonders nachts jagt der Pollack direkt an der Wasseroberfläche.
Fangtechnik	Überwiegend Kunstköder
Küche	Das Fleisch des Pollacks ist dem des Dorschs sehr ähnlich. Allerdings kann es beim Braten schnell trocken werden. Es ist auch empfehlenswert, den Pollack nach dem Fang recht zügig zu versorgen, da das Fleisch relativ schnell weich wird und damit an Qualität verliert. Grundsätzlich eignet er sich aber für alle Arten der Zubereitung, allerdings weniger zum Räuchern.

beim Angeln kommt es zunächst darauf an, die Einstände zu finden. Eine gezielte Angelei lohnt sich im Prinzip erst im Frühjahr, wenn sie allmählich an die Küsten kommen. Wo sie sich im Winter aufhalten, weiß eigentlich niemand so genau. Auffällig aber ist, dass sie im Frühjahr reichlich ramponiert aussehen. Sie haben zahlreiche Kratzer und teilweise sogar richtige Wunden am Körper. Außerdem stehen sie nicht gut im Futter. Es ist naheliegend, dass dies mit ihrem Laichgeschäft zusammenhängt, aber wie das vonstatten geht, entzieht sich meiner Kenntnis. Für uns Angler ist entscheidend zu wissen, dass sich die Pollacks zunächst in Tiefen von rund 50–100 Metern sammeln. Sobald sich

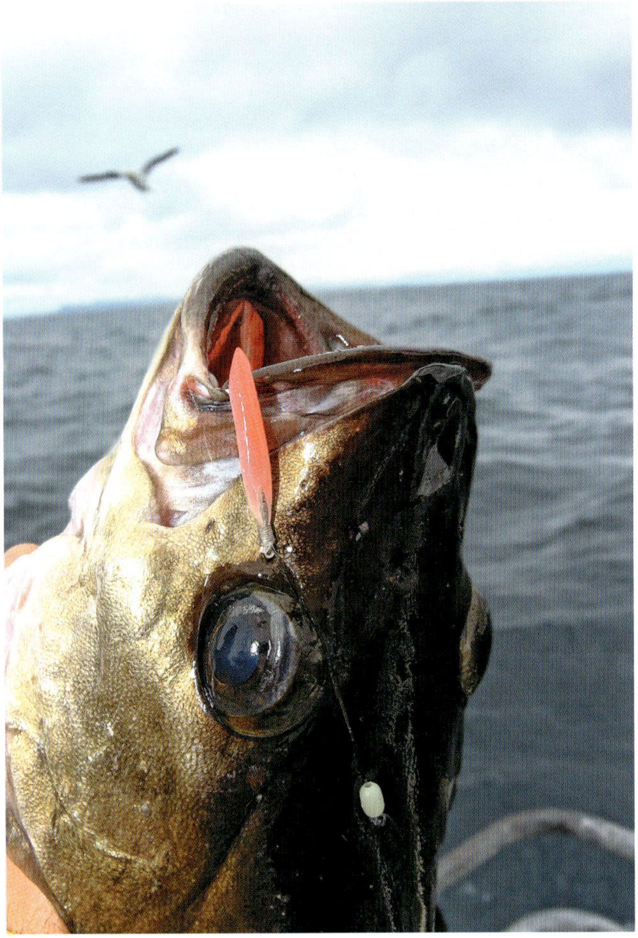

▲ Der Pollack geht auch oft auf verhältnismäßig kleine Beute

das Wasser weiter erwärmt, ziehen sie in flachere Regionen oder nehmen oberflächennah über tiefem Wasser ihre Jagdgründe ein. Wann dies genau geschieht, hängt hauptsächlich von den Temperaturen ab. Im Süden ziehen die Pollacks oft schon im April in die Flachwasserbereiche, während sie in Mittelnorwegen ein oder zwei Monate länger in den mitteltiefen Regionen bleiben. Generell stehen Pollacks fast nie direkt am Grund, sondern vagabundieren darüber. Sie sind auch nie allein unterwegs. Hat sich also erst mal einer am Köder vergriffen, dann sind weitere vor Ort.

Die Feine Art: leichte Ruten, leichte Pilker

Im günstigsten Fall ist ein normaler Pilker mit Gummimakk-Vorfach schon fängig. Aber das ist die Ausnahme, denn meist sind die Pollacks nicht ganz so leicht zu überlisten. Ich habe die besten Erfahrungen mit möglichst leichten Pilkern gemacht. Wenn diese noch über ein aufreizendes Spiel verfügen, ist es umso besser. Solche Köder machen natürlich nur in Kombination mit passendem Gerät Sinn. An 30er-Geflochtener und einer 30-lbs-Bootsrute lässt sich ein Pilker von 50–150 Gramm nicht richtig führen. Ganz abgesehen davon, dass der Drillspaß damit komplett verloren geht.

Beim Angeln auf Pollack gilt daher ganz besonders das Motto: „So leicht wie möglich!“ Die übliche Ostsee-Ausstattung ist das passende Instrumentarium. Neuerdings hat sich dafür unter Norwegen-Fahrern der Begriff „Light Tackle“ eingebürgert. Ruten mit einem Wurfgewicht von rund 100–150 Gramm, ergänzt durch eine stabile Stationärrolle der 3000er-Größe sind genau richtig.

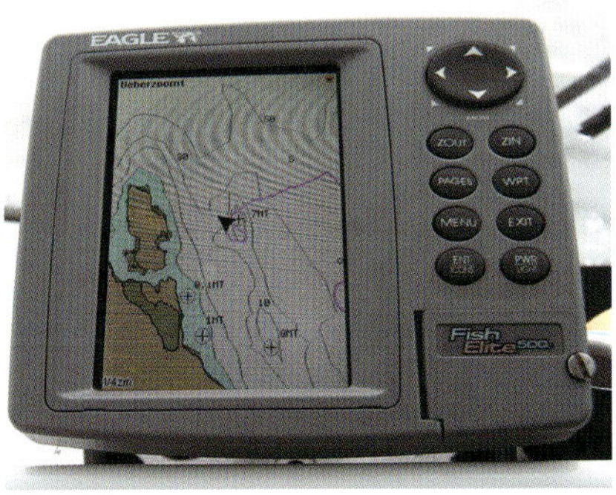

▶ Ein typischer Einstand.

Auf keinen Fall zu früh anschlagen!

Damit mache ich mich also auf zu den markierten Plätzen und suche die steilsten Kanten systematisch ab. Im Regelfall empfiehlt es sich, den Pilker ohne Beifänger in die Andrift zu werfen und bis zum Grund absinken zu lassen. Dann hole ich ihn mit nicht allzu hoher Geschwindigkeit ein. Bisse kündigen sich häufig zunächst durch kurze Rucke in der Rute an. Pollacks haben nämlich die Eigenschaft, zunächst nicht richtig zuzufassen. Wer jetzt anschlägt, vergrämt den Fisch! Besser ist es, einfach ruhig weiter einzukurbeln, bis er beherzt zufasst – ein Anhieb ist dann nicht mehr nötig.

Die Verwendung von monofiler Schnur ist dabei von entscheidendem Vorteil. Aufgrund ihrer Dehnung gibt der Köder bei den ersten Anfassern nach. So schöpft der Pollack keinen Verdacht und packt nochmals zu. Bei geflochtener Sehne wäre er unter Umständen verschreckt. Ein weiterer Vorteil der Monofilen besteht darin, dass sie die Bisse nicht so deutlich auf die Rute überträgt. Das hilft, den Impuls zum Anschlagen zu unterdrücken. Gerade Spinnfischer sind ja sonst darauf trainiert, beim kleinsten Zupfer voll durchzuziehen. Was aber beim Zander-, Barsch- und Hecht-Angeln absolut notwendig ist, führt beim Pollack zum Misserfolg. Wer Schnur mit einem Durchmesser von 0,25–0,30 Millimetern aufzieht, braucht übrigens keine Angst zu haben, dass sie durchreißt. Wenn man vorsichtig drillt, kann man damit auch richtig kapitale Fische sicher landen.

Taktik in unbekannten Revieren

Pollacks und steile Kanten gehören zusammen wie Brot und Butter. Ein senkrechter Unterwasserfelsen im Anströmbereich ist schon fast eine Fanggarantie. In mir unbekannten Gewässern halte ich daher nach solchen Stellen Ausschau. Anhand der Seekarte suche ich steile Unterwasserfelsen. Die aussichtsreichen Stellen fallen sofort ins Auge, da in der Seekarte die Tiefenlinien dort sehr eng zusammenliegen oder übereinander verlaufen. Im Frühjahr gebe ich den tieferen Zonen den Vorzug, im Sommer den flacheren. Die so ermittelten Punkte speichere ich noch an Land in mein GPS-Gerät ein. Dies erlaubt mir, sie schnell und sicher zu finden. Ein Kartenplotter ist sehr praktisch, da man mit ihm einen tollen Überblick hat.
Vor Ort suche ich den Felsen gezielt ab. An der zum offenen Wasser zeigenden Seite starte ich die ersten Versuche. Häufig haben die Einstände der Pollacks keine große Ausdehnung. Die Fische stehen zwar oft gestapelt übereinander, aber komischerweise nicht nebeneinander. Über Erfolg und Misserfolg entscheiden mitunter nur zehn Meter.

Pollacks sind Schwarmfische, was dazu führt, dass mitunter jeder Wurf ein Treffer ist. Ich habe aber festgestellt, dass die Laune der Fische von Tag zu Tag schwankt. Mal beißen sie nur auf eine ganz bestimmte Führungstechnik gut, mal nur auf einen speziellen Köder. Wenn die Pollacks also etwas verhalten beißen, heißt das noch lange nicht, dass der Platz schlecht ist. In diesem Fall experimentiere ich mit Köderform, -farbe und -gewicht. Leichte Ausführungen können den entscheidenden Unterschied ausmachen. Besonders Vertikalpilker wie der Seawaver scheinen oft den Geschmack der Fische genau zu treffen. Sie lasse ich beim Einholen alle 10–20 Meter für eine oder zwei Sekunden stehen, Spinnstop nennt man das. Die Bisse kommen nicht selten genau in diesem Augenblick.

Mit dem Duft des Tangs in der Nase

Speziell im Sommer bietet sich eine weitere Möglichkeit an, die Pollacks zu befischen. Dann stehen die meisten Fische nämlich sehr dicht am Felsufer beziehungsweise an den Schären. Viele Sportfreunde bevorzugen es deshalb, den Pollack direkt vom Ufer aus zu beangeln. Das ist sehr erfolgreich und macht einen Riesenspaß. Wer schon mal in der Abendsonne über die warmen Felsen geklettert ist, den Duft des Tangs in der Nase und eine laue Seebrise im Gesicht, weiß, wovon ich spreche.

▼ Die schnellen Jäger bringen Freude!

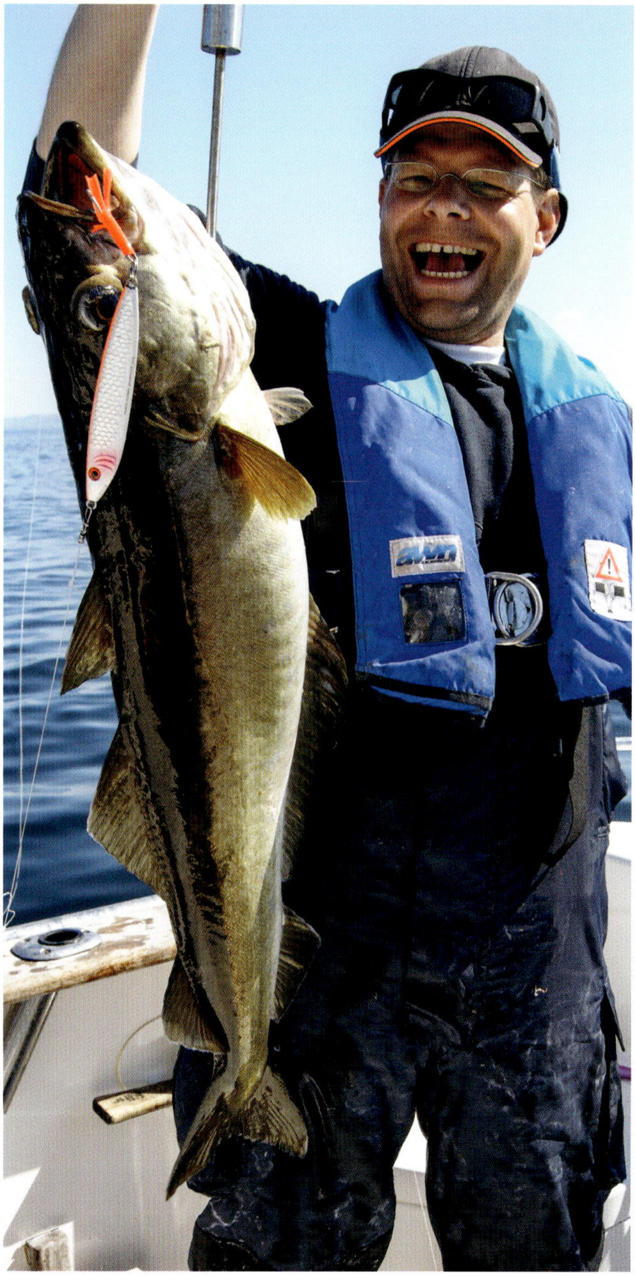

Die Technik unterscheidet sich im Prinzip nicht vom Bootsangeln. Möglichst steil abfallende Felsen sind die erste Wahl. Allerdings muss man darauf achten, dass man einen gehakten Fisch auch landen kann. Denn was nützt es, wenn der dicke Pollack ausgedrillt an der Wasseroberfläche liegt, ich aber nicht an ihn herankomme, weil ich zehn Meter höher auf dem Felsen stehe? Außerdem besteht beim Uferangeln die Gefahr, gerade größere Fische zu verlieren. Sie verschwinden mit Vorliebe im Tangdickicht und reißen dadurch ab.

Ich persönlich bevorzuge daher den Einsatz eines Bootes, das bei einem Angelurlaub ja immer zur Verfügung steht. Damit bin ich einfach flexibler. Außerdem kann ich so eine von mir besonders gerne eingesetzte Such-Technik anwenden: das Schleppen. Im Sommer kommen die Pollacks abends und nachts an die Oberfläche zum Rauben. Um die Standorte herauszufinden, schleppe ich kleine, tief laufende Wobbler. Um sie noch etwas auf Tiefe zu bringen, schalte ich teilwese einen Paravan vor. Gerade innerhalb der Fjorde habe ich damit gute Erfahrungen gemacht. Auch hier kommen die meisten Bisse, wenn man die Felskanten bzw. die Schären entlangfährt.

Bis die Arme richtig schmerzen

Dort, wo sich ein Pollack den Köder schnappt, ändere ich die Taktik. Ich fahre etwas von der Stelle weg und werfe den Platz gezielt an. Würde man direkt auf dem Schwarm stehen bleiben und unter dem Boot fischen, wären die Pollacks schnell vergrämt. Bleibt man dagegen auf Distanz, kann der Schwarm im günstigsten Fall stundenlang beangelt werden. Dazu eignen sich Blinker, Meerforellen-Wobbler, kleine Pilker und sogar Fliegen hervorragend. Ich bevorzuge schlanke Blinker im Gewicht von 25–50 Gramm. Sie werfe ich in Richtung Flachwasser und führe sie oberflächennah. Ab und zu lasse ich sie auch mal durchsacken, um zu schauen, ob die Fische nicht doch eine Etage tiefer stehen.

Diese Angelei macht einen solchen Spaß, dass man direkt danach süchtig werden kann. Als wir mal einen Schwarm lokalisiert hatten, geriet ich dermaßen in einen Drill-Rausch, dass ich mir einen riesigen Muskelkater angeangelt habe. Vier Tage war mein rechter Arm zu nichts mehr zu gebrauchen.

Wenn weite Würfe nötig sind, fische ich daher mit einer noch leichteren Ausrüstung als eingangs beschrieben. Also mit einer Rute von 3–3,30 Metern Länge und einem Wurfgewicht um die 50 Gramm. Auf die kleine Stationärrolle spule ich in diesem Fall doch lieber dünne Geflochtene. Mit ihr habe ich auf die größere Distanz einfach eine bessere Köderkontrolle. Für einen gewissen Dehnungs-Puffer sorgt ein ein bis zwei Meter langes Fluorocarbon-Vorfach, dass ich an meine Hauptschnur knote.

Bei der Rolle lege ich höchsten Wert auf eine sauber und ruckfrei arbeitende Bremse. Ein starker Pollack reißt in einer Flucht schon mal 20–30 Meter Schnur von der Spule. Wenn dann die Rolle versagt, ist der Schnurbruch vorprogrammiert.

▼ **Wo ein Pollack ist, da sind noch mehr.**

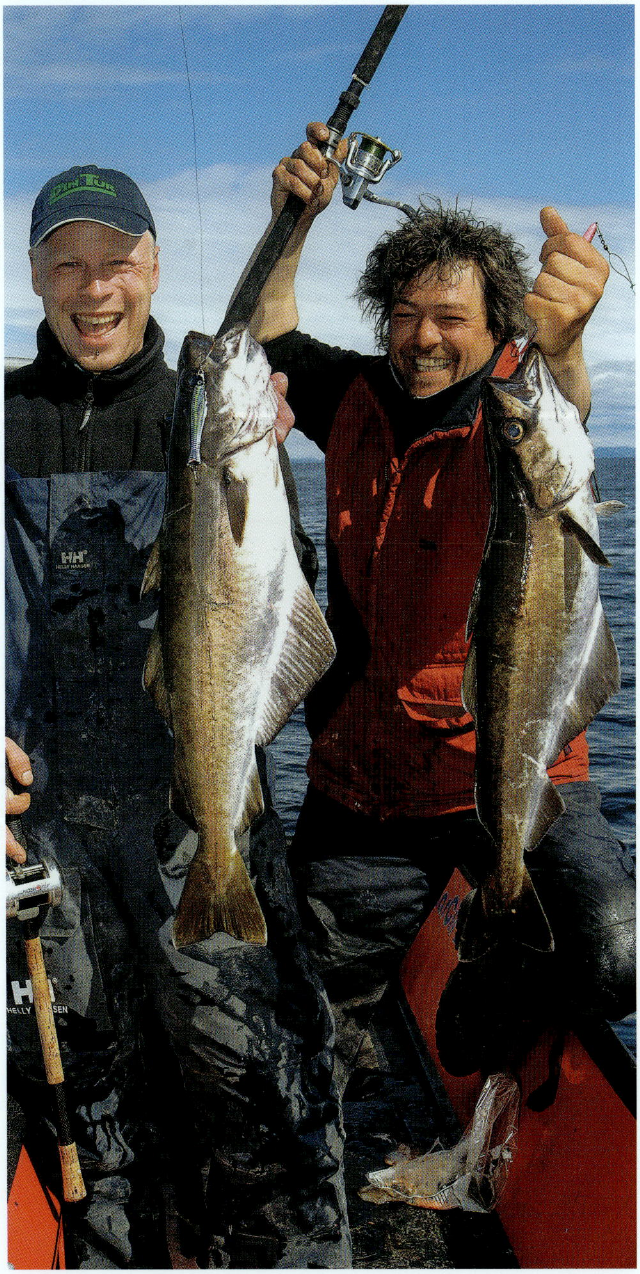

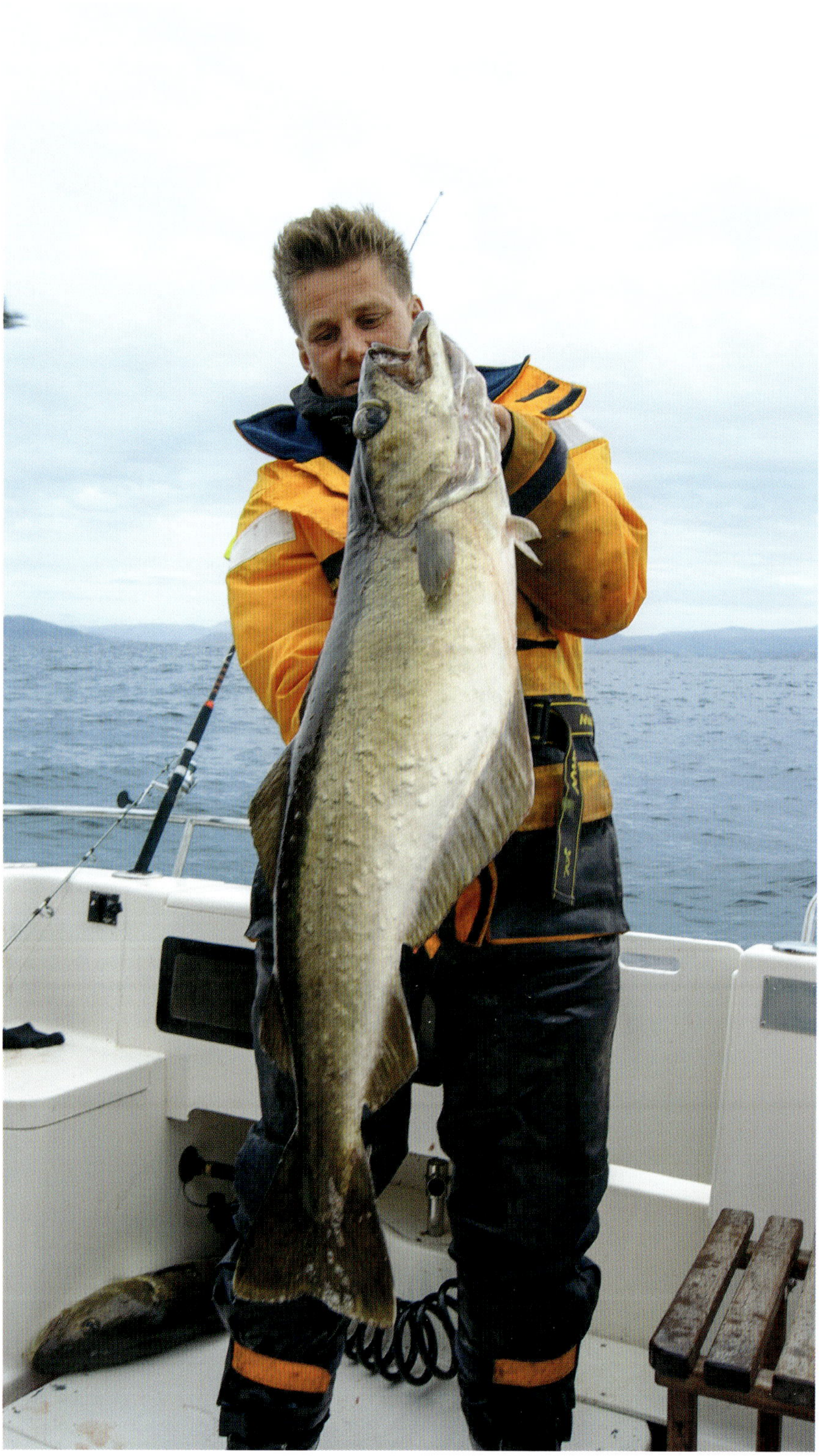

▶ Ein wahrer Riese seiner Art.

Wie beim Zander-Angeln

In Südnorwegen hat sich eine ultrafeine Angelei durchgesetzt. Mit kleinen Gummifischen werden dort die Erfolge deutlich optimiert. Geangelt wird mit äußerst feinen Ruten, wie sie beim Zander-Angeln verwendet werden. Ausführungen mit etwa 10–40 Gramm Wurfgewicht und einer Länge von 3,30 Meter sind ideal. Manche Sportfreunde benutzen sogar Feeder-Ruten. Sie haben die richtige Länge zwischen drei und 3,60 Metern, eine sensible Spitze, verfügen über ein ausgezeichnetes Handling und gleichzeitig über das nötige Rückgrat, um auch kapitale Fische sicher zu landen.

Ideal sind kleine Gummis von rund fünf Zentimetern. Klassische Farben wie Japan-Rot und Schwarz sind immer eine gute Wahl. Uwe Schwarz hat diese Technik perfektioniert. Er montiert die Köder an einem maximal 15–30 Gramm schweren Jigkopf.

Auf einen Einhänger verzichtet er ganz bewusst. Stattdessen knotet er die Gummifische direkt an die 0,25–0,30 Millimeter starke Hauptschnur. Durch diese unscheinbare Maßnahme haben sich seine Fänge deutlich verbessert. Denn einige Gummis drehen sich mit dem Einhänger oder fangen an, unnatürlich zu wackeln. Es soll aber wirklich nur der Schaufelschwanz arbeiten, denn sonst schnappen die Pollacks nicht zu.

Der Köder wird nicht allzu weit in die Andrift geworfen. Nachdem er am Grund angekommen ist, kurbelt man ihn mit mittlerer Geschwindigkeit ein. Wie bei den anderen Techniken auch, erfolgen die Attacken meist nicht sehr hart.

Vorsicht bitte!

Abschließend möchte ich noch auf eine besondere Gefahr hinweisen. Bei der beschriebenen Wurftechnik hält man sich logischerweise immer in der Nähe von Felsen auf. Nicht selten stehen die Pollacks direkt in den Schären in der weißen Gischt, die die auflaufenden Brandungswellen erzeugen. Dort ist größte Vorsicht geboten, denn an solchen Plätzen treten unberechenbare Wassergewalten auf.

Strömung, Wind und Wellen bilden ein gefährliches Team, das im schlimmsten Fall dazu führen kann, dass das Boot an die Felsen kracht. Besonders Unterwasserschären, die bis dicht unter die Oberfläche reichen, können gefährliche Wellen aufbauen. Solche Plätze sollten gemieden werden. Es lohnt sich in meinen Augen überhaupt nicht, irgendwelche Risiken einzugehen. Auch im küstennahen Schärengebiet lassen sich nämlich bestimmt weniger gefährliche Stellen finden, wo sich die Pollacks aufhalten.

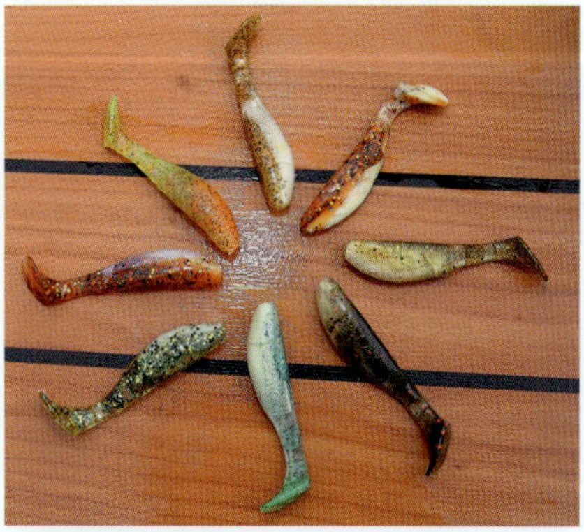

◀ Recht kleine Gummifische sind die wichtigsten Köder.

▼ Daneben kommen oft sogenante Zocker zum Einsatz.

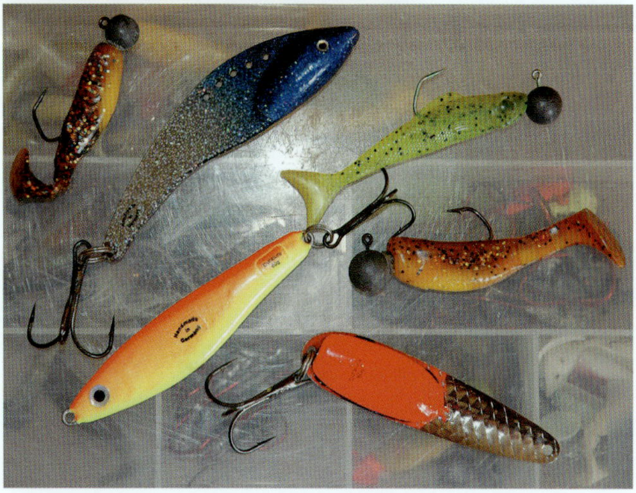

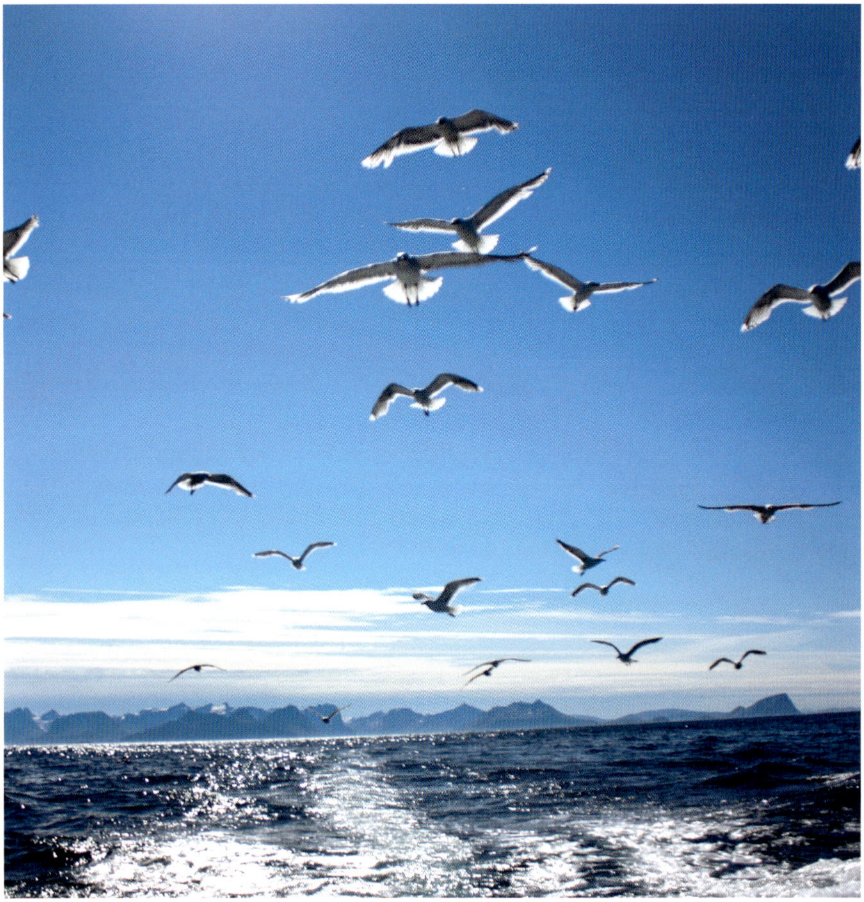

Vögel weisen oft den Weg zum Fisch.

Am Berg

In den wärmeren Monaten fische ich gezielt die Unterwasserberge ab. Das bringt für mich den höchsten Spaßfaktor überhaupt. Nun ist die Zeit gekommen, in der die Raubfische dicht unter der Wasseroberfläche stehen. Also werfe ich nur die höchsten Punkte der Plateaus an, lasse den Köder langsam absinken und kurble dann schnell wieder ein. Pollacks stehen gern über Pflanzenteppichen. Allerdings besteht dort erhöhte Hänger-Gefahr. Um das zu vermeiden, zähle ich beim ersten Wurf die Sekunden, bis der Pilker am Grund aufschlägt. Beim nächsten Wurf zähle ich wieder mit, kurbele aber eine Sekunde vorm Aufschlag ein. Diese Technik ist unter Spinnanglern als „Count-Down-Methode" bekannt, doch auch wenn man ihr keinen toll klingenden englischen Namen gibt, funktioniert sie prächtig. Was die Köderfarbe betrifft, gebe ich auch bei dieser Methode den klassischen Farben den Vorzug. Beste Fangzeit sind ohne Zweifel die Abendstunden.

Der Biss macht sich lediglich durch einen Widerstand bemerkbar. Jetzt darf nicht etwa angeschlagen werden. Wer das tut, zieht dem Pollack den Köder nur aus dem Maul. Die Räuber testen nämlich zunächst, ob es sich wirklich um etwas Essbares handelt. Erst wenn die vermeintliche Beute wieder verschwinden will, setzt der Pollack nach und schluckt vollständig. Für den Angler bedeutet das, dass er auch hierbei nach dem erwähnten Widerstand einfach weiter eindrehen muss. Erst nach dem energischen Zupacken beginnt der Drill. Meist erübrigt sich der Anhieb dann ohnehin. Das ist extrem gewöhnungsbe-

Methoden-Mix

Die beste Zeit geht von Mitte März bis Ende Juli. Allerdings ändern sich während dieser Phase die Standorte ganz erheblich. Im März stehen die Pollacks je nach Wassertemperatur zwischen 40 und 70 Metern. Wird es allmählich wärmer, kommen sie auch in die oberen Wasserschichten. Dann fange ich sie auch beim Schleppen mit kleinen, flachlaufenden Wobblern sehr dicht an der Felskante.

Von März bis Ende April fische ich gezielt die Außenkanten von Unterwasserbergen zwischen 50 und 70 Metern ab. Hier haben sich überlange Systeme mit zwei oder drei Jigs als Beifänger bewährt. Sie montiere ich mit einem Meter Abstand zueinander. Ich bevorzuge dunkle Jigs in Grün oder Schwarz. Als Gewicht dient ein 250–350 Gramm schwerer Pilker.

Die Methode ist relativ simpel: Zunächst lasse ich die Montage zum Grund sinken, um dann relativ zügig 20–30 Meter einzuholen. Dann wiederhole ich das Spiel so lange, bis ich die ersten Bisse erhalte. Der Trick besteht darin, sofort nach der Grundberührung einzuholen, denn die Pollacks stehen meist ein Stück über dem Boden. Hat man den richtigen Platz gefunden, ist es nicht selten, dass alle Haken besetzt sind.

dürftig, da die meisten Sportfreunde den Anhieb reflexartig setzen.

Wird bei dieser Angeltechnik eine zu kurze und harte Rute verwendet, wird der Pollack misstrauisch und lässt den Köder fahren. Bei der Verwendung einer ausreichend langen Rute mit weicher Aktion sowie monofiler Schnur wird der Druck sanft aufgebaut. Der Pollack schöpft keinen Verdacht und setzt richtig nach.

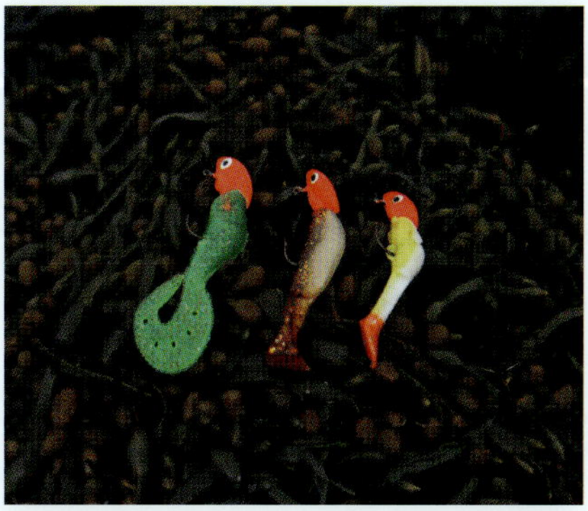

Und immer wieder Gummifische.

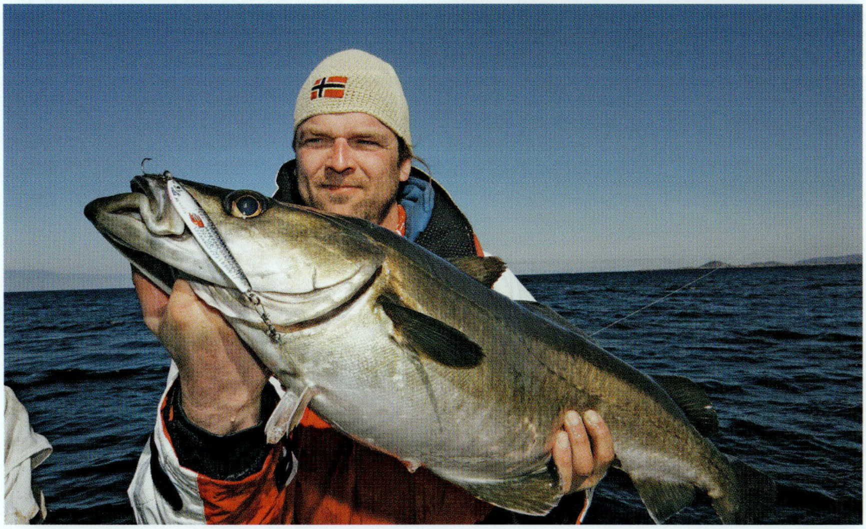

Traumfische im Traumrevier.

Mein lieber Schelli!

Der Schellfisch erreicht erstaunliche Größen. Neben packenden Drills liefern die Fische die besten Filets. Die mir am häufigsten gestellte Frage hat komischerweise nichts mit der Technik, den Montagen oder dem Gerät zu tun. Nein, die Frage lautet, was ich denn eigentlich mit dem ganzen Fisch mache, den ich so das Jahr über fange. Eigentlich einleuchtend, denn wenn man so häufig in Norwegen ist wie ich, kommt da schon einiges zusammen. Die Antwort ist einfach: Für meinen persönlichen Bedarf nehme ich mir ein oder zwei Kisten Filets im Jahr mit, womit ich gut über die Runden komme. Die anderen Fische setze ich, soweit möglich, zurück. Das klappt sehr gut, wenn man entsprechend vorsichtig drillt. Aber natürlich haben einige Fische auch zu tief geschluckt, sodass ich immer wieder Freunde und Bekannte mit leckerem Filet überraschen kann. Diese Vorgehensweise verstehen die meisten. Was sie dagegen häufig nicht verstehen, ist, dass ich nicht Heilbutt und Seewolf mitnehme, sondern Schellfisch. Wenn ich das erzähle, kommt fast immer die fassungslose Frage: „Was?! Die Stinker?“ Das ist so typisch, dass ich meist lachen muss: „Ja, die Stinker!“, antworte ich dann. Eines steht nämlich fest: Obwohl die Schellis beim Filetieren manchmal wirklich abartig riechen, sind die Filets erste Klasse. Vor allem vertragen sie die Frostung besser als die meisten anderen Fischarten. Manche verändern den Geschmack, wie zum Beispiel der Seewolf, der leicht tranig wird. Andere verändern die Konsistenz, wie beispielsweise der Heilbutt, der recht trocken wird. Und wieder andere werden mit der Zeit in der Truhe recht fade. Natürlich hängt das auch von der

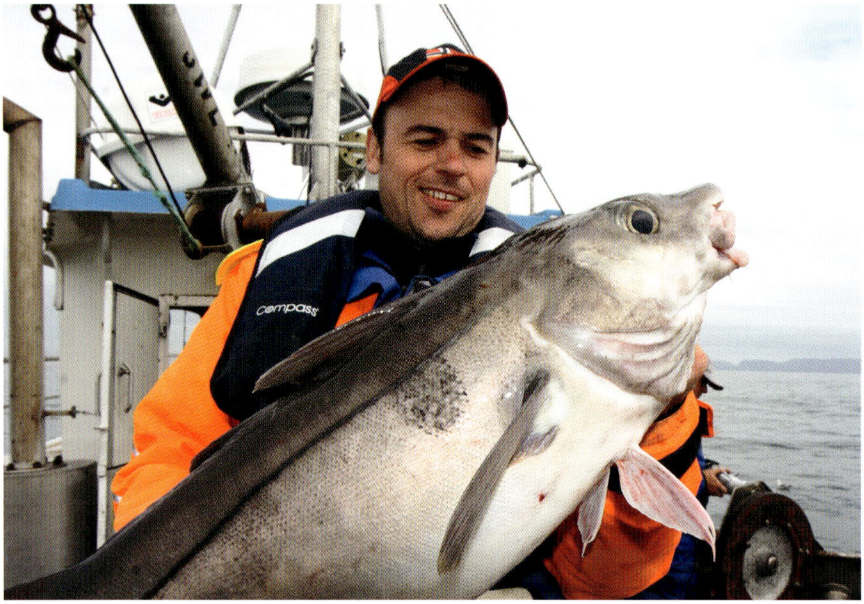

Den meisten unbekannt, wie groß Schellfische doch werden können.

Steckbrief Schellfisch

Lateinischer Name	*Melanogrammus aeglefinus*
Anderer Name	
Lebensraum	Hauptsächlich norwegische Außenküste bis weit in die Barentssee. Island, weniger Grönland & Westatlantik
Kurzbeschreibung	Länge bis 1,15 Meter, Gewicht bis 20 Kilo, Schwarmfisch, meist um 2 Kilo. Der Schellfisch wird oft mit dem Köhler oder auch mit dem Pollack verwechselt, manchmal sogar mit dem Dorsch. Allerdings hat er ein markantes Zeichen, und das ist der schwarze Fleck auf Höhe der Seitenlinie im vorderen Drittel des Körpers.
Fischereiliche Bedeutung	Hoch. Der Schellfisch ist ein Schwarmfisch, der mit den unterschiedlichsten Fangtechniken erbeutet wird (Langleinen, Stellnetze, Zugnetze). Deshalb und weil er ein besonders feines und sehr weißes Fleisch hat, wird er hoch geschätzt. Allerdings werden geangelte Schellfische immer beliebter, da sie in den Netzen schnell zerdrückt werden bzw. auch sonst schnell verenden. Der Schellfisch hat eine besonders aggressive Magen- und Darmflüssigkeit und zerstört sich schnell selber.
Anglerische Bedeutung	Mittel. Obwohl der Schellfisch recht groß werden kann, werden fast ausschließlich recht kleine Exemplare mit der Angelrute gefangen. Gründe dafür sind nicht bekannt. Es liegt vielleicht daran, dass der Schellfisch eher küstenferne Gewässer bevorzugt. Er ist überdies sehr temperaturfühlig und folgt den ihm genehmen Wasserströmungen. Für seine Körpergröße ist der Schellfisch ein vergleichsweise starker Kämpfer, der jedoch aufgrund seines weichen Mauls schnell wieder vom Haken kommt.
Beißzeit	Hauptbeißzeit Winter, Herbst und auch zeitiges Frühjahr
Angeltiefe vorzu-	Das Erstaunliche ist, dass Schellfische sowohl am Grund als auch pelagisch zu finden sind. Nur selten sind sie flacher als 40 Meter. Oft sind sie weit über Grund (beispielsweise über 200 Meter Gesamttiefe in 40–80 Metern zu finden). Wenn sie sich am Grund aufhalten, so begen sie lehmig-sandigen Untergrund, wo sie Würmer und Mollusken fressen. Sie könne aber auch in großen Tiefen vorkommen, bis 400 Meter.
Fangtechnik	Kunstköder und Naturköder
Küche	Die Meinungen über die kulinarische Qualität des Schellfisches gehen sehr stark auseinander. Der Schellfisch stinkt regelrecht, wenn er filetiert wird. Das schreckt die meisten ab. Dennoch hat er ein besonders zartes und feines Fleisch, welches sich vor allem zum Kochen oder Garen in der Backröhre eignet. Zudem verhält er sich gegenüber der Frostung absolut neutral und kann bei entsprechender Behandlung noch lange Zeit im Eisfach gelagert werden, ohne dass die Qualität sehr leidet.

Behandlung nach dem Fang ab, aber ich gehöre nun mal nicht zu denjenigen, die daraus eine große Wissenschaft machen möchten. Mir ist es zu umständlich, jede noch so kleine Gräte rauszufummeln und jedes einzelne

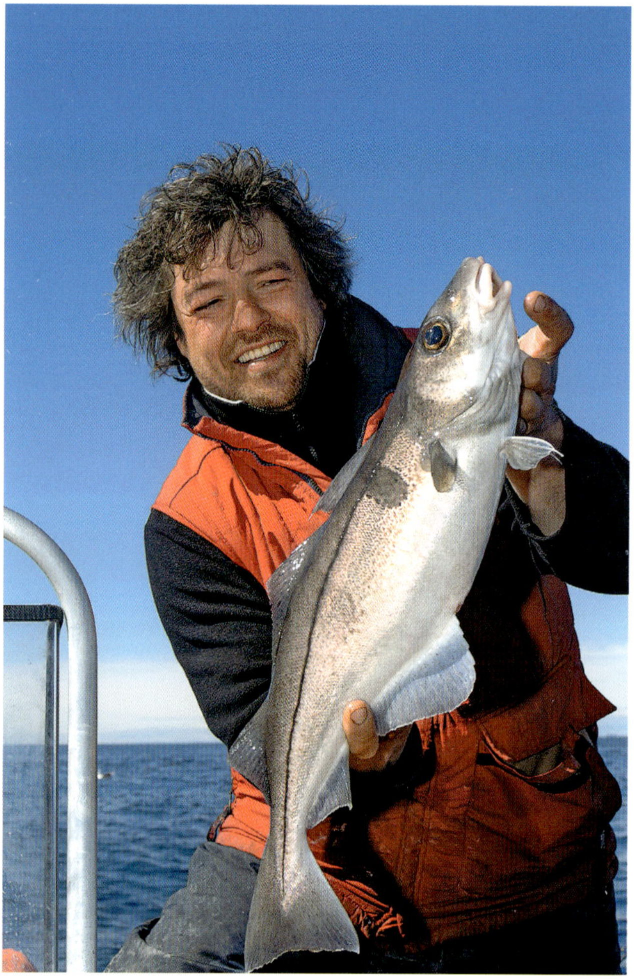

▲ Der Schellfisch hat einen sehr markanten Punkt an der Seite.

Filet zu vakuumieren. Da lobe ich mir den Schellfisch: Einfach filetieren und ab in die Truhe damit. Zu Hause wird er aufgetaut und schmeckt einfach exzellent. Kein Wunder also, dass ich auf den Schellfisch gern und gezielt fische ...

Ganz schön dicke Brummer, diese Schellis

Die meisten kennen die Schellfische als mehr oder weniger kleine Exemplare von zwei bis vier Kilo. Ein Fisch von zehn Pfund darf getrost als kapital gelten. Allerdings können sie sogar bis etwa 20 Kilo schwer werden! Das ist erstaunlich, denn in dieser Größenordnung wurden sie zumindest bisher noch nicht mit der Angel gefangen. Selbst der derzeitige Europa-Rekord erreicht noch nicht mal zehn Kilo. Wo aber sind die abgewachsenen Schellis? Wie kommt es, dass sie nicht gefangen werden, obwohl sie zumindest im hohen Norden recht häufig vorkommen müssten? Fragen, die ich leider nicht oder noch nicht beantworten kann. Ich vermute jedoch, dass die kapitalen Fische andere Habitate aufsuchen. Dafür spricht, dass die einzelnen Jahrgänge immer zusammen auftreten. Hat man einen Schwarm gefunden, fängt man eine Einheitsgröße. Ausreißer nach oben sind so gut wie ausgeschlossen.
Der Lebensraum erstreckt sich entlang der gesamten norwegischen Küste, allerdings bevorzugen die Schellfische ohnehin mehr die küstenferneren Gewässer und kommen nur gelegentlich dichter heran. Die besten Bestände gibt's aber mal wieder im hohen Norden. Zu bestimmten Jahreszeiten treten die Schellfische dann in richtigen Massen auf. Dann kriegt man den Eindruck, dass sie schon fast eine Plage sind. In anderen Monaten ist es dagegen wieder schwierig, überhaupt einen an den Haken zu bringen.
Größere Schellfische – also die Fraktion um fünf Kilo – halten sich im Winter massenweise in der Küstenregion Nordnorwegens auf. In der Zeit von Januar bis März kommen nämlich die Lodden vor die Küste zum Laichen.

Das sind kleine Fische aus der Familie der Stinte, die in großen Schwärmen leben. Nach dem Laichen stirbt ein Großteil der Lodden – ein Festmahl für die Schellis, die dann in wahren Massen den Futterschwärmen folgen. Jetzt wäre sicherlich eine herausragende Angelzeit, doch im Winter sind kaum Sportfischer vor Ort.
Diese kommen erst ab April in nennenswerter Zahl. Dann haben die Schellfische die Küstenregion meist schon wieder verlassen. Sie stehen dann bis zum Spätsommer in größeren Tiefen im Freiwasser. Vor der nordnorwegischen Insel Arnøy hielten sie sich in der Zeit von Mai bis Juli in 120–140 Metern im Mittelwasser auf. Die Gesamttiefe betrug rund 200 Meter. Nach Aussagen der Berufsfischer ziehen sie später im Hochsommer auch noch weiter nach Norden und Nordosten, denn zum Beispiel in der Region vom Nordkap gibt es dann Unmengen an Nachwuchs-Hering, der offenbar zu dieser Zeit auf dem Speisezettel steht. Auch an der Küste Nordnorwegens sind noch viele Schellfische, aber das ist ein anderer Jahrgang. Die Spätsommer-Schellis wiegen meist um die zwei Kilo, auch wenn hin und wieder Exemplare von fünf Kilo dabei sind.

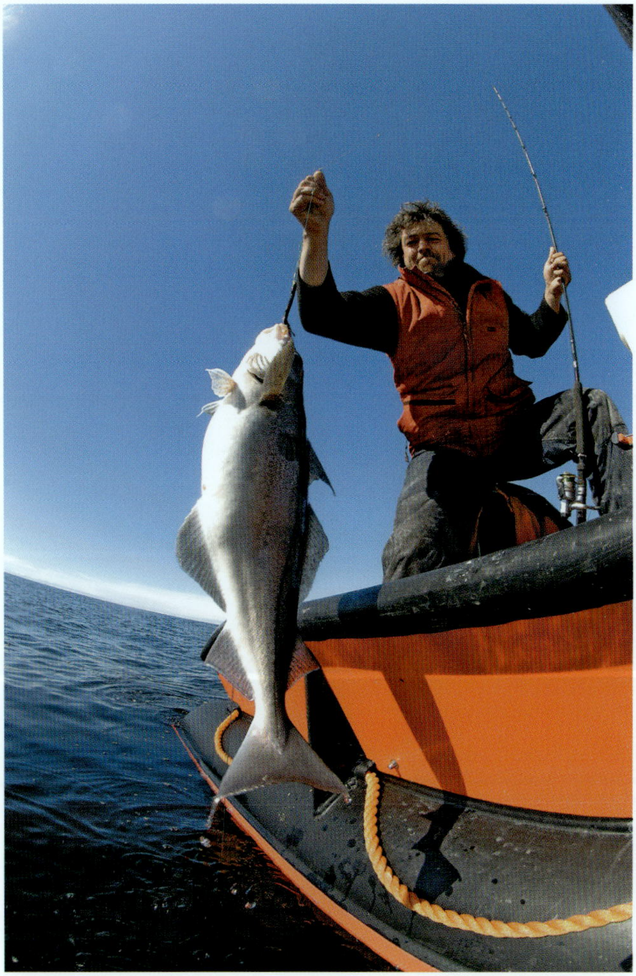

▲ Vorsicht ist besser, denn Schellfische schlitzen leicht aus.

Wo einer ist, da sind noch mehr

Generell sind die Schellis etwas abseits der klassischen Plateaus unterwegs. Steile Kanten und Felsböden sind nichts für sie. Obwohl die Schellfische im Flachen wie im Tiefen, am Grund und im Freiwasser unterwegs sind, gibt es eine Tiefe, für die sie scheinbar eine Schwäche haben. In Nordnorwegen sind das etwa 70–80 Meter über leicht lehmigen Untergründen. In Seekarten, die eine Angabe hinsichtlich der Grundbeschaffenheit haben, sind die entsprechenden Zeichen CyS oder auch LS (Das bedeutet Clay/Sand, also englisch Lehm/Sand oder LS für Lehm/Sand). Das sind dann Zonen, in denen es teilweise nur Schellis und keine anderen Fischarten gibt. Diese Gebiete sind auf den Seekarten nicht besonders auffällig, weil die Strukturen

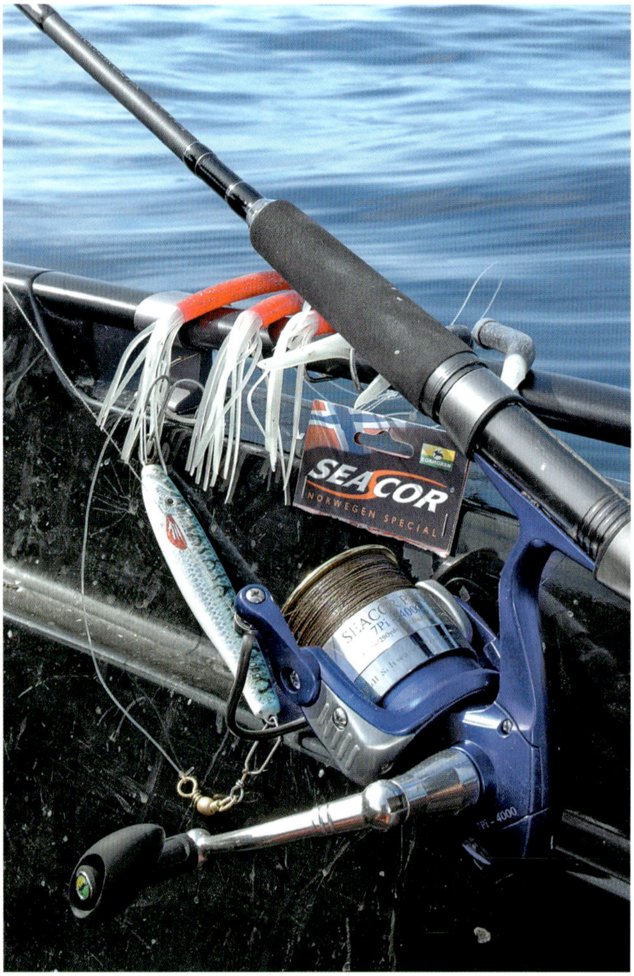

▲ Auch beim Schellfisch kommen oft Stationärrolle und leichte Pilker zum Einsatz.

recht monoton erscheinen. Man muss also genau hinschauen, um die Fanggründe zu finden. Ideal ist es, wenn in der Nähe auch tieferes Wasser ist. Durchaus denkbar sind auch Einstände bei der Bezeichnung ShS bzw. SkS (das bedeutet Shell/Sand oder Skjell/Sand).Diese Bezeichnung steht für die sehr interessante Untergrundstruktur Muschel/Sand. Gemeint sind aber nicht etwa noch lebende Muscheln, sondern jahrtausendealte Ablagerungen aus zerstörten Muscheln, also Muschelscherben, gemischt mit Sand. Diese Beschaffenheit ist für viele Fischarten interessant, offenbar weil die Nahrungssituation dort besonders gut ist.

Problematisch ist aber, dass die Seekarten nur sehr wenige und sehr ungenaue Angaben enthalten. Daher geht Probieren oft über Studieren. Ich selber nehme mir einfach einige, rund 60 Meter tiefe Plätze vor, die ein wenig abseits von Felsplateaus liegen, keine großen Tiefenunterschiede aufweisen und möglichst an tieferes Wasser grenzen. Wenn ich erst mal einen Schellfisch gefangen habe, suche ich das Areal sorgfältig ab, denn dann sind da ganz sicher noch mehr Kollegen unterwegs.

Fangtechniken

Schellfische sind Jäger und Sammler, die sowohl mit Natur- als auch Kunstködern erbeutet werden können. Obwohl sie praktisch keine Zähne haben, attackieren sie durchaus auch vergleichsweise große Beute, die gar nicht in ihr Maul passt. Das führt beim Pilken dazu, dass sie recht häufig von außen gehakt werden. Daher setze ich lieber auf kleinere Köder. Der klassische „Weihnachtsbaum“ – ein Pilker mit mehreren Beifängern – ist daher ein probates Mittel, sofern die Beifänger recht klein gehalten werden. Da die Schellfische eine absolute Vorliebe für Shrimps haben, verwende ich gerne solche Imitate. Auch der gute alte Gummi-Makk ist ein hervorragender Köder. Die Farbkombination Grün/fluoreszierend führt zu merklich besseren Fangerfolgen als andere Farben.

Als Gewicht verwende ich am liebsten den Makk-Pilker, der eine Anbissstelle hat, die auch für kleinere Mäuler geeignet ist. Ansonsten sind auch Taumelpilker gut geeignet. Kleiner Hinweis für die Führung: Ich lasse den Pilker nur mit ganz geringen Bewegungen über den Grund tanzen. Für den Schellfisch ist dann der befestigte Gummi-Makk eine leichte Beute, die er sich nicht entgehen lassen wird.
Die Beifänger verteile ich auf rund zwei Meter 0,60er–0,70er-Mono-Vorfach. Dazu nehme ich rund 2,50 Meter Vorfach, binde mittels der Schlaufenacht zwei Mundschnüre, setze eine Leuchtperle davor und schlaufe den Beifänger ein – fertig. Schon kann's losgehen.

Meeresfrüchte für die Feinschmecker

Das Angeln mit Kunstködern ist ganz sicher die „schnellere“ Technik, gerade wenn die Schellfische in großer Stückzahl auftreten. Gezielter geht's jedoch mit Naturködern. Damit werden meist auch die größeren Exemplare erbeutet. Mein klarer Favorit sind die Reker, die bekannten norwegischen Shrimps. Die gibt es praktisch in jedem Supermarkt zu kaufen. Nur eins ist ärgerlich: Sämtliche Reker sind blanchiert, also schon gegart. Damit verlieren die ohnehin zarten Tierchen noch mehr von ihrer Konsistenz und halten furchtbar schlecht am Haken. Ich hatte mal Gelegenheit, mit völlig unbehandelten, frischen Rekern zu angeln und musste feststellen, dass sie eine Waffe für den Angler sind. Sie duften äußerst verführerisch und halten hervorragend am Haken – daran kommt kein Schellfisch vorbei. Aber das nur am Rande. Die handelsüblichen Reker sind trotzdem Spitzenköder. Wer sie nicht bekommt, kann auch mit Fischfetzen oder Muschelfleisch angeln. Obwohl der Schellfisch oft recht gierig erscheint, ist es vorteilhaft, relativ sensibel zu fischen. Ich will nicht die ultrafeine Angelei propagieren, aber die 30-lbs-Ausrüstung ist schon ein bisschen übertrieben. Meine Empfehlung: eine 12–20lbs-Rute zwischen 2,10 und 2,40 Metern, eine kleine Multi- oder Stationärrolle mit geflochtener Schnur (acht bis zehn Kilo Tragkraft) sowie monofile Vorfachschnur zwischen 0,60 und 0,70 Millimetern. Mit dieser Ausrüstung ist es auch kein Problem, mit 200–250 Gramm auf rund 100 Meter Tiefe zu kommen. Mein Naturköder-Vorfach sieht übrigens genauso aus wie das zum Kunstköder-Angeln. Nur dass statt der Beifänger kleinere Naturköder-Haken bis maximal Größe 5/0 eingeschlauft werden. Auch hierbei nehme ich einen Pilker

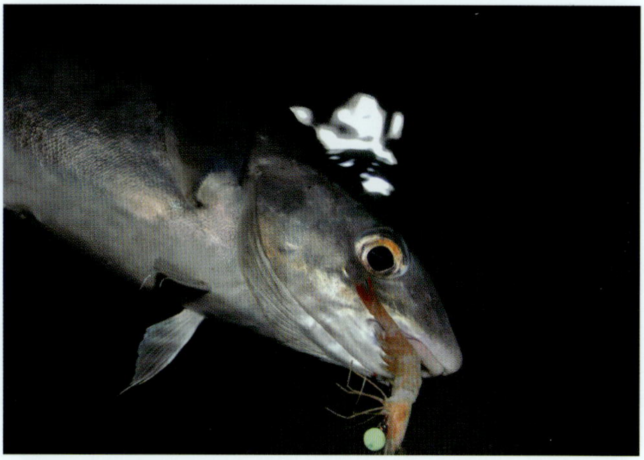

▲ Die Lieblingsbeute der Schellfische: (Reker) Scrimps

▶ Gummimakks lieben sie ganz besonders.

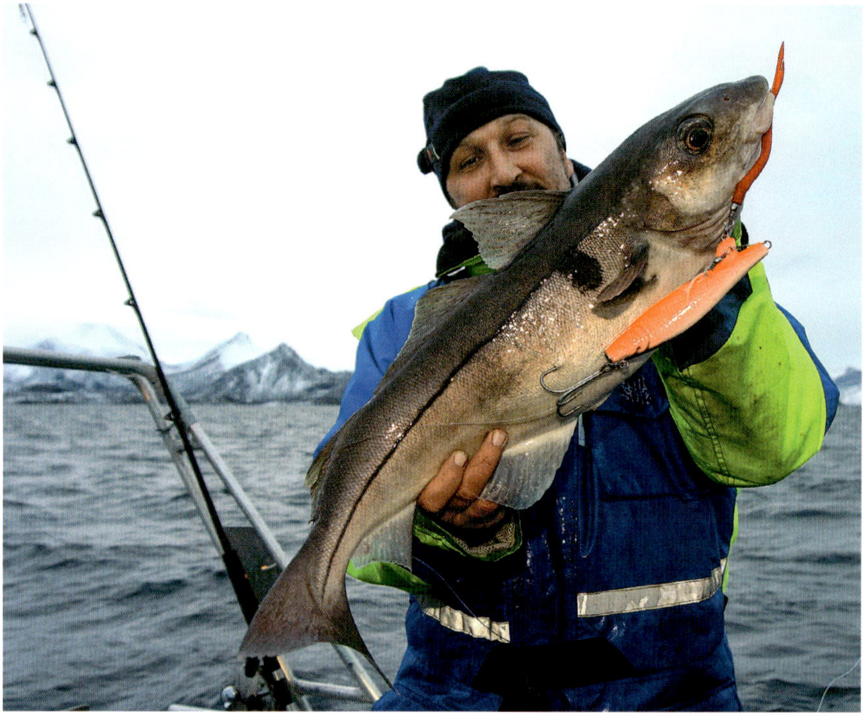

als Gewicht, ersetze die Drillinge allerdings durch Einzelhaken an kurzer Mundschnur. So vermeide ich lästige Hänger, da ich ja am Grund fische. Es ist dringend zu empfehlen, mindestens zwei Anbissstellen zu montieren. Da sowohl die Shrimps als auch das Muschelfleisch oft abgefressen werden, hat man immer noch eine zweite Chance. Nach einer Attacke sollte man daher auf jeden Fall noch etwas warten, meist kommt der Schellfisch oder ein anderer wieder, und man erhält noch mal die Gelegenheit, ihn zu haken.
Bei einem Biss schlage ich übrigens selbst bei Fischfetzen relativ zügig an. Der Schellfisch beißt nämlich recht rabiat zu. Er schießt kompromisslos und aggressiv auf den Köder und reißt ihn förmlich vom Haken.
Der Anhieb muss dabei gar nicht allzu stark sein, da die Schellfische ein ziemlich weiches Maul haben. Ein kurzer Ruck genügt in der Regel, damit der Haken eindringt. Voraussetzung ist natürlich, dass er ultrascharf ist. Allerdings liegt die Ausbeute auch dann nur bei rund 50 Prozent – Fehlbisse gehören bei dieser Angelei leider immer dazu.

▼ Reker am einfachen Vorfach sind immer fängig.

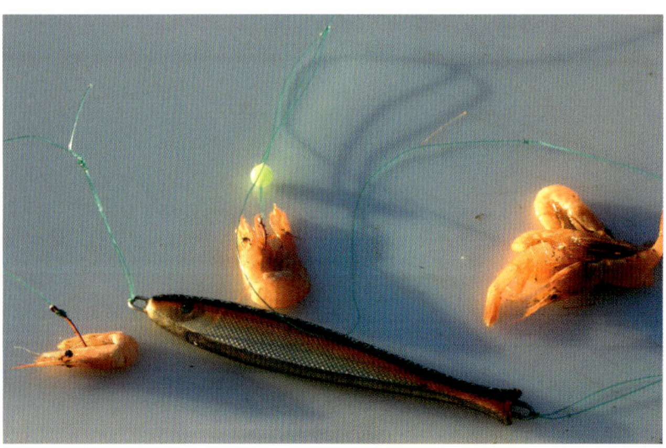

Das Monster aus der Tiefe

Das Tiefseeangeln ist ein hartes Geschäft. Doch für viele besteht gerade darin der Reiz. Und mit etwas Glück werden sie reich entlohnt: Denn ganz unten lauern die wirklich großen Lengs.

Vor Jahren hieß es noch, das Angeln auf wirklich große Lengs sei nichts für den normalen Norwegen-Fahrer. Die Fische stünden zu tief, die Angelei sei zu beschwerlich und außerdem tendierten die Erfolgsaussichten gegen Null. Das waren Zeiten, in denen ein Leng von 1,20 Metern noch eine Sondermeldung wert war. Heute sieht das anders aus. Die Entwicklung von hochwertigem Gerät sowie wachsende Kenntnisse über das Verhalten lassen die Fan-Gemeinde und natürlich auch die Fangmeldungen stetig wachsen. Immer häufiger kratzen die erbeuteten Lengs an der 40-Kilo-Marke. Tiefseeangeln ist Spannung pur; wenn sich durch ein zartes Zupfen ein Biss ankündigt, die Rute sich nach dem Anschlag in einen Halbkreis verwandelt, der große Leng nach unendlich scheinender Pumperei die letzten Meter von selber nach oben steigt und der graubraune Riesenbalken schließlich die Wasseroberfläche durchbricht, treibt mir das immer wieder Adrenalin ins Blut. Als uns das vor mittlerweile vielen Jahren das erste Mal passiert ist, kann sich keiner den Jubel auf dem Boot vorstellen! Seit dieser Zeit haben wir viel Erfahrungen gesammelt und können heute die großen Lengs ganz gezielt befischen. Trotzdem bleibt das Tiefseeangeln strapaziös. Wenn man eine Montage aus der Tiefe hochkurbelt, zählt jeder Meter. Außerdem ist es anstrengend, die möglichen Fangplätze abzuklappern.

Während man ein 40-Meter-Plateau schnell mal abgefischt hat, sieht das

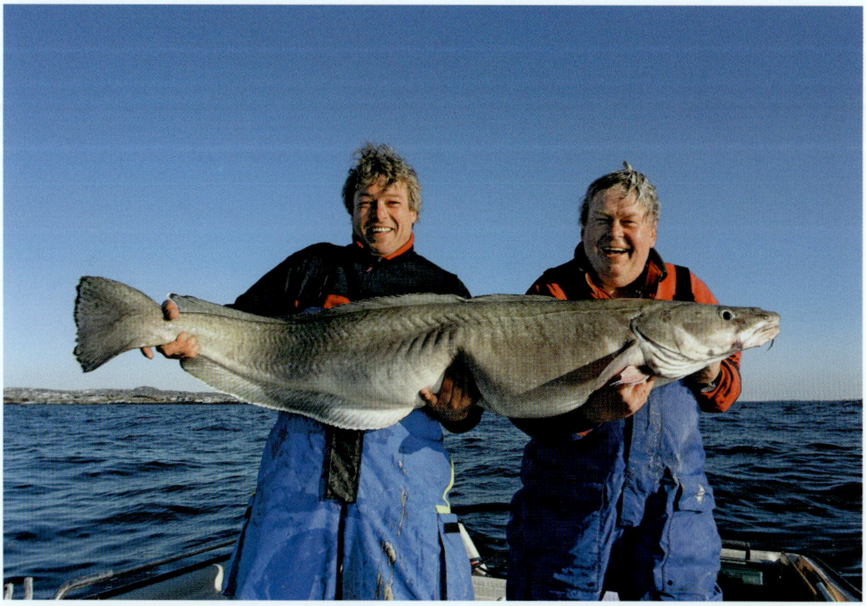

Dieser Leng-Gigant ist für einen Angler fast zu schwer.

Steckbrief Leng

Lateinischer Name	*Molva molva*
Anderer Name	
Lebensraum	Der Leng lebt in den küstennahen Zonen des östlichen Atlantischen Ozeans von Skandinavien und Island bis zur Biskaya, außerdem in der Nordsee und dem Skagerrak. Gelegentlich ist der Fisch auch im westlichen Mittelmeer anzutreffen.
Kurzbeschreibung	Länge bis zwei Meter, Gewicht bis 45 Kilo, kein Schwarmfisch – lebt aber meist in Verbänden. Der Leng hat einen langgezogenen Körper und der lange Kopf besitzt ein endständiges Maul sowie eine unpaare Bartel am Unterkiefer. Der Rücken und die Flanken sind braun marmoriert, die Bauchseite gelb bis weiß gefärbt. Der kleinere Bruder des Lengs ist der Blauleng, der aber in der Regel noch tiefer lebt.
Fischereiliche Bedeutung	Hoch. Der Leng wird sowohl mit Stellnetzen als auch mit Langleinen befischt. Da sein Fleisch sehr ähnlich dem des Dorschs ist, ist er ähnlich beliebt.
Anglerische Bedeutung	Hoch. Der Leng ist zwar sehr beliebt bei den Anglern, da er als Trophäe und auch in der Küche hohe Wertschätzung genießt, allerdings werden viele durch die recht große Tiefe abgeschreckt, in der der Leng vorwiegend lebt.
Beißzeit	Ganzjährig, während der Laichzeit allerdings, die je nach Region aber zwei Monate dauern kann, ist er schwierig zu fangen.
Angeltiefe	Es gilt die Faustregel, meist kein Leng größer als ein Meter in Tiefen unter 100 Metern. Kurz vor der Laichzeit, also zu Ende des Winters oder im zeitigen Frühjahr kommen auch die großen Lengs etwas flacher. Die abgewachsenen Exemplare sind meist zwischen 100 und 400 Metern zu finden, vor und während des Laichens also tendenziell etwas flacher, danach – im Sommer und Herbst – wieder etwas tiefer.
Fangtechnik	Überwiegend Naturköder (Fischfetzen)
Küche	Das Fleisch des Lengs ist dem des Dorschs sehr ähnlich. Anders als manche andere Fischarten (Seelachs) sind beim Leng gerade die großen Exemplare von sehr guter Fleischqualität. Es hat einen vergleichsweise würzigen Geschmack und ist besonders zum Braten gut geeignet.

bei einem Plateau in 240 Metern ganz anders aus. Das muss man schon mal einen halben Tag beackern, um herauszufinden, ob Fische da sind oder nicht. Probleme gibt es mehr als genug: Mal stimmt die Drift nicht, dann reicht das Bleigewicht nicht aus, dann ist der Grund schlammig, das andere Mal machen Kleinhaie das effektive Angeln unmöglich, halbwüchsige Lumbs stürzen sich auf die angebotenen Köder, das Gerät gibt den Geist auf und zu guter Letzt verliert man einen guten Leng auch noch im Drill. Noch mehr als bei anderen Angelarten ist daher die Vorbereitung das A und O.

Die Verbreitung

Wer meint, dass er zum Leng-Angeln unbedingt nach Hitra fahren muss, hat ein bisschen die Scheuklappen auf. Hitra ist nur deshalb so oft in den Schlagzeilen, weil dort jeder Quadratmeter Meeresboden abgeklopft wird. Doch auch woanders sind die Chancen auf große Fische sehr gut. Im Übrigen sind bislang viele Sportfreunde davon ausgegangen, dass die Leng-Dichte weiter nördlich abnimmt. Nach neuesten Erfahrungen ist das absolut nicht der Fall. Insbesondere an der Außenküste Nordnorwegens werden mittlerweile auch von Sportanglern gewaltige Exemplare gefangen. Der Hauptgrund ist den meisten bekannt. Es ist inzwischen bekannt, dass die Rotbarschbestände in Nordnorwegen deutlich besser sind als im Süden. Beim Angeln auf den begehrten Stachelritter wird dann allerdings das Hauptproblem schnell klar und das heißt Lumb. Der Lumb stürzt sich definitiv auf alles, was irgendwie greifbar ist. Egal ob klein oder groß, egal ob Gummi, Pilker oder Naturköder und egal in welcher Tiefe. Nur ganz am Rande; der Lumb greift auch Beute an, die größer ist, als er selber. Er beißt rein und reißt durch wilde Umdrehungen Stücke aus der Beute, wie wir bei Unterwasseraufnahmen erkennen konnten. Das ist bei Fischen absolut die Ausnahme. Fast alle Fische können nur Beute verwerten, die deutlich kleiner ist als sie selber. Die Lumbs sind nur eines nicht, sie jagen nicht pelagisch also im Mittelwasser. Sie kommen auch mal zehn Meter vom Grund hoch, aber sie schwimmen halt nicht schwarmweise im Mittelwasser. Aber egal wo und welcher Leng-Köder in Grundnähe positioniert wird, in 99 von 100 Fällen ist ein Lumb schneller.

Natürlich gibt es einige selektive Techniken, wie beispielsweise deutlich über Grund zu angeln oder mit extrem großen Drillingen im XXL-Köder, sodass die Lumbs den Haken gar nicht ins Maul kriegen, der kapi-

▼ Auch der Leng steht fast nie allein.

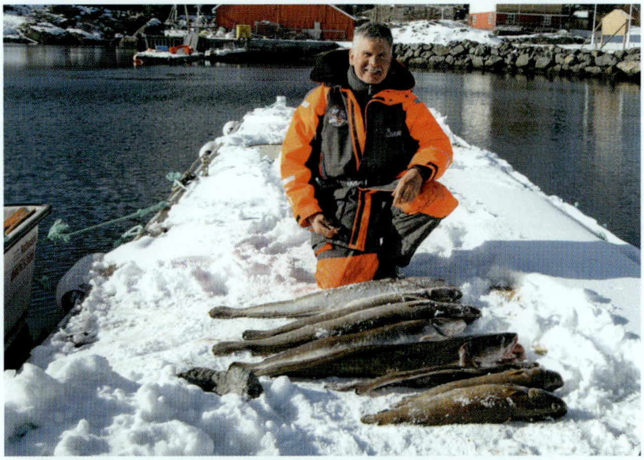

▼ Die Zähne sind spitz und außerdem scharf wie ein Rasiermesser.

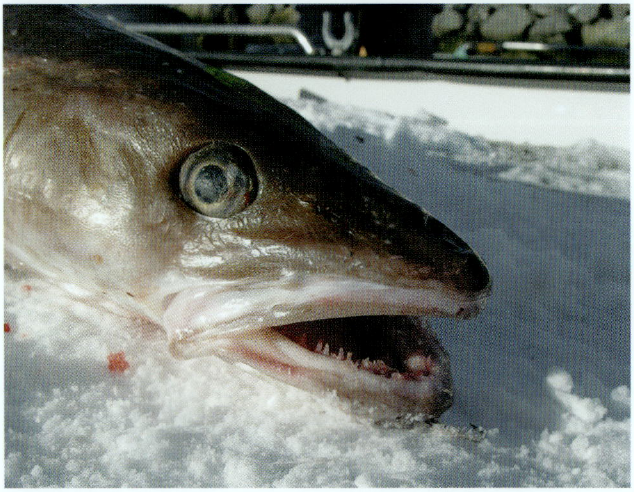

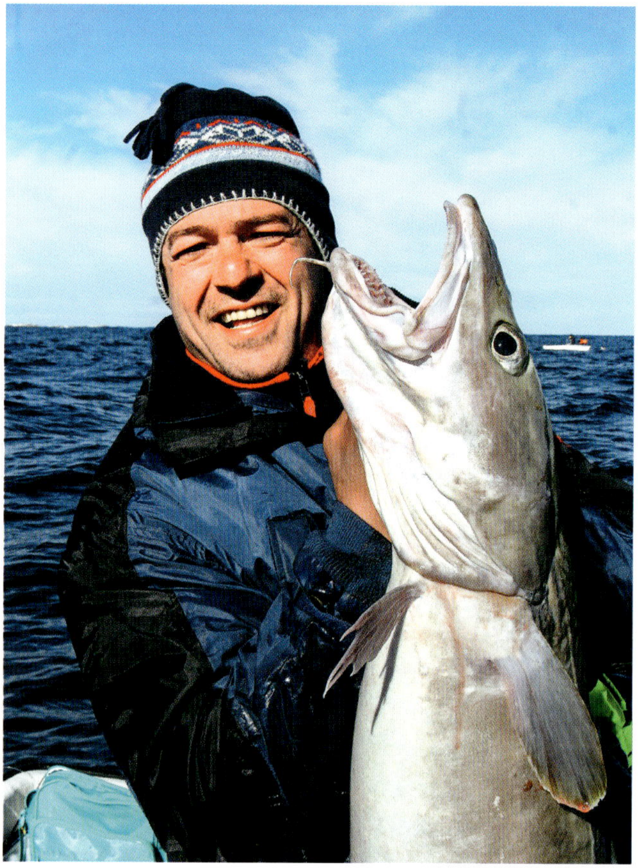

▲ Auch im Winter immer fangbar.

tale Leng aber schon! Aber genau an dieser Stelle wird es kritisch, denn ohne die Gewissheit, dass überhaupt kapitale Lengs in der Nähe sein könnten, hat niemand das nötige Durchhaltevermögen. Ganz besonders, wenn es 200, 300 oder mehr Meter tief ist. Das erschüttert auch die beste Motivation ziemlich zügig. Interessanterweise haben aber selektive Methoden auch zu den vermehrten Leng-Fängen geführt, nur dass die größeren Köder für große Rotbarsche gedacht waren. Die richtig großen Rotbarsche, ich würde mal sagen, ab vier Kilo sind sie für mich und sicherlich auch für andere „richtig" groß, bevorzugen nämlich auch größere Happen. Ein Fünf-Kilo-Rotbarsch ist auch deutlich gieriger, als ein großer Dorsch. In das Maul von einem Zehnpfünder-Rotbarsch passt schon mal eine Faust. Diese Rotbarsche stehen oft im Verband mit den kleineren oder mittleren, das heißt, die müssen da „rausgekitzelt" werden. Was diese Rotbarsch-Geschichte hier soll? Ganz einfach!! Auf vielen Rotbarsch-Plätzen ist eben auch der Leng zu finden. Jedenfalls haben wir sie dadurch gefunden. Auf den meisten Rotbarsch-Plätzen ist natürlich auch Lumb, aber da muss nun einmal jeder durch! Also Fazit der Geschichte, Rotbarsche suchen und in der näheren Umgebung gezielt auf Leng angeln. Rotbarsche zu finden, ist ja vergleichsweise einfach. Zum einen verrät natürlich die Grundstruktur schon exponierte Fangplätze und zum anderen sind sie auf gut gehenden Echoloten unschwer zu erkennen, da die Schwärme deutlich über Grund stehen. Es bleibt zu vermuten, dass die großen Jäger der Tiefsee auch unter den Rotbarschen ganz gut aufräumen. Damit ist der Tisch dann auch fast ganzjährig gedeckt, was ein wirklich guter Grund für die Wahl des Standortes ist. Allerdings kann der Grund natürlich auch ein anderer sein. Oft sind es Korallen oder andere Untergrundbedingungen, die ein besonders gutes Nahrungsangebot bieten. Ob der Leng davon partizipiert oder auf der Nahrungsleiter weiter oberhalb steht, lässt sich immer schwer ergründen, da der Mageninhalt meist nicht mit nach oben kommt. Fest steht, dass die Lengs

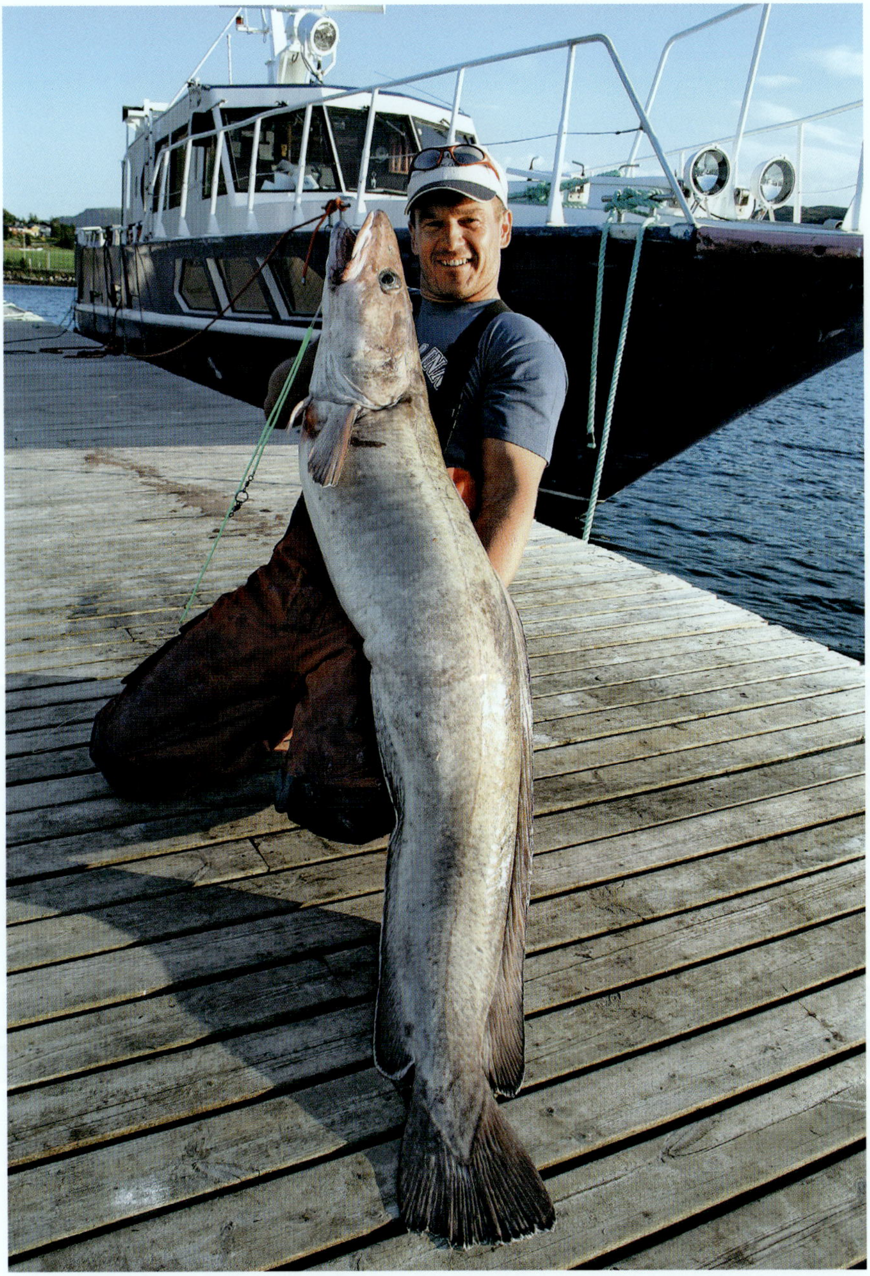

Ein langer Leng!

gegenüber dem Lumb deutlich geballter stehen. Der Lumb ist ja praktisch flächendeckend hinter jedem Stein und in jeder Ritze, die Lengs bilden Nester. Soweit sich das beurteilen lässt, verbeißen sie aus ihrem Revier auch die Lumbs. Wobei ich denke, die meisten Lumbs in der näheren Umgebung werden einfach gefressen. Zumindest, wenn die Lengs 30 und mehr Kilo schwer sind. Denn darauf deutet einiges. Nicht zuletzt, dass der Lumb als

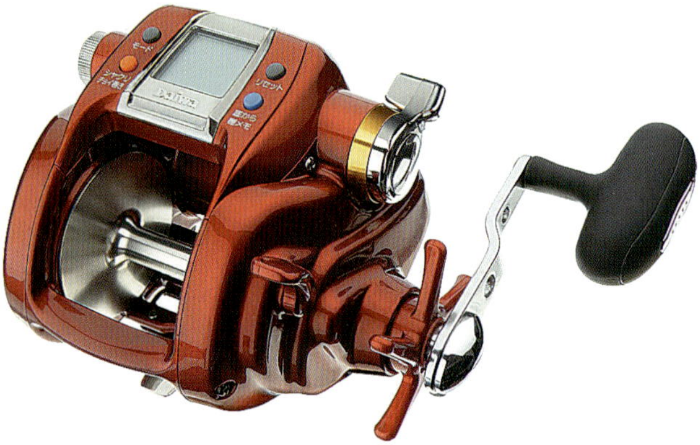

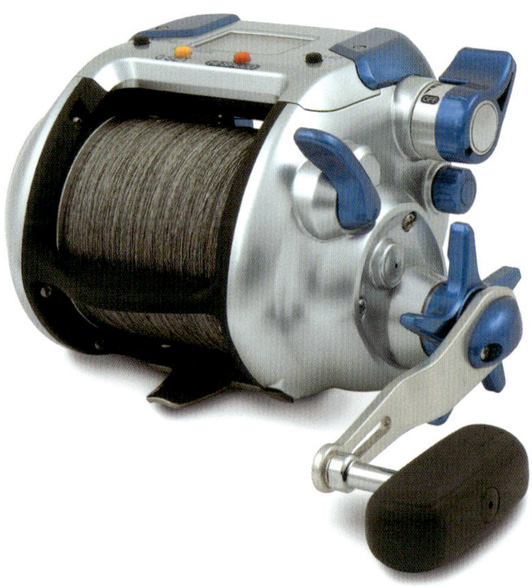

▲ Da der Großleng meist sehr tief steht kommen Elektrorollen zum Einsatz.

Köder einfach unschlagbar ist, auch meine Traumdublette ging auf den Lumb-Fetzen. Das ist seit vielen Jahren meine bevorzugte Leng-Technik und ich sehe keinen Grund, daran etwas zu ändern.

Egal ob in Mittel- oder Nordnorwegen – bei der Platzwahl sollte man unbedingt darauf achten, dass tiefes Wasser in der Nähe ist, das soll heißen möglichst 400, 500 oder noch mehr Tiefenmeter. Dies ist meist Richtung offene See gewährleistet, doch auch in den Fjorden sind gute Fänge möglich. Wirklich große Leng-Fische wurden vor Langesund, also weit unten im Süden gefangen. Diese Region ist besonders gut, weil hier die norwegische Rinne, die entlang der gesamten Küste verläuft und große Tiefen aufweist, bis fast vor die Haustür kommt. Auch der bekannte Krossfjord, ein Ausläufer vom Boknafjord, ist ein Top-Revier. Dieser Fjord geht sogar bis unter 700 Meter! Nicht zu vergessen der Sognefjord. Unzählige Fangmeldungen kamen und kommen von dort. Einen besonderen Status nehmen die Fjordausgänge ein. Wann sollte man reisen? Der Leng beißt eigentlich ganzjährig. Sicherlich hat das auch damit zu tun, dass die Bedingungen in der Tiefsee relativ konstant sind. Ein Jahrestief gibt es allerdings in der Laichzeit, die sich erstaunlich lange hinziehen kann. Sie beginnt im Süden etwa Mitte April, weiter nördlich etwas später und dauert ca. ein bis zwei Monate. Wir haben sogar Ende Juni Fische gefangen, die noch nicht abgelaicht hatten. Wer kein Risiko eingehen will, der sollte im September oder Oktober fahren. Diese Zeit ist fangsicher und bietet noch gute Wetter- und Lichtverhältnisse.

Hauptsache tief

Wo sollte man die Suche beginnen, wenn man sich in einem Revier nicht auskennt? Es bedarf schon einiger Zuversicht und Vertrauen in die Methode, den ganzen Tag in 200 Metern Fische zu suchen. Ich rate den Neueinsteigern daher, bei 100 Metern anzufangen. Flacher zu angeln, macht

keinen Sinn, denn das ist Kleinfisch-Revier. Natürlich gibt es immer wieder mal Ausnahmen, aber im Allgemeinen kann die Faustformel gelten: „Wer flacher als 100 Meter fischt, fängt keinen Leng über einen Meter!“
Auf der Seekarte sollte man tiefliegende Plateaus, Kanten zum tiefen Wasser oder Felsnasen, die sich unter Wasser fortsetzen, lokalisieren. Diese Plätze haben eins gemeinsam: In unmittelbarer Nähe befindet sich tiefes oder ganz tiefes Wasser. Wer jetzt aber denkt, dass er einfach die tiefste Stelle im Fjord anfahren muss und dort fängt, ist auf dem Holzweg. Denn dort ist es meist schlammig, was die Lengs überhaupt nicht mögen. Auf weichen Untergründen halten sich die Fische so gut wie gar nicht auf. Der Boden muss nicht felsig, aber fest sein. Man merkt das ganz leicht: Bleibt die Montage am Grund förmlich kleben, sollte man schleunigst den Platz wechseln. Beißen die ersten Lengs, ist man auf der richtigen Fährte – auch wenn sie noch nicht die erhoffte Größe haben sollten. Häufig stehen die Kapitalen ganz in der Nähe, meist Richtung tiefes Wasser. Ein Phänomen ist, dass gerade die Dicken oft auf nur 100 Quadratmetern übereinander stehen. Die Verwendung eines GPS-Geräts und Plotters ist für dauerhaften Erfolg daher unabdingbar. Die Driften verfolge ich auf dem Kartenplotter immer ganz genau. Nur so weiß ich später, wo die Bisse kamen, und finde die Plätze wieder.
Wer an solchen Hotspots fischt, merkt auch bald, dass Lengs ausgeprägte Fressphasen haben.

Die Ausrüstung

Bei kaum einer anderen Methode hat das Gerät so hohe Auswirkungen auf den Erfolg wie beim Tiefseeangeln. Das Material muss so gewählt werden, dass man über lange Zeit ermüdungsfrei fischen kann, jeden Biss spürt und auch großen Fischen Paroli bieten kann.
Eine äußerst wichtige Komponente ist die Hauptschnur. Viele Sportfreunde denken, dass man für dicke Fische auch dicke Schnur benötigt. Das ist so aber nicht richtig. Denn je dicker die Schnur ist, desto größer ist der Wasserwiderstand und desto mehr Blei muss an die Montage gehängt werden. Um große Tiefen problemlos zu erreichen, empfehle ich relativ dünne Hochleistungsschnüre. Marken wie die Edition Sea von Balzer (8fach) oder Whiplash gehören zu meinen Favoriten. Allerdings stimmen die angegebenen Durchmesser beispielsweise von der Whiplash überhaupt nicht. Daher orientiere ich mich an der Tragkraft. Passend zum Tiefseeangeln sind so 18–20 Kilo, denn ich will ja den Fisch nicht an der Schnur aus dem Wasser heben, sondern ihn nur an die Oberfläche pumpen.

Jeder Meter zählt

Die Lengs halten sich keineswegs immer an den gleichen Plätzen auf. Ich habe festgestellt, dass sie umherziehen und sich in bestimmten Tiefen ballen. Innerhalb der Fjorde beträgt meine „Lieblingstiefe“ circa 270 Meter. Dort habe ich schon viele schöne Fische gefangen und fische meist in dieser Region. Doch dass das nicht immer die richtige Taktik ist, wurde mir bei einer Reise Ende Juni in den Krossfjord gezeigt.

In diesem Gebiet stehen die Fische auf einer großen Fläche verteilt, und man muss lange driften, um die Lengs zu finden. Doch wir blieben zwei Tage lang bei unserer Angeltiefe zwischen 240 und 280 Metern nahezu erfolglos. Ich hatte damals gerade ein neues Echolot mit Dualfrequenz-Geber im Einsatz, was mir wertvolle Hinweise auf die aktuelle Tiefe lieferte. Der erste gute Biss kam bei einer unbeabsichtigten Drift in über 300 Metern. Das versuchten wir gleich noch einmal und bekamen sofort wieder Bisse. In den nächsten zwei Tagen stellte sich heraus, dass die Lengs zwar immer noch auf Quadratkilometer verstreut waren, aber ausschließlich zwischen 300 und 320 Metern Tiefe standen. Wenn die alt hergebrachten Erkenntnisse keine Erfolge bringen, sollte man es also auf jeden Fall mal in anderen Tiefen versuchen!

Die richtige Übersetzung

Viele Angler sind der Ansicht, dass hohe Übersetzungen notwendig sind, damit man die Montage schnell hochkurbeln kann. Nachvollziehbar, doch verkehrt. Wer schon mal versucht hat, ein Gewicht von rund einem Kilo aus 300 Metern mit einer Übersetzung von 1:6 schnell hochzukurbeln, weiß, wovon ich rede. Das würde selbst ein Profi-Athlet kaum durchhalten. Auch Zweigangrollen bieten nur scheinbar die Lösung. Denn meist ist die untere Übersetzung zu langsam und die höhere zu schnell. Ich habe jedenfalls die Erfahrung gemacht, dass eine Übersetzung von 1:3 in etwa das Optimum darstellt. Bei dieser Übersetzung kriegt man die Montage noch einigermaßen stressfrei hochgekurbelt.

Streitfall Elektrorolle

Die Frage nach der richtigen Rolle wird in der Anglerschaft heiß diskutiert. Unstrittig ist, dass die Rolle äußerst robust sein muss, denn bei der Tiefseeangelei wirken enorme Kräfte auf das Material. Außerdem muss man mit der Rolle die Montage möglichst schnell und ermüdungsfrei an die Oberfläche befördern können. Dies geht natürlich am bequemsten mit einer Elektrorolle. Doch viele Angel-Kollegen finden es dekadent, damit zu fischen. In meinen Augen bleibt das Leng-Fischen aber auch mit Elektrorolle sportlich genug, und ich möchte nicht mehr auf sie verzichten. Angeln sollte spannend sein, und das Einkurbeln der Montagen ist für mich nicht spannend, sondern einfach nur nervend. Mit der Dendou-Marou von Shimano und der Hyper Tanacom von Daiwa habe ich sehr gute Erfahrungen gemacht. Beide Modelle sind sehr robust und langlebig. Allerdings sind sie nicht ganz billig. Für jemanden, der nicht regelmäßig Tiefseeangeln betreibt, lohnt sich die Anschaffung kaum. Er sollte sich eine mittlere Multi mit einem Fassungsvermögen von rund 600 Metern Geflochtener mit etwa 18 Kilo Tragkraft anschaffen. Die Rolle sollte unbedingt über Einhängeösen verfügen, damit man einen Bauchgurt und Harness verwenden kann. Diese Hilfsmittel halbieren die notwendige Arbeit beim Hochpumpen. Harness-Westen sind nicht der Renner, weil sie bloß hochrutschen und die Belastung nachher im Genick sitzt. Optimal sind Hüft-Harnesse. Diese haben den angenehmen Nebeneffekt, dass sie die Nieren schön warm halten.

Hart und nicht zu lang

Bei echter Extremangelei ist die Rute natürlich auch wichtig. Sie darf nicht zu lang sein, weil sie dann unnötig hebelt, und nicht zu kurz, weil dann keine vernünftige Führung und kein vernünftiger Anhieb möglich ist. Je nach Körpergröße sind 2,20–2,40 Meter genau richtig.

Ich selber benutze sehr harte, aber möglichst leichte Ruten. Sie kann ich stundenlang, ohne zu erschöpfen, in der Hand halten, und trotzdem dringt mein Anhieb durch. Bei 300 Metern Tiefe, mit zwei großen Fischfetzen als Köder und einer mittleren Drift von 1,5 km/h können schnell mal 400 Meter Schnur draußen sein. Wer da mit einer weichen Rute den klassischen Spinnangler-Anhieb setzt, kann es auch gleich ganz sein lassen. Bei solchen Gelegenheiten führe ich die Rutenspitze bis hinunter zur Wasseroberfläche, stelle mich schön stabil hin und brettere so weit wie möglich durch bis hoch über den Kopf. Erst dann kann ich halbwegs sicher sein, dass unten auch was ankommt.

Moderne Kohlefaser-Blanks erfüllen die genannten Herausforderungen sehr gut. Allerdings wirken sie im Vergleich zu den früher eingesetzten Stöcken fast schon zierlich. Vielen mögen solche Gerten auf den ersten Blick wie Spielzeug vorkommen. Ich erinnere mich an eine Tour, bei der ein Angelfreund mit einem sehr schweren Knüppel aus Mischfaser fischte. Auf dieses Modell schwor er, denn es war äußerst robust. Irgendwann ging sein Spitzenring kaputt, und so musste er notgedrungen mit meiner Ersatz-Rute Vorlieb nehmen. Seine anfängliche Skepsis schlug schnell in Begeisterung um. Plötzlich konnte er jeden Stein am Grund spüren. Und auch die Bisse bekam er wesentlich früher mit. Denn bei einer weichen Rute muss man die Spitze beobachten, bei einer harten Rute bemerkt man mit ein bisschen Übung die Bisse im Handgelenk. Die Rute hat mein Kumpel während

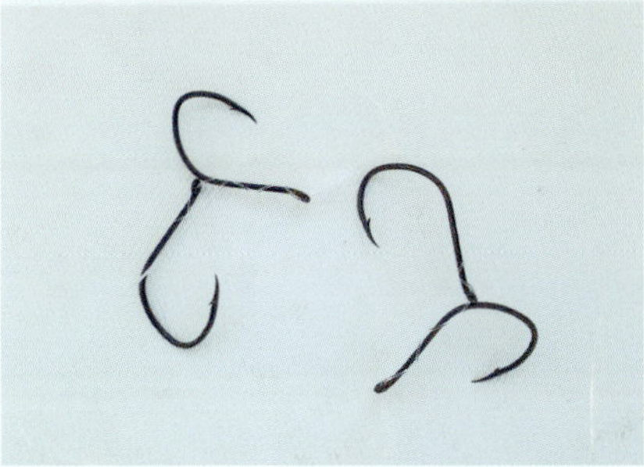

◀ Doppelt fängt besser!

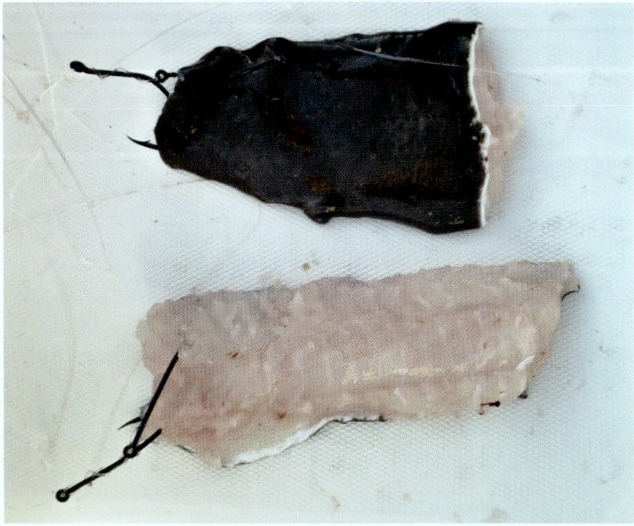

▼ Große Lumbfetzen angeködert am doppelten Einzelhaken.

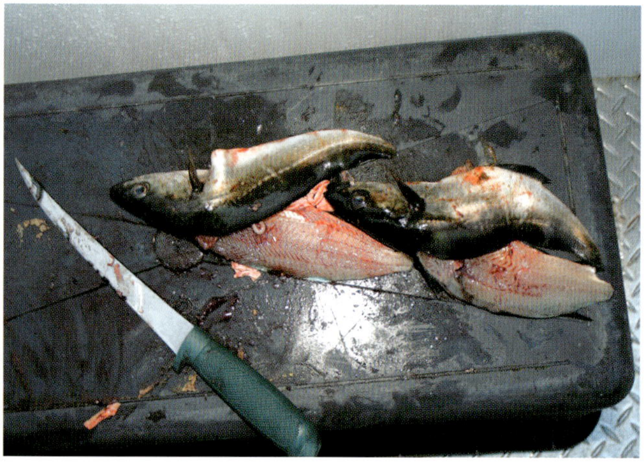

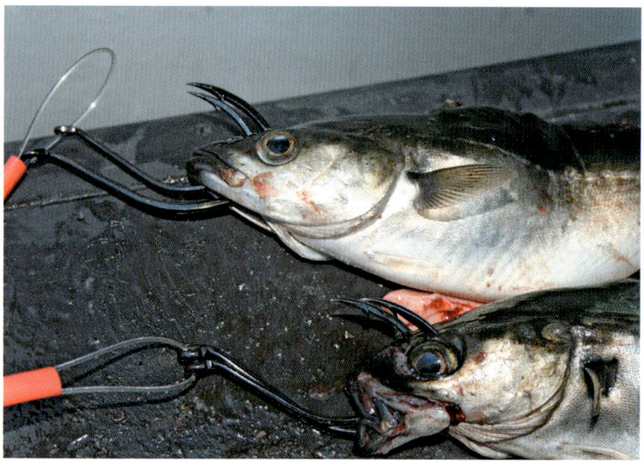

▲ Auch sogenannte Flatterfische sind Topköder.

▲ Auch hier: Doppelt fängt besser!

der gesamten Reise nicht mehr hergegeben.

Die Montage

Die Haken sollten je nach Einsatz und Köder zwischen den Größen 8/0 und 10/0 gewählt werden, aber Achtung: Haken fallen abhängig vom Hersteller unterschiedlich aus. Beim Angeln auf kleinere Exemplare in flacherem Wasser nehme ich etwas kleinere Ausführungen. Komischerweise produzieren Drillinge häufig Fehlbisse. Da sich bei einem Einzelhaken allerdings die Spitze manchmal in den Köder dreht und dann der Anhieb nicht mehr durchkommt, nehme ich jeweils zwei Einzelhaken. Die Chance, dass wenigstens einer sitzt, ist dann doppelt so hoch. Es ist selbstverständlich, dass sie stets scharf sein müssen, denn sonst dringen sie garantiert nicht ins feste Leng-Maul ein. Ich halte wenig von rostfreien Haken. Erstens haben sie eh eine kurze Lebensdauer, da sie schneller stumpf und unbrauchbar werden als verrosten. Außerdem sind rostende Greifer bessser für den Fisch. Sollte ein Leng mal mit Haken verloren gehen, ist seine Chance recht groß, dass er ihn aufgrund der Korrosion schnell wieder loswird.

Bei der eigentlichen Montage gilt: je einfacher, desto besser. Oft sehe ich Gebilde, die an liebevoll gehäkelte Spitzendeckchen erinnern, so kompliziert sind die. Wenn ich den Baumeistern dieser Kunstwerke dann meine simplen Vorfächer zeige, ernte ich häufig Spott. Wie oft musste ich mir schon Vorträge über sensorische Lockreize anhören! Mit diesem Schlagwort wird der Einsatz von Spinnerblättern, Lockstoffbeuteln, Leucht-Oktopussen und vielem mehr gerechtfertigt. Alles schön und gut, doch nur zu häufig gehen diese ganzen Extras zu Lasten der Einsatzfähigkeit. Denn solche Montagen verheddern sich relativ schnell. Und bei den extremen Tiefen ist es absolut tödlich, wenn man nicht weiß, ob der Köder verführerisch am Grund lockt oder ob man ein großes Knäuel Schnursalat hinter sich herschleift.

Ich setze daher auf eine einfache Endblei-Montage ohne jeden Schnick-

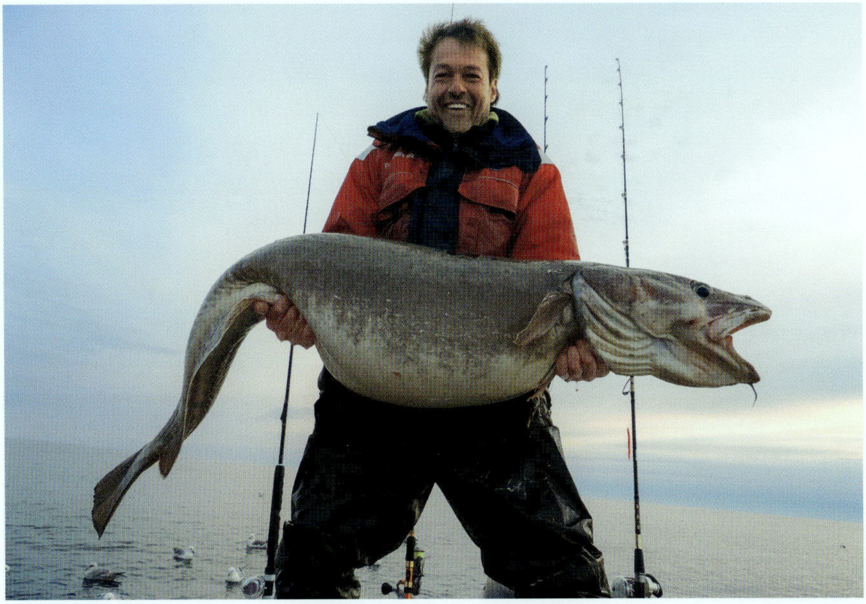

◀ Dieser Leng knackt die magische Marke von 40 kg!

schnack (s. Zeichnung S. 92). Allerdings setze ich meist ein überlanges Mono-Vorfach von rund 15 Metern ein. Es dient als Puffer und gleicht bei harten Schlägen die Belastungsspitzen aus. De facto erhöht das die Tragkraft der Hauptschnur und es schlitzen weniger Fische aus. Außerdem kann ich bei dem langen Vorfach einen zweiten Köder rund zehn Meter über dem Grund anbieten. Nicht selten beißen die Lengs darauf. Darüber hinaus vereint das Vorfach folgende Vorteile:

1. Hedderfrei: Wenn man in dreißig Metern Tiefe auf Seewolf angelt, ist es egal, ob sich ein Vorfach verheddert. In wenigen Augenblicken habe ich den Fehler korrigiert. In 300 Metern dauert die Aktion gut 20 Minuten. Passiert das häufiger, geht der ganze Angeltag verloren.

2. Optimale Bisserkennung: Wenn ich in 300 Metern eine Nachläufermontage mit festem Boom, Leucht-Oktopus und Spinnerblättern befestigt habe, ist es fast ausgeschlossen, einen vorsichtigen Biss zu erkennen. Ich ziehe dem Fisch den Köder immer wieder weg, weil ich gar nicht mitkriege, dass er ihn haben will. Speziell auf Leng haben sich Endblei-Montagen bewährt. Der Biss geht nicht über das Blei zur Angelrute, sondern wird direkt übertragen. Natürlich gibt es auch Durchlauf-Montagen, aber auch dabei wird der Biss verwässert.

3. Der Anhieb muss durchdringen: Ich habe selber oft den Fall erlebt, dass bei einer Running-Boom-Montage der Anhieb permanent ins Leere ging, weil der Fisch ganz einfach nach oben geschwommen ist. Außerdem erschweren überladene Montagen die notwendige Kraftübertragung beim Anhieb, da der ganze Klimbim ja auch bewegt werden muss.

4. Geringe Kosten: Wenn ich für ein fertiges Leng-Vorfach teilweise 15 Euro

hinlegen muss, dann tut das nach dem dritten Abriss schon richtig weh. Vorfächer sind bei mir Wegwerfartikel. Ich tausche sie zwei- bis dreimal am Tag aus. Sind die Haken noch okay, werden sie nachgeschärft, die Schnur fliegt in den Müll. Außerdem ist meine Montage mit ein bisschen Übung in drei Minuten gebaut – auch auf dem Boot.

5. Hohe Belastbarkeit: Zu viele Knoten und Spielereien verursachen Schwachstellen, die mit dicker Schnur ausgeglichen werden müssen. Das macht das Vorfach aber steifer und klobiger. Vorsichtige Fische werden dadurch vom Zupacken abgehalten.

▶ Springer-Schlaufe

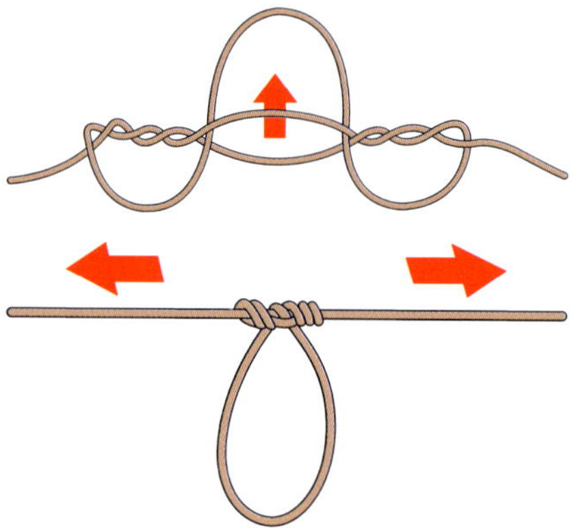

▼ Einfache Endblei-Montage

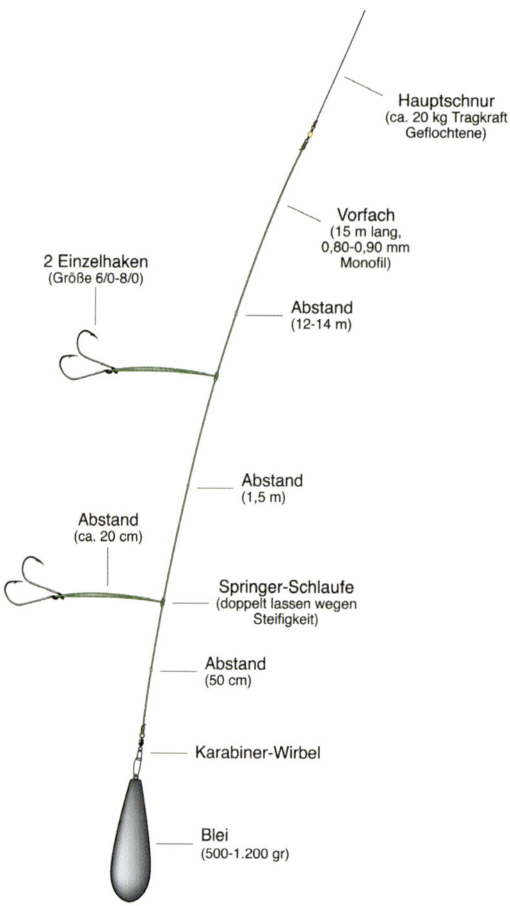

Der richtige Köder

Ich weiß nicht mehr, wie oft ich schon gelesen und gehört habe, dass die besten Köder für Lengs Fettfische seien. Ölige Heringe und Makrelen seien durch nichts zu überbieten. Sicherlich werden darauf immer wieder gute Lengs gefangen, doch es gibt in meinen Augen noch bessere Köder.

Bei mir ist der Groschen bei einer Reise nach Gjønnevåg gefallen. Unser Gastgeber hatte uns freundlicherweise mit Heringen versorgt, sodass wir uns nicht erst Köderfische beschaffen mussten. Allerdings fingen wir nur kleinere Lengs und Lumbs. Auch in den sonst so ergiebigen größeren Tiefen war nichts zu holen. Mein Schlüsselerlebnis hatte ich am späten Nachmittag. Wir angelten in etwa 180 Metern, als sich durch das markante Zuppeln wieder ein Kleinlumb ankündigte, der sich auch nicht abschütteln ließ. Da ich wie immer zwei beköderte Haken im Einsatz hatte, ließ ich die Montage noch unten und hoffte, dass

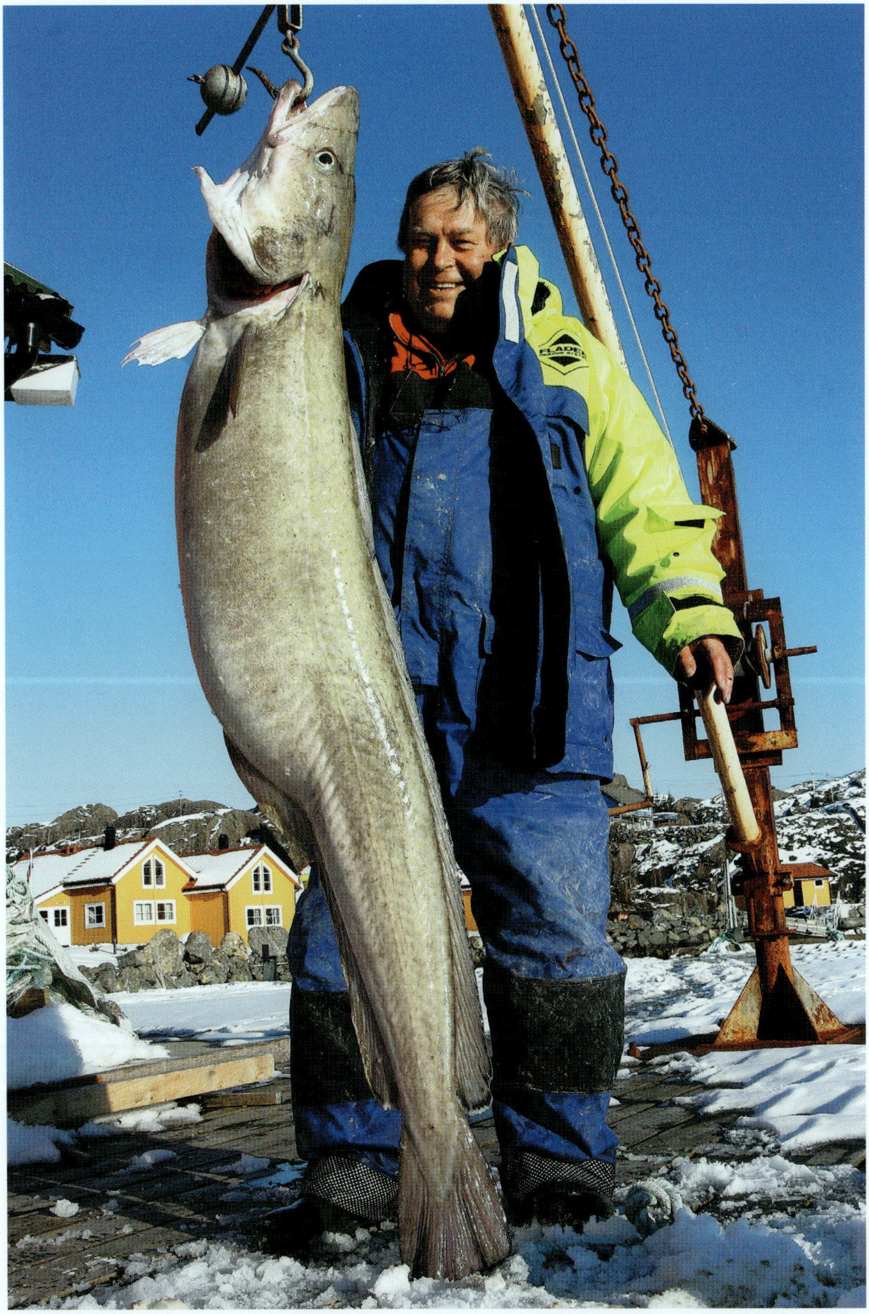

◀ Auch dieser Leng bringt es nahezu auf die Körpergröße des Fängers.

sich ein Leng den anderen Köder schnappen würde. Und tatsächlich hatte ich kurz darauf einen hammerharten Biss, der nur von einem stattlichen Leng stammen konnte. Leider konnte ich ihn nicht haken, und so drehte ich enttäuscht die Montage hoch. Ich war ganz schön überrascht, als ich sah, dass der zweite Biss nicht auf den Herings-Köder, sondern auf

Augen aufhalten!

Dass Lumb ein guter Köder sein muss, liegt bei genauer Betrachtung eigentlich nahe. Sie bewohnen den gleichen Lebensraum wie die Lengs und sind somit fast immer greifbar. Sie gehören zur natürlichen Beute. Außerdem sind sie Nahrungskonkurrenten, also bei den Lengs wahrscheinlich nicht sehr beliebt. Auch wenn die Lengs keinen Hunger haben, dürften sie aus Aggression den Lumb attackieren, damit dieser ihnen nicht das Futter stiehlt. Das ist jetzt sicher ein wenig spekulativ, aber nicht unwahrscheinlich. Im Laufe der Jahre ist der Lumb wegen seiner Fängigkeit und aufgrund seiner exzellenten Haltbarkeit vom Verlegenheits- zum Topköder geworden.

den kleinen Lumb erfolgte. Der sah reichlich ramponiert aus. Zunächst schrieb ich das dem Zufall zu. Doch auch in den nächsten Tagen blieben die Erfolge durchschnittlich und ich überlegte fieberhaft, was ich noch versuchen könnte. Ich dachte, Probieren geht über Studieren, und tauschte den frischen Hering gegen ein Lumb-Filet aus. Es war kaum zu glauben, denn schon nach zehn Minuten hatte ich einen richtig hammerharten Einstieg! Meterweise zog der Fisch Schnur von der Rolle und verabschiedete sich dann leider. Das Lumb-Filet, das ich kurze Zeit später raufholte, war ein einziges Knäuel.

Logisch, dass ich den Köder sofort wieder probierte! Nächste Drift, nächster Biss! Und diesmal saß der Fisch! Und siehe da, einer der gehobenen Kategorie – 37 Pfund zeigte die Waage. Jetzt war der Bann gebrochen. An dem Tag konnten wir noch einige große Fische erbeuten – auf der gleichen Strecke, auf der wir vormittags nur die kleineren gefangen hatten.

Topköder Lumb

Das Erfolgsrezept war eindeutig der Lumb-Köder. Natürlich gibt es Beißphasen, und der eine oder andere Leser meint vielleicht, dass die Großen einfach erst nachmittags Appetit bekommen haben. Doch das kann nicht stimmen, denn unser Partnerboot war die ganze Zeit querab, und während wir richtig gute Bisse und Fische hatten, haben die Jungs mit Hering weitergeangelt und keinen Fisch der größeren Kategorie erwischt. Der richtige Hammerschlag sollte aber erst am letzten Tag kommen. Zunächst sah es ganz nach einer anglerischen Enttäuschung aus. Bei herrlichem Wetter wollten die Fische einfach nicht beißen. Wir hatten lediglich Bisse von kleineren Lumbs, aber selbst die ließen wieder los. Wir fuhren an andere Stellen, wir angelten in anderen Tiefen. Es half nichts. Dann frischte am Nachmittag glücklicherweise der Wind etwas auf. Sofort fuhren wir wieder an unsere Erfolgsstelle und ließen unsere Lumb-Filets zu Wasser. Und auf einmal bissen die Fische! Ich vermasselte gleich zwei gute Bisse, aber Dieter Borchert, der die Reise organisiert hatte, erlebte seine Sternstunde. Zunächst konnte er einen Fisch von 35 Pfund landen. Kurz darauf fing er dann einen Traumfisch von 64 Pfund. Der Drill war so heftig, dass ich eine

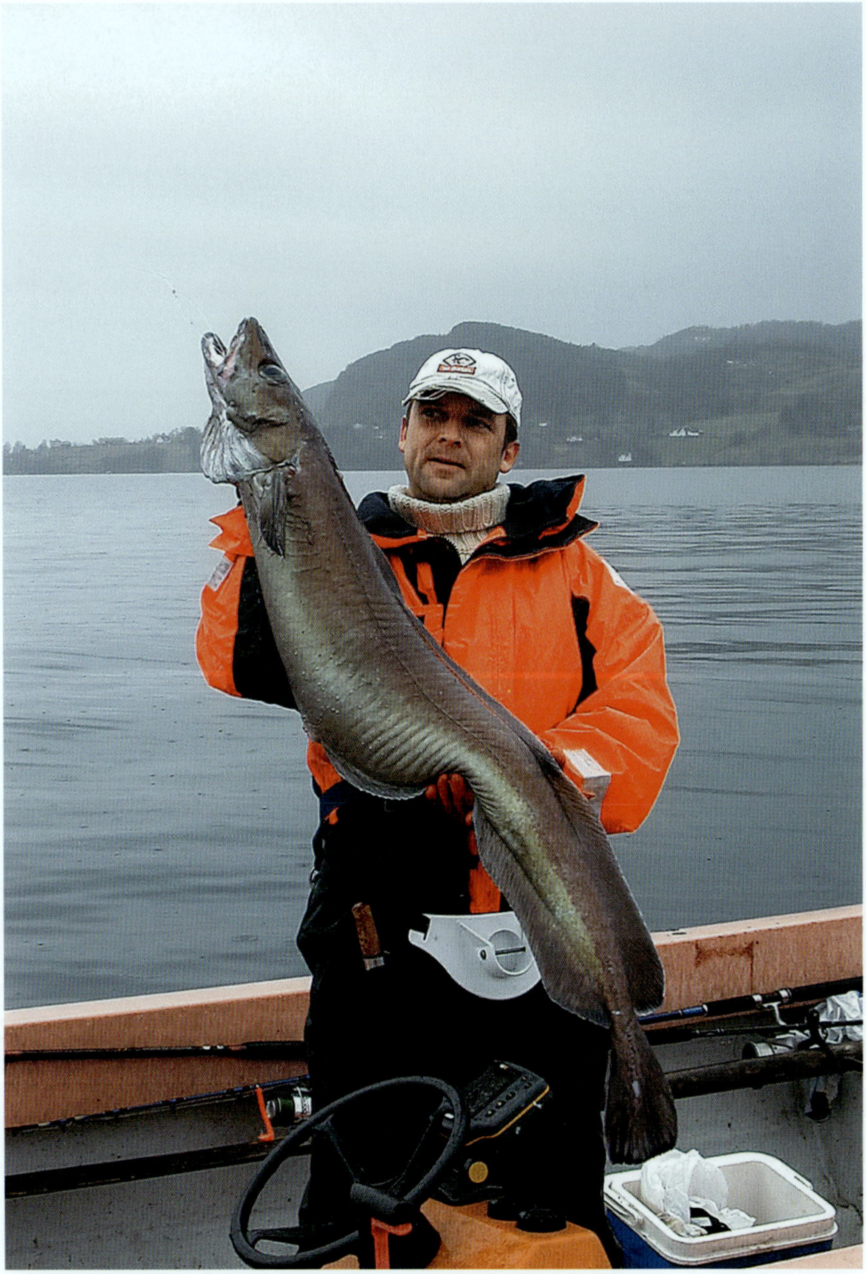

Der Blauleng steht mittlerweile unter Naturschutz.

Zeitlang dachte, er hätte einen Heilbutt gehakt. Als der Riesenbalken dann hochkam, kannte unsere Freude natürlich keine Grenzen. Ich bin mir sicher, dass das ohne den richtigen Köder nicht geklappt hätte.

Richtiger Feinschmecker

Bei anderer Gelegenheit musste ich feststellen, dass Lengs keine Kostverächter sind. Wir waren einige Male zu unterschiedlichen Jahreszeiten im Vindafjord, einem nordöstlichen

▶ Der Lumb ist ständiger Begleiter des Tiefseeanglers.

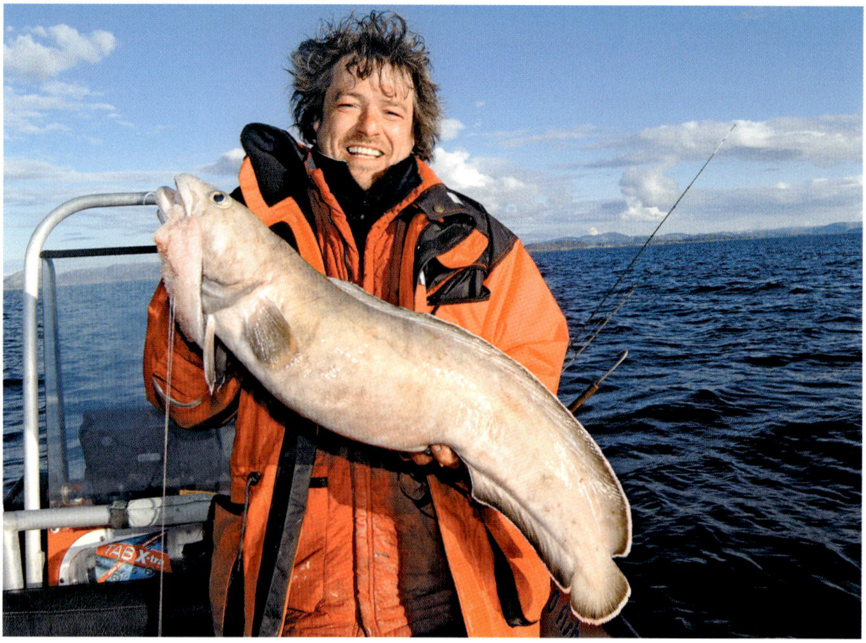

▶ Ein toller Tiefsee-angeltag geht zu Ende.

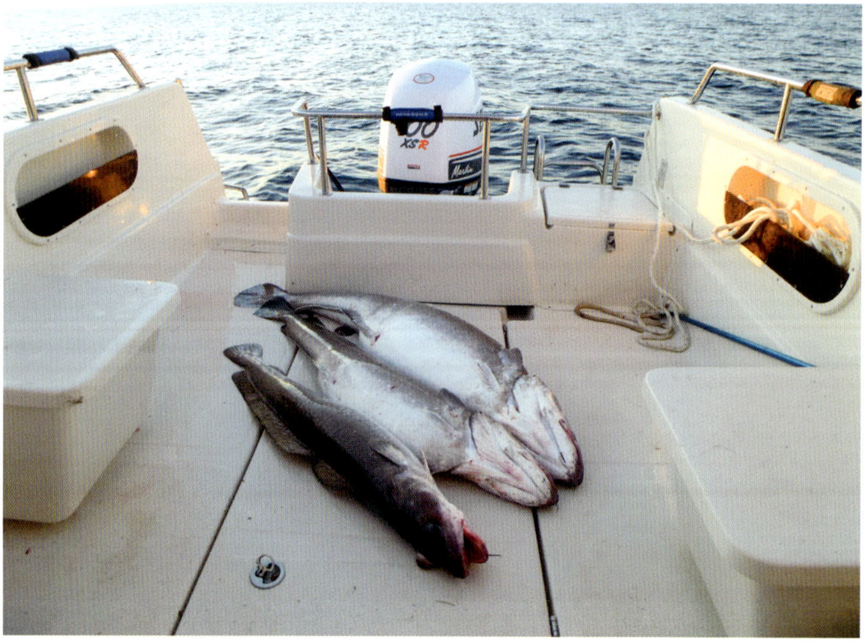

Ausläufer des Boknafjords. Der Fjord hat eine sehr interessante Tiefenstruktur und einen ausnehmend guten Bestand an Leng-Fischen, wenn auch die Kapitalen eher die Ausnahme sind. Wir hatten dort nach einiger Zeit einige gute Plätze ausfindig gemacht. Auf der einen Fjordkante fingen wir in Tiefen zwischen 120 und 180 Metern immer wieder Lengs, aber nie einen

über zehn Kilo. Uns fiel aber auf, dass die gefangenen Fische oft Schuppen im Magen hatten. Aufgrund der Form wussten wir, dass sie von den dort häufig vorkommenden Goldlachsen stammen mussten. Diese haben wir auch gezielt mit Rotbarsch-Vorfächern beangelt, doch unsere Beute ist natürlich in die Fischkiste gewandert. Goldlachse sind nämlich exzellente Räucherfische.
Doch am letzten Tag unseres Aufenthaltes wollte ich es wissen. Ich habe einfach mal einen halben Goldlachs aufgespießt und abgelassen. Der Köder war gerade unten angekommen, da hatte ich einen wirklich vehementen Biss. Da ich aber so überrascht war, habe ich zu früh angeschlagen – der Fisch saß nicht. Der halbe Goldlachs

Blick in die Tiefe

Wer regelmäßig in Norwegens Tiefen angelt, sollte über die Anschaffung eines sogenannten Tiefwasser-Echolots nachdenken. Das verfügt über einen Doppelfrequenz-Geber, der auch Signale mit 50 kHz aussenden kann. Normale Modelle senden mit 200 kHz. Bei 50 kHz gibt der Geber weniger Signale ab, was dazu führt, dass das Bild ein wenig ungenauer wird. Dafür dringen die Signale tiefer hinunter, man kann auch dort noch etwas sehen, wo die herkömmlichen Sender nicht mehr den Grund erreichen. Auch in 400 Metern Tiefe erkennt man damit, was unten los ist. Aber auch in heimischen Gefilden sind die Geräte absolut brauchbar. Einfach auf den 200-kHz-Betrieb umschalten, und schon hat man das gewohnt detaillierte Bild auch im Flachwasser.

▼ Solch ein Fisch bringt jeden Angler zum Strahlen!

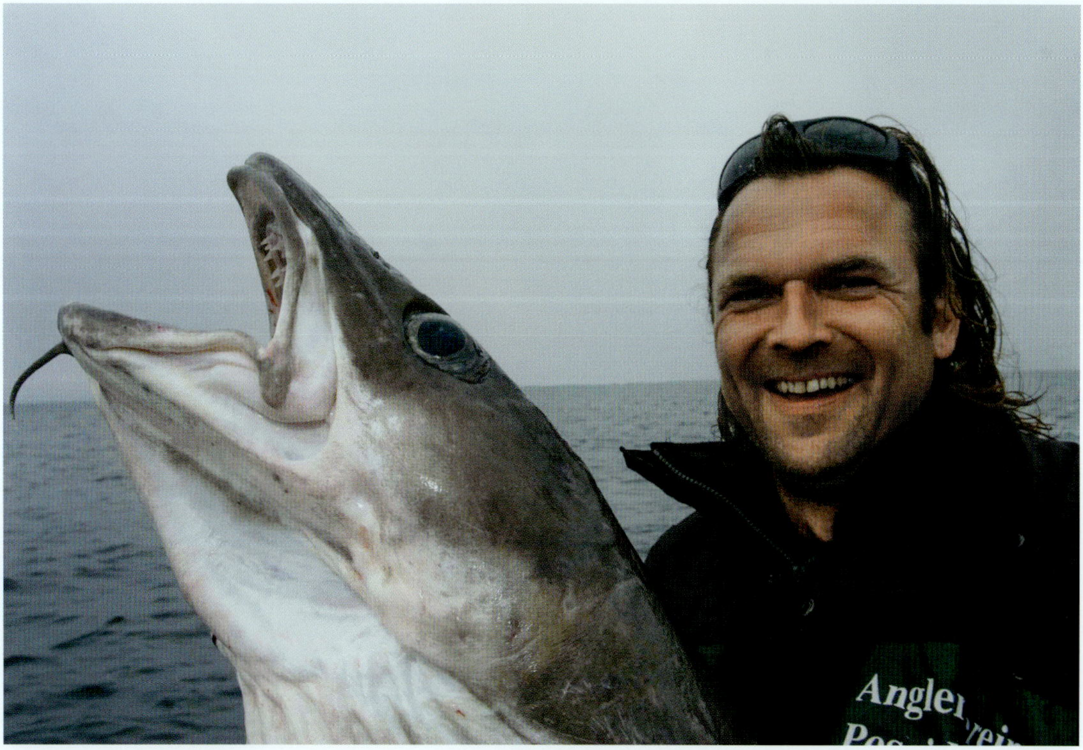

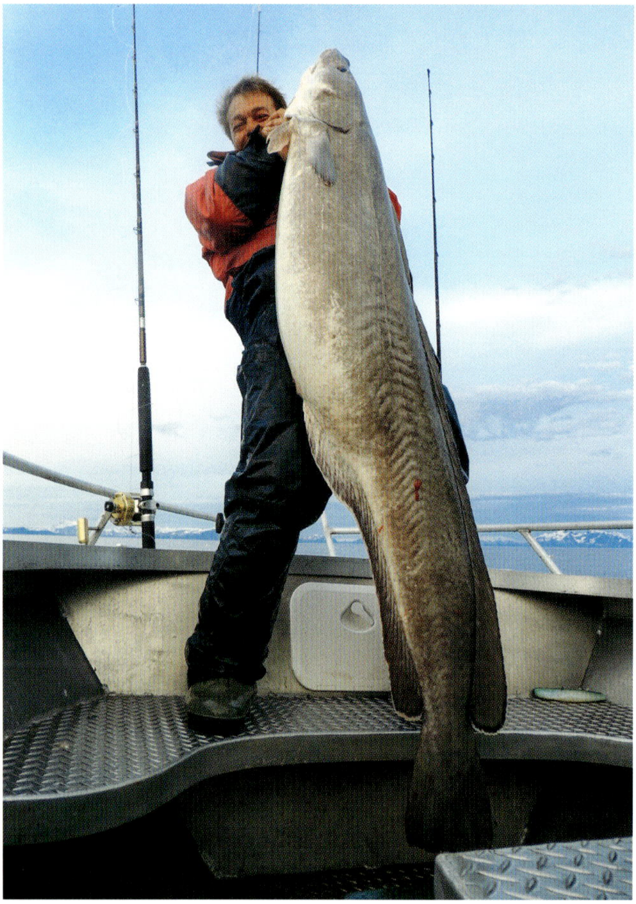

▲ Lohn der Tiefe.

sah aber erbarmungswürdig aus. Bei den nächsten beiden Versuchen verlor ich zunächst einen kapitalen Leng und konnte einen von 13 Kilo fangen. Danach hatte ich keinen Köder mehr. Abends haben wir das gleiche Spiel auf zwei Booten versucht und fingen in der Ecke, die wir schon oft beangelt hatten, mehrere Lengs zwischen 1,20 und 1,40 Metern. Der richtige Köder macht also beim Leng-Angeln einen enormen Unterschied. Wer die Augen offen hält, wird zur richtigen Zeit den passenden Köder entdecken und mit ihm wesentlich mehr und vor allem größere Lengs erbeuten.

Lumb-Bisse vermeiden

In Mittelnorwegen gibt es so viele Lumbs, dass immer erst einer dieser Dickköpfe am Haken hängt, bevor der Leng überhaupt zum Angriff übergehen kann. Lumbs können ein echtes Problem werden, sind aber andererseits auch Anzeichen für einen guten Fischgrund in der Tiefsee. Lumb und Leng stehen nämlich überwiegend auf den gleichen Plätzen. Es gilt: Wo Leng ist, ist meist auch Lumb. Umgekehrt gilt das nicht immer, doch Lumbs sind durchaus ein guter Hinweis auf mögliche Leng-Plätze. Treffe ich auf einer Drift auf Lumbs, versuche ich die Drift mit einer veränderten Montage noch einmal.

Es gibt zwei Möglichkeiten, die Lumbs weitgehend auszuschalten. Ein probates Mittel ist es, mit sehr großen Fetzen vom Lumb selbst zu angeln. Wenn der Köder auch noch vier bis fünf Meter überm Grund präsentiert wird, werden die Lumb-Attacken deutlich weniger. Der Lumb steigt zwar auch mal hoch, ist aber wesentlich grundorientierter als der Leng. Diesem macht es gar nichts aus, auch mal zehn Meter aufzusteigen. Oft mache ich Lengs auch 20 oder 30 Meter über Grund aus, nicht zuletzt halten sich ja auch die potenziellen Futterfische oft über Grund auf.

Eine andere Technik besteht darin, einen halben Seelachs über einen großen Pilker zu schieben und diesen mit einem sehr großen Drillling zu versehen. Eine solche Montage kriegen die Lumbs nicht ins Maul.

Die Panzerknacker

Mit ihrem fürchterlichen Gebiss zermalmen sie Muscheln, Krebse und auch Finger. Keine Frage: Steinbeißer sind wilde Gesellen. Besonders schwer zu beangeln sind sie allerdings nicht. Man kann gar nicht genug Rasseln, Leuchten und Krawallmacher an die Montage binden – der Fisch lässt sich nicht vertreiben. Ganz im Gegenteil. Die Provokation macht ihn erst richtig wild. Selbst wenn er schon mal am Haken gesessen hat, schnappt er wieder zu und lässt um keinen Preis mehr los. Wir haben sogar schon Seewölfe ins Boot befördert, die gar nicht am Haken gesessen haben, sondern nur den Fischfetzen oder auch den Gummifisch umklammert hielten.

Gefleckter Steinbeißer

Der gefleckte Seewolf liebt Wassertiefen über 100 Meter und er wird deutlich größer als der gestreifte! Nach wissenschaftlichen Quellen wird er bis zu 40 Kilo schwer. Berufsfischer haben mir aber versichert, dass auch schon Exemplare von über 50 Kilo gefangen wurden!

Die besten Bestände an geflecktem Steinbeißer gibt es in der Finnmark, die sich von der russisch-norwegischen Grenze über das Nordkap bis zum Kvaenangen-Fjord erstreckt. Der derzeit gültige Europarekord wurde in Nähe der Insel Vannøya gefangen, genauer gesagt bei der kleineren und unbewohnten Insel Fugloya. Der Fisch wog „nur“ 27 Kilo. Auf jeden Fall ein enormes Gewicht, aber nach oben ist durchaus noch was möglich. Allerdings ist es nicht leicht, die gefleckten Muschelknacker gezielt zu befischen, denn sie bevorzugen große Tiefen von rund 180 bis über 300 Meter. Diese Bereiche werden im hohen Norden selten beangelt. Einerseits fehlt es wohl vielen Sportfreunden an Motivation, da es auch in „normalen“ Tiefen genug zu holen gibt. Andererseits ist die Angelei

▼ Selbst lange nach dem Fang, reißen sie beachtlich ihr Maul auf.

▼ Die Schöne und das Biest!

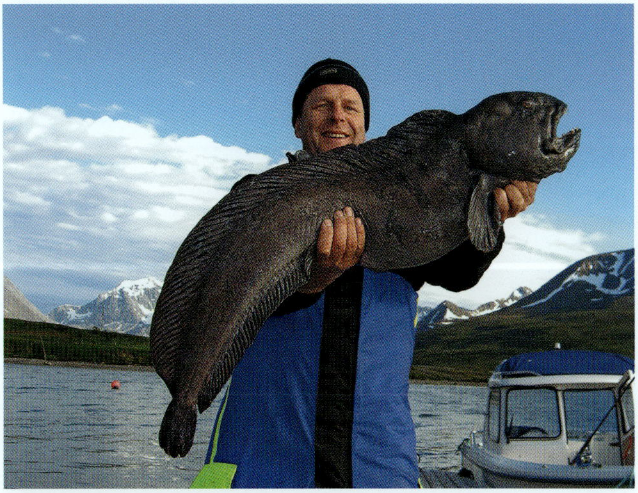

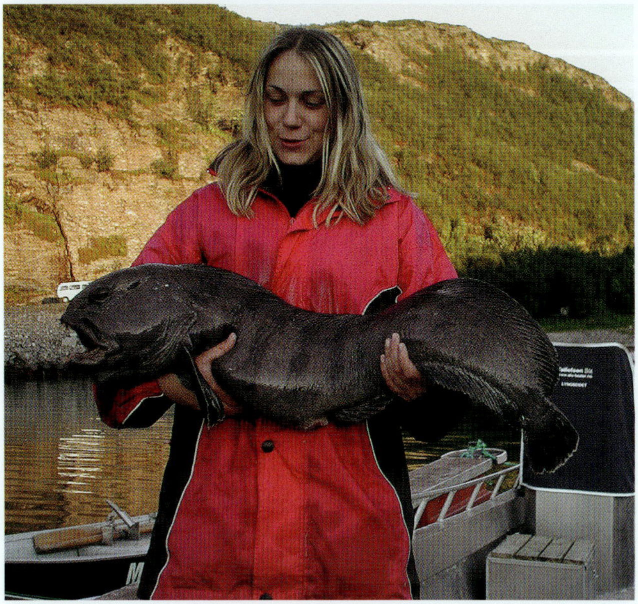

Steckbrief Seewolf

Lateinischer Name	*Anarhichas lupus*
Andere Namen	Steinbeißer, Katfisch, Wolfsfisch
Lebensraum	Ostküste Kanada/USA, Nordatlantik über Grönland und Island, bis in die östliche Barentssee, nach Süden bis nach Frankreich
Kurzbeschreibung	Länge bis 1,50 Meter, Gewicht bis 30 Kilo (selten mehr als 10 Kilo) Markante Zähne mit einer Beißkraft ähnlich eines Wolfes. Körper meist Blau/Grau. Der Kopf wird bullig und der Körper verjüngt sich zum Schwanz hin. Der Seewolf ist ein Langsamschwimmer. Er ernährt sich vorwiegend von Krustentieren, also Schnecken, Muscheln als auch Krebsen und Krabben. Sofern in Reichweite, frisst er aber auch Fische.
Fischereiliche Bedeutung	Mittel. Der Seewolf wird kaum gezielt befischt. Nach historischen Vergleichen sind die Bestände in den letzten Jahrzehnten stark rückläufig. Während vor 40 Jahren der Seewolf vom Kattegat bis östliche Barentssee sehr häufig vorkam, sind die Bestände Norwegens heutzutage erst ab dem Polarkreis als gesichert anzusehen. Die Bestände sind zurückgegangen, obwohl der Seewolf früher gar nicht befischt wurde. Er galt als „unrein". Auf stabilem Niveau stehen derzeit die Bestände Islands.
Anglerische Bedeutung	Hoch. Der Seewolf ist aufgrund seiner urigen Gestalt und seines delikaten Fleisches ein sehr beliebter Angelfisch. Viele Sportfreunde fahren extra deswegen hoch in den Norden oder nach Island.
Beißzeit	Ganzjährig, aber hauptsächlich zwischen März und Juli
Angeltiefe	Hauptangeltiefe zwischen 5 und 60 Metern, Frühjahr/Herbst tiefer
Fangtechnik	Hauptsächlich Naturköder (Fischfetzen, Muschelsäckchen)
Küche	Neutrales, fettarmes Fleisch, welches sich für alle Arten der Zubereitung eignet (Kochen, Backen, Braten). Der Seewolf ist für die Frostung aber nur bedingt geeignet. Besonders wenn die Haut und die Bauchlappen nicht großzügig entfernt werden, entwickelt das Fleisch einen penetranten Geschmack durch den Einfriervorgang.

äußerst mühselig, weil immer wieder einer der wirklich unzähligen Lumbs den Köder schnappt.
Dennoch bin ich mir sicher, dass sich beim Gefleckten Seewolf in nächster Zeit einiges tun wird. Ich bin sehr gespannt, was da zukünftig von Anglern erbeutet werden wird. Ich werde auf jeden Fall einige Zeit investieren, um den urigen Gesellen auf die Schliche zu kommen. Da die Erkenntnisse aber noch nicht reichen, um verlässliche Aussagen zu treffen, konzentriere ich mich in diesem Artikel auf den Gestreiften Seewolf.

Gestreifter Seewolf

Der Gestreifte oder Graue Seewolf wird zwar auch bis zu 30 Kilo schwer, doch das darf wirklich als absolute Ausnahme gelten. Nur selten werden Exemplare erbeutet, die es auf über zehn Kilo bringen. Die besten Fangchancen bestehen im hohen Norden. Er

kommt zwar sogar schon im Öresund vor Dänemark vor, doch das ist die südlichste Verbreitungsgrenze. Ein gezieltes Angeln lohnt sich dort wirklich nicht.
Die Fischer erzählen, dass es früher auch sehr viele Seewölfe in Südnorwegen gab, doch die sind inzwischen von der Bildfläche verschwunden. Es liegt die Vermutung nahe, dass das massenweise Aufkommen der Lachs-Zuchten etwas damit zu tun hat. Die Seewölfe wurden und werden von den Lachs-Farmen angezogen. Falls heute noch mal ein Steinbeißer im Süden gefangen wird, kommt er meist von einer verlassenen Lachsfarm. Logisch, denn dort sammelt sich das Futter. Doch leider stellen die Farmen auch ein hohes Gesundheitsrisiko dar. Es wurde schon mehrfach dokumentiert, dass von den Zuchtfischen Seuchen ausgingen. Und so wird vermutet, dass die Seewölfe im Süden einer von den Lachsen verbreiteten Krankheit zum Opfer fielen. Dies ist aber nicht erwiesen, sodass es letztlich reine Spekulation bleibt. Für uns Angler ist wichtig zu wissen, dass eigentlich erst nördlich der Lofoten richtig gute Vorkommen vorhanden sind. Ab Tromsø sind die Fangchancen sogar exzellent. Um dort einen Seewolf zu fangen, muss man nicht mal besonders ausgefallene Plätze suchen. Auch innerhalb der Fjorde gibt es viele Stellen, an denen man erfolgreich fischen kann.
Wenn also beim normalen Pilken ein „Zufallswolf" an den Halen geht, dann sind bestimmt noch mehr da.

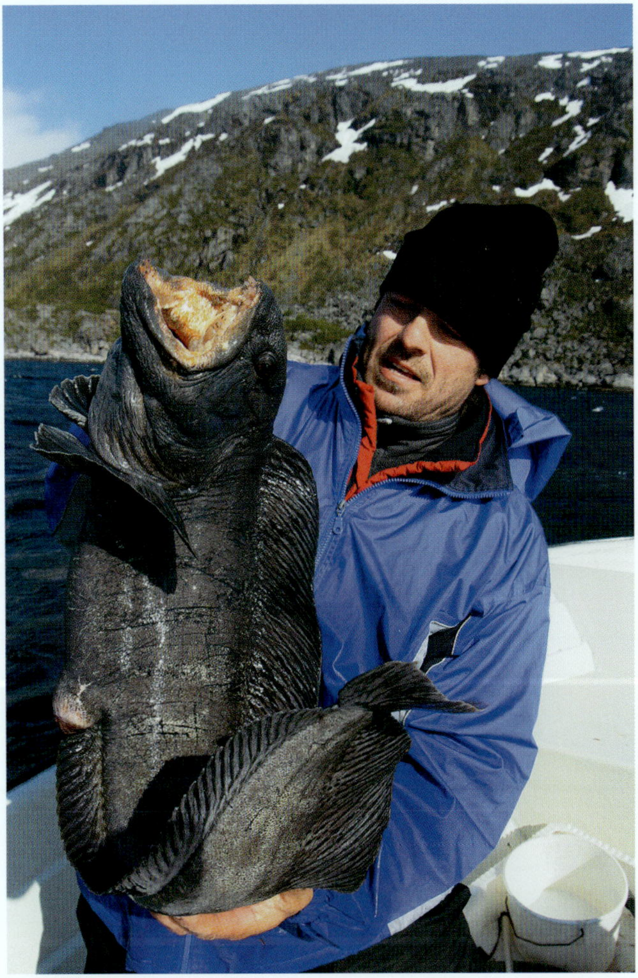

▲ Ein Seewolf der Zehn-Kilo-Klasse zählt als kapital.

Wölfe jagen im Rudel

Seewölfe lieben Geselligkeit. Es ist äußerst selten, dass sich an einem Platz nur ein einzelner Fisch aufhält. In der Regel stehen sie nach Jahrgängen gestaffelt. Hat man an einer Stelle einen Steinbeißer von drei Kilo gefangen, wird man kaum einen von sagen wir sechs Kilo erwischen. Wer auf größere Exemplare aus ist, sollte in so einem Fall weiterfahren. Die Dicken ab fünf bis sechs Kilo sind übrigens in kleineren Trupps unterwegs. Massenfänge sind in dieser Kategorie nicht

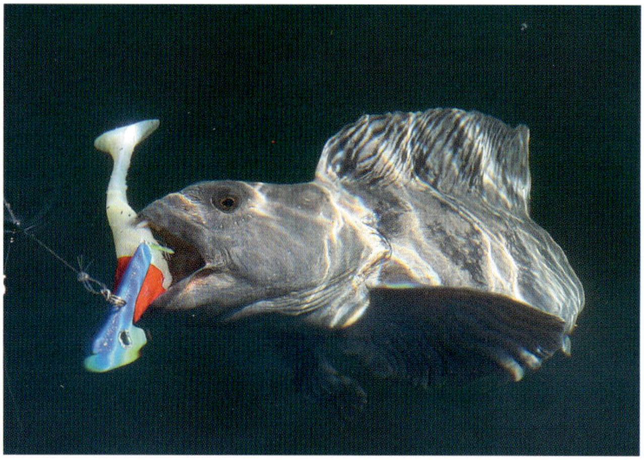

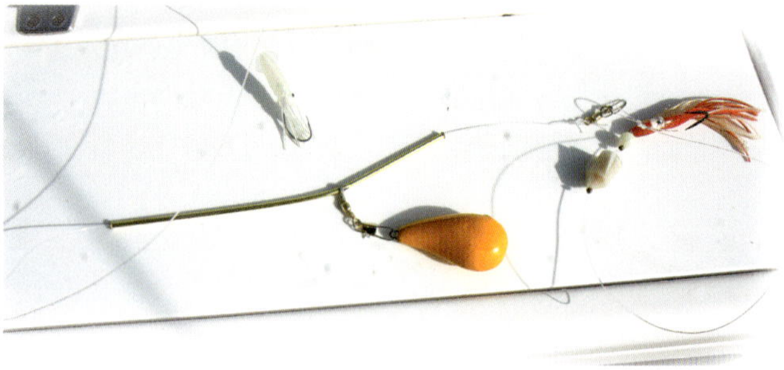

▲ Auch Kunstköder werden attackiert
▲ Naturköder bringen jedoch den sicheren Erfolg.

mehr zu erwarten. Es gibt zwei Kriterien, nach denen ich meine Steinbeißer-Plätze auswähle. Meist werde ich auf diese Weise recht schnell fündig:

1. Felsplateaus suchen!

Zumindest die mittleren Seewölfe sind relativ leicht zu finden. Wichtigster Faktor ist harter, felsiger Untergrund. Auf Lehm, Sand oder auch Geröll stehen kaum Seewölfe. Auf dem nackten Felsen können sich nämlich die Muscheln am besten ansiedeln, und diese bilden die Hauptnahrung der Fische. Wer nach solchen Strukturen in rund 15–60 Metern Ausschau hält, wird früher oder später fündig. Außerdem lieben die Steinbeißer relativ flaches Wasser. Wenn ich in einem unbekannten Revier unterwegs bin, studiere ich die Seekarte äußerst sorgfältig. Ich halte Ausschau nach Plateaus oder Kanten, die in rund 20–40 Metern liegen. Außerdem sollten sie natürlich den genannten Felsgrund aufweisen. Der wird in der Karte mit „F“ für Fels oder „R“ für Rock (englisch für Fels) bezeichnet.

Doch leider finden sich solche Angaben nicht immer, besonders wenn es sich nur um kleine Ecken handelt. Daher muss man sich mitunter mit anderen Hinweisen helfen. Ist rundherum tieferes Wasser von sagen wir rund 80 Meter und in der Mitte geht's auf 30 Meter hoch, haben wir es sehr wahrscheinlich mit Felsen zu tun. Denn was kann sonst eine solche Erhebung bilden? In solch einem Fall habe ich also schon mal einen potenziellen Fangplatz entdeckt, den ich ohne weitere Prüfung getrost befischen könnte. Habe ich mehrere Plateaus zur Auswahl, schaue ich aber, welche von ihnen das nächste Kriterium erfüllen:

2. Auf Strömung achten!

Der Seewolf bevorzugt strömungsreiche Zonen. Wer auf der Seekarte mehrere potenzielle Standplätze entdeckt hat, sollte erhöhtes Augenmerk auf vorhandene Tiden- oder Meeresströmungen legen. Ganz abgesehen davon, dass durch einsetzende Flut oder Ebbe auch die Beißaktivitäten beeinflusst werden, sind Sunde oder andere Anströmungsbereiche oft besonders gut besetzt. Ein herausragendes Beispiel für diese Tatsache findet sich beispielsweise im Mauresund bei Hamneidet in Nordnorwegen.

Alternative: Felskanten

Wer diese beiden Punkte beachtet, wird selten ohne Steinbeißer nach Hause fahren. Was aber soll man machen, wenn sich in dem Revier keine entsprechenden Plätze finden lassen? Nicht verzagen, denn natürlich heißt das nicht, dass es in der Ecke keine Steinbeißer gibt. Man muss sie nur woanders suchen. Ein unterschätzter Hot-Spot sind steil abfallende Felswände wie im Lyngenfjord. Dort geht eine Wand rapide auf 300 Meter runter. Wer glaubt, dass so etwas überhaupt nichts für die Muschelknacker ist, irrt. Denn die Wände weisen in der Regel Kanten und Vorsprünge auf, auf denen es sich die Steinbeißer mit Vorliebe bequem machen.
Das Problem besteht allerdings darin, diese anspruchsvollen Stellen zu beangeln. Kommt der Wind aus der falschen Richtung oder weht zu stark, ist die Fischerei eigentlich unmöglich. Ideal ist es natürlich, wenn man mit dem Boot langsam direkt an der Wand entlangtreibt. Doch leider ist das nur selten der Fall. Wird man an den Felsen gedrückt, bietet es sich an, vom Tiefen ins Flache zu angeln. Ich lasse meinen Köder in rund 80 Meter Tiefe ab und fahre oder treibe dann mit dem Boot in Richtung Felsen. Dann ziehe ich den Köder langsam ein und lasse ihn immer wieder absacken. Nicht selten plumpst er dann genau auf einen Felsvorsprung, wo die Steinbeißer nur darauf warten, ihn zu schnappen. Diese Methode funktioniert allerdings nur dann, wenn nicht allzu viele Hänger zu erwarten sind.

In der Sommerfrische

Während in Süd- und Mittelnorwegen die einzigen nennenswerten Fänge im März und April gelingen, ist in Nordnorwegen der Mai der absolute Topmonat. Bei keiner anderen Fischart

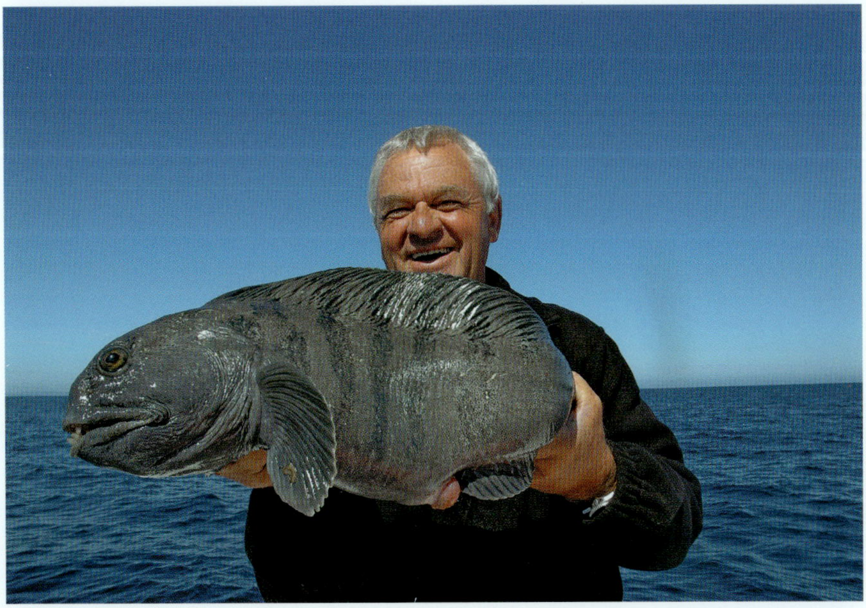

◀ Der bekannte Meeresangler Horst Hennings mit Seewolf

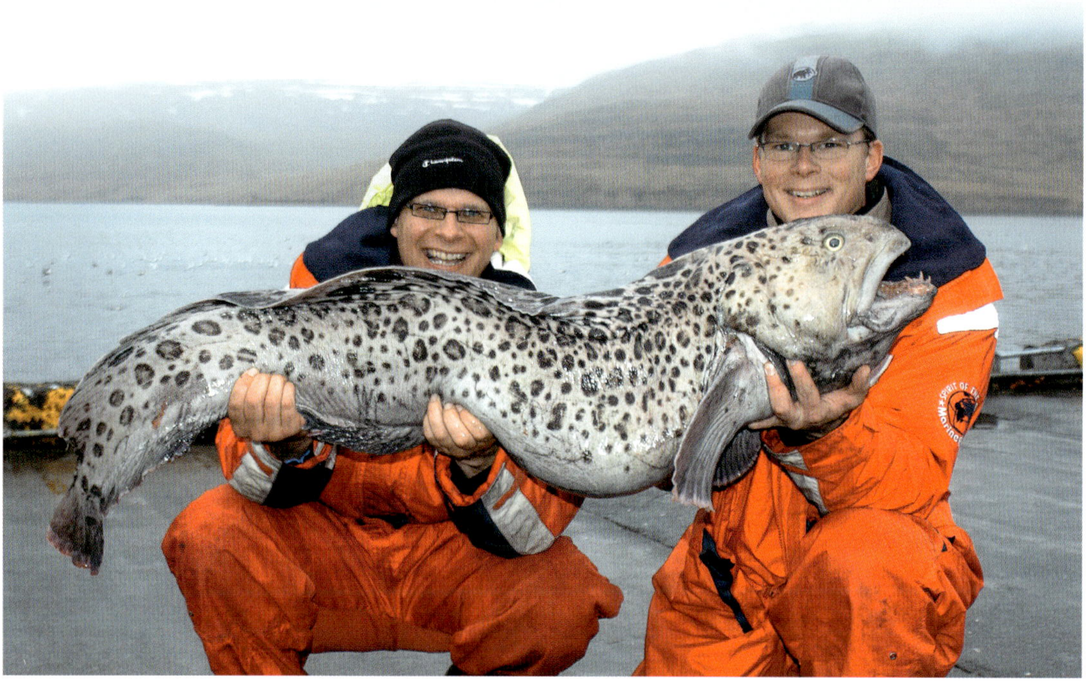

▲ Der große Bruder des gestreiften oder grauen Seewolfes – der gefleckte Seewolf.

ist der anglerische Erfolg so von der Jahreszeit abhängig wie beim Seewolf. Prinzipiell kann man natürlich das ganze Jahr Seewolf angeln, doch während im Mai und Juni am Tag zehn bis 15 Wölfe pro Angler keine Seltenheit sind, kann man sich im August oder September schon freuen, wenn mal drei an den Haken gehen.
Warum aber gehen die Fänge im Hochsommer so schlagartig zurück? Liegt es an der höheren Temperatur, an der Laichzeit oder am Nahrungsangebot? Selbst Fachleute wissen darauf keine schlüssige Antwort. Fest steht, dass sie sich in tieferes Wasser zurückziehen. Dies konnte ich beim Heilbuttangeln feststellen, da mir auf tieferen Sandplateaus häufiger mal Steinbeißer auf den Köder geknallt sind. Letzten Sommer habe ich dann ganz gezielt auf Seewölfe gefischt. Zwischen 60 und 120 Metern wurde ich fündig. Über felsigem Untergrund konnte ich zahlreiche Exemplare überlisten. Sie sind also auch in der wärmeren Jahreszeit zu fangen. Allerdings muss man für einen Wolf zehn kleine Lumbs in Kauf nehmen, da sich die Lebensräume überschneiden. Das ist äußerst lästig und kann einem schnell den Spaß verderben. Daher empfehle ich zum gezielten Steinbeißer-Angeln eindeutig das Frühjahr.
Die absolute Topsaison beginnt im hohen Norden mit der ersten deutlichen Wassererwärmung. Die Fische sind zwar vorher schon da, aber der Stoffwechsel ist bei drei Grad Celsius eben noch nicht auf Hochtouren. Erst

eine Temperaturerhöhung gibt den Startschuss für die Wolfs-Aktivitäten, die dann so ziemlich alles fressen, was ihnen vor die Zähne kommt. Nach dem langen Winter sind sie richtig hungrig und daher nicht besonders wählerisch.

Bei Flut beißt's

Die Beißphasen für den Seewolf werden recht stark durch Gezeitenströmungen beeinflusst. Jetzt sollte aber niemand an die oft zitierte Regel denken, dass zwei Stunden vor bis eine Stunde nach der Flut die beste Zeitspanne ist. Diese Binsenweisheit erweist sich nämlich in vielen Fällen schlichtweg als falsch. Natürlich sind viele Meeresströmungen am stärksten, wenn das Wasser steigt. Es gibt aber auch gegenläufige Tendenzen. Bei ruhigem Wetter kann man gut beobachten, wie und wann welche Strömungen einsetzen. Für die Bereiche an der Außenküste und bei den vorgelagerten Inseln kann die Strömung tatsächlich am stärksten in der Phase des auflaufenden Wassers sein. In den Fjorden ist es aber sehr oft besser, wenn das Wasser abläuft. In acht von zehn Fällen haben die Steinbeißer dann deutlich besser gebissen. Die heiße Phase beginnt etwa drei Stunden vor dem Tiefststand und zieht sich bis zu dem Zeitpunkt hin, an dem die Tidenströmung sich verlangsamt oder ganz aussetzt.

Doch nicht nur Flut und Ebbe sorgen für Bewegung. Wenn etwa zwei Tage der Wind stark auflandig geblasen hat und dann abrupt aufhört, kann man mit guten Strömungen rechnen. Der Sturm hat dann nämlich gewaltige Wassermassen in den Fjord gedrückt, die wieder abfließen müssen. Gegebenenfalls verstärken diese dann noch die durch Flut und Ebbe entstehenden Wasserbewegungen. Zusammenfassend kann man also sagen, dass Strömungen immer gut sind, egal welche Ursache sie haben. Um sie einzuschätzen, muss man das Revier gut beobachten. Manchmal verhilft das zu ungeahnten Erfolgen.

Einfach fangen

Seewölfe zu erbeuten, ist nicht wirklich schwierig, sie verzeihen viele Fehler, ja sie verzeihen sogar einen zu frühen Anschlag. Wir haben erlebt, dass selbst Fische, die nach drei Anhieben noch nicht gehakt waren, trotzdem wieder den Köder attackiert haben. Sogar ein Fisch, den wir bis an die Oberfläche

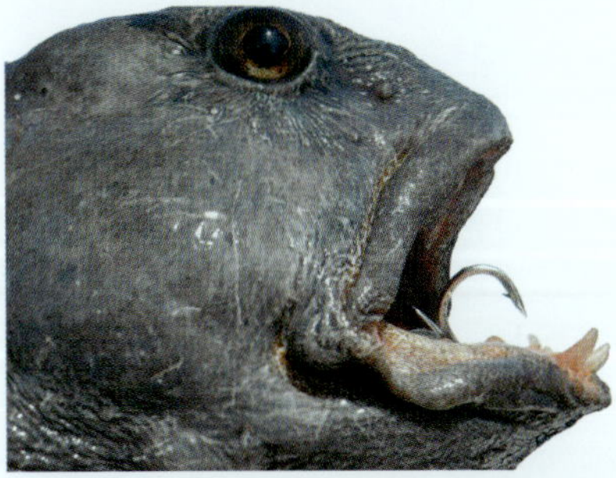

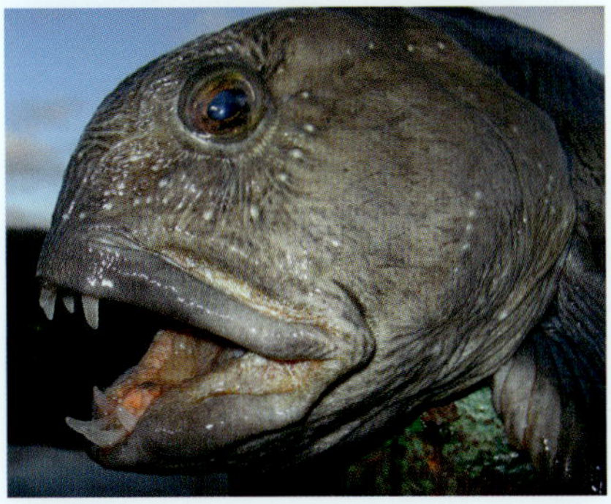

◀ Seewölfe haben ein recht kleines aber zahnbewehrtes Maul.

Zur richtigen Zeit

Steinbeißer beißen am besten tagsüber. In Nordnorwegen wird es ja in den Monaten Mai bis Juli ohnehin nicht dunkel, aber auch in den „weißen Nächten" beißen die Fische tendenziell schlechter. Neben der Tageszeit spielt die Strömung die wichtigste Rolle. Wenn keine Bewegung im Wasser ist, haben die Fische das Maul so gut wie vernagelt. Wie wichtig diese beiden Faktoren sind, musste ich schon mehrfach am eigenen Leib erfahren. Selbst an den besten Plätzen blieb ich stundenlang ohne Biss, was ich mir anfänglich nicht erklären konnte. Erst als die Strömung einsetzte oder ich mein Glück tagsüber versuchte, konnte ich an den gleichen Plätzen wieder sehr gut fangen.

gedrillt hatten und der dort dann ausgestiegen ist, biss beim Ablassen wieder. Wenn ein Seewolf nicht sitzt oder in den ersten Drillsekunden abkommt, sollte man den Köder also auf jeden Fall unverzüglich auf den Grund absinken und liegen lassen. In acht von zehn Fällen kommt sofort wieder ein Biss, und die Wahrscheinlichkeit ist außerordentlich hoch, dass dies der gleiche Fisch ist und kein anderer.

Doch auch, wenn man praktisch auf jede Montage Steinbeißer fängt, kann man mit der richtigen Taktik die Ergebnisse deutlich verbessern.

Die einfachste Methode besteht darin, einen Seelachs-Fetzen auf den Drilling eines Pilkers zu schieben und damit zu angeln. Das ist ohne jeden Aufwand zu realisieren, und der Duft lockt die Steinbeißer an. Dennoch gibt es zwei wesentliche Nachteile: Erstens sollte man den so aufgepeppten Pilker nicht hinterherschleifen. Das würde theoretisch zwar funktionieren, da aber die Seewölfe auf felsigem Untergrund stehen, ist die Hängerquote bei dieser Methode enorm. Zweitens hat der Seewolf nicht gerade ein Riesenmaul, und deshalb kann es für ihn schwierig sein, den Drilling zu packen.

Es gibt zwei Tricks, bei dieser simplen Herangehensweise die Nachteile zumindest zu minimieren. Die erste Möglichkeit besteht darin, dass der Pilker nicht direkt am Grund gefischt wird, sondern knapp darüber. Besonders effektiv ist diese Methode, wenn man den Köder ein paar Mal aufschlagen lässt und dann geschickt über Grund hält. Das ist aber gar nicht so einfach und immer noch recht riskant. Eine andere Lösung besteht darin, statt des Drillings einen Einzelhaken zu verwenden. Das vermindert die Hängergefahr, und auch die Bissausbeute lässt nichts zu wünschen übrig. Den Anschlag kann man kaum vermasseln, sofern man nur lange genug wartet. Denn wenn ein Seewolf einmal auf den Köder gegangen ist, gibt er ihn auch so schnell nicht wieder her. Man kann den Fisch also in aller Ruhe schlucken lassen.

Klassisch – mit Naturködern

Am häufigsten werden wohl Naturköder-Vorfächer eingesetzt. Sie sind die klassische Variante, gegen die absolut nichts einzuwenden ist. In diesem speziellen Fall können diese auch mit Spielereien wie Gummi-Oktopus,

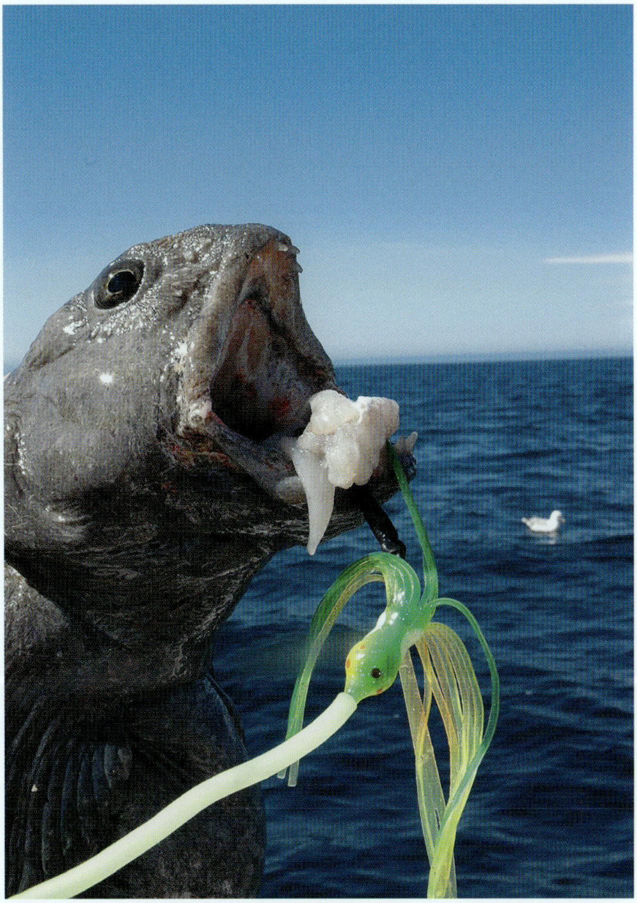

Leuchtschlauch, Perlen und vielem mehr ausgestattet sein und sehr auffällig wirken. Da ja in geringen Tiefen gefischt wird, kann man häufiger kontrollieren, ob die Montage sich nicht vertüddelt hat. Im Prinzip ist es auch egal, ob man eine Durchlauf- oder Endblei-Montage verwendet – beides fängt Fisch. An die rund 0,80 Millimeter starke Vorfachschnur knüpfe ich Haken der Größe 5/0 bis 6/0 – fertig! Bei einem Biss warte ich einige Sekunden mit dem Anhieb. Wenn der Fisch konstant und vehement zerrt, schlage ich einmal heftig an. Nur so kann ich halbwegs sicher sein, dass der Haken in dem äußerst harten Maul sitzt.
Wie gesagt ist die Naturköder-Technik durchaus erfolgreich. Dennoch praktiziere ich lieber eine einfachere, weniger aufwändige Methode. Am liebsten fische ich mit dem sogenannten Seewolf-Klopfer. Dabei handelt es sich um einen speziell für diese Angelei entwickelten Pilker.

Anklopfen bitte!

Der Klopfer hat seinen Schwerpunkt unten, damit er schnell absinkt und heftig auf dem Grund aufschlägt. Im Gegensatz zu anderen Formen verfügt er über keinerlei Taumel-Verhalten oder sonstige Bewegungsreize. Das ermöglicht, ihn zwei- oder dreimal mit Wucht auf den Boden klatschen zu lassen. Dann wird er einige Minuten am Grund gehalten. In dieser Phase kommen die Bisse. Sie erfolgen auf den Einzelhaken, der mit einem oder zwei Fischfetzen garniert wird. Falls sich nichts tut, schlägt man den Köder erneut auf den Grund. Dieses „Anklopfen“ macht die Steinbeißer richtig wild und sie werden wütend attackieren. Diese Technik funktioniert übrigens auch mit Naturköder-Montagen. Wir haben gute Erfahrungen damit gemacht, das Endblei aufschlagen zu

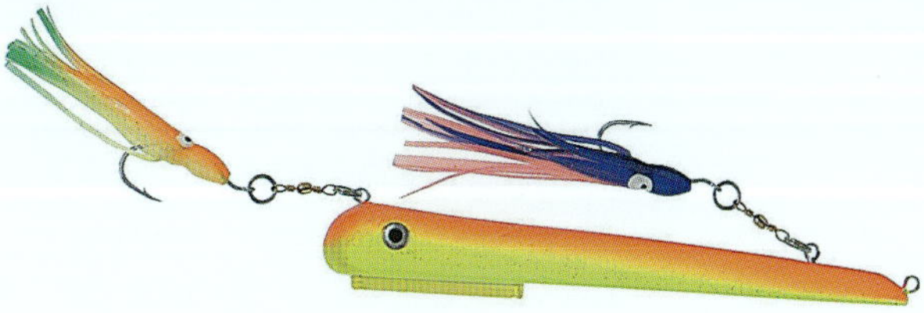

▲ Attraktoren verbessern die Fangchancen

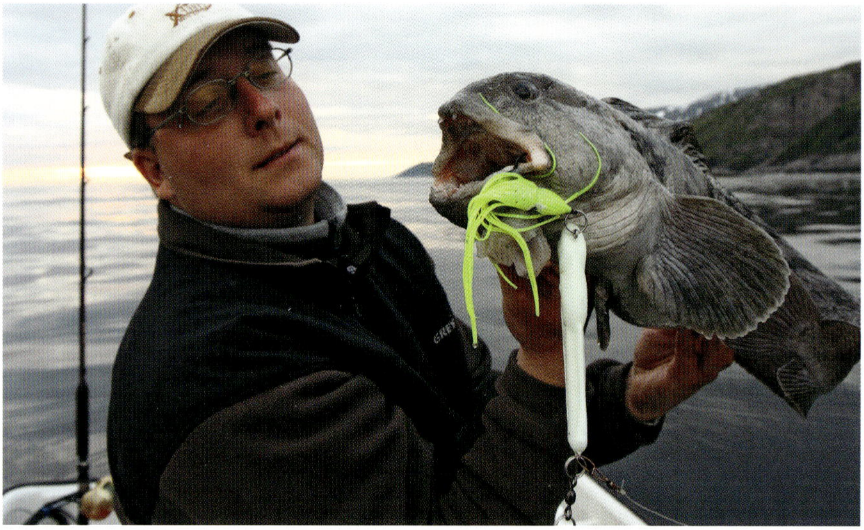

▶ Mathias Fuhrmann mit einem schönen Fisch.

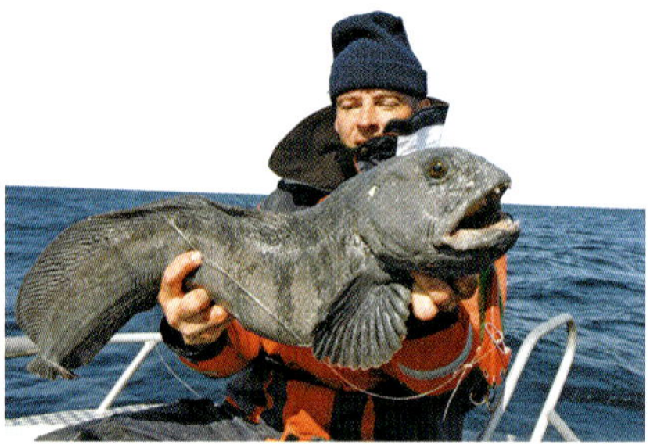

▶ Beim Halten der Fische sollte man vorsichtig, aber nicht zimperlich sein.

lassen. Auch ist es sinnvoll, das Blei durch einen großen Vibrationspilker wie den Seawaver zu ersetzen, der einerseits ebenfalls laut aufschlägt, andererseits beim Ziehen vibriert und damit den Seewolf reizt.

Um zu testen, welche Methode am meisten Fische fängt, haben wir auf unserem Boot einen kleinen Wettbewerb gemacht: Naturköder-Vorfach gegen Seewolf-Klopfer. Mein Bootspartner hat hierfür ein Leng-Vorfach mit allen denkbaren Ausstattungsmerkmalen wie Rasseln und Leucht-Oktopus eingesetzt. Ich habe dagegen den Klopfer mit zwei Einzelhaken gefischt. Der eine war direkt am Köder befestigt, den anderen habe ich etwas darüber ans Vorfach geknotet. Austragungsort war die Insel Vannøya im hohen Norden, wo wir im Mai unterwegs waren. Zeit und Ort waren also perfekt gewählt – die Spiele konnten beginnen. Bis zum Abend hatten wir reichlich Steinbeißer in der Kiste. Erwartungsgemäß unterschieden sich beide Methoden nur minimal. Mit dem Klopfer konnte ich drei Steinbeißer mehr erbeuten als mein Bootskollege. Wahrscheinlich ist man mit dem Klopfer einfach zügiger im Einsatz. Er ist in der Handhabung einfacher, vertüddelt nicht und ist auch schneller beködert. In der Praxis bedeutet das, dass man den Köder über den ganzen Tag gesehen länger im Wasser hat, was sich in mehr Bissen niederschlägt. Würde man bei so einem Test darauf achten, dass beide Montagen gleich lang am Grund locken, würde sich die Fängigkeit wahrscheinlich kaum unterscheiden. Vorausgesetzt, dass man auch mit der Naturköder-Montage entsprechend klopft.

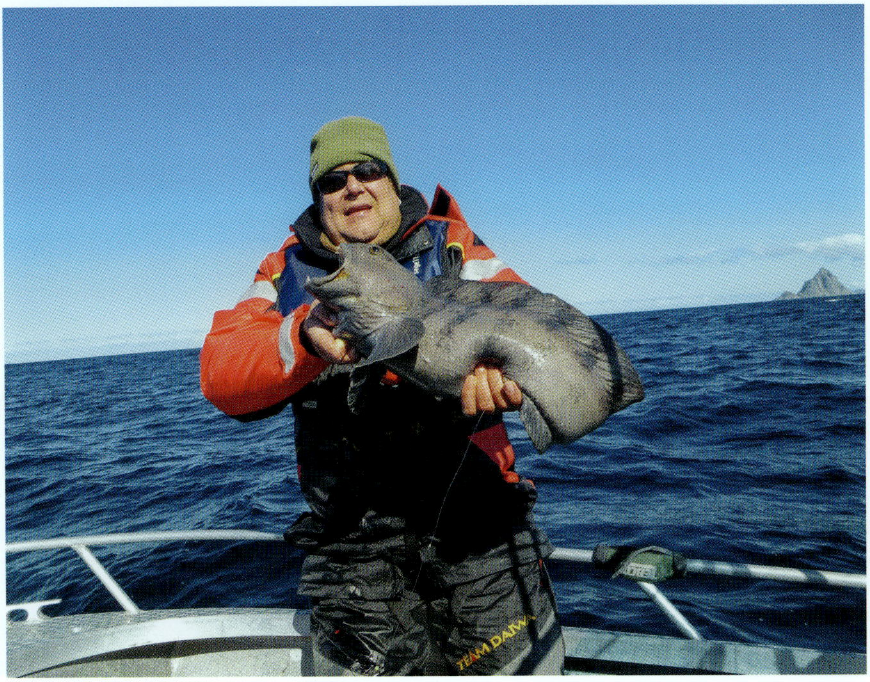

Auch nach dem Fang drehen und winden sich die Wölfe.

Wissenschaftler würden über unseren kleinen Test sicher lachen oder sogar die Nase rümpfen, denn er ist natürlich nicht repräsentativ. Aber wir hatten unseren Spaß und konnten zumindest die Erkenntnis gewinnen, dass Steinbeißer nicht besonders wählerisch sind. Allzu kompliziert sollte man es sich daher nicht machen.

Hauptsache robust

Der Seewolf ist kein Kämpfer. Das liegt schon wegen seiner Lebensweise auf der Hand. Ein guter Sammler muss eben kein gewaltiger Schwimmer sein. Anders als Dorsch oder Köhler jagt er nicht mit Affenzahn durchs Freiwasser, sondern zuckelt gemütlich über den Meeresboden. Muscheln und Krabben laufen ihm ja nicht so schnell weg. Diese gemächliche Art spiegelt sich auch im Drill wider, den man eigentlich gar nicht so nennen darf. Der Steinbeißer lässt sich wie ein nasser Sack einkurbeln. Kurz vor der Oberfläche startet er dann häufig noch ein paar Fluchtversuche, so als ob er

Pferdemagen

Der Seewolf ist von Mutter Natur mit idealen Werkzeugen ausgestattet worden, um die harten Muschel- und Krebsschalen zu knacken. Er hat nicht nur seine fürchterlichen Reißzähne, sondern im Schlund richtige Malmzähne, die bis zur fünffachen Beißkraft eines Wolfes haben sollen. Wer schon mal beobachten konnte, was die Fische mit einem hölzernen Gaff-Stiel veranstalten, glaubt das gerne. Mit diesen Schlundzähnen knackt er die härtesten Schalen. Nun sollte man meinen, dass die scharfen Splitter sein Inneres zerstören müssten. Doch auch da hat die Evolution den Steinbeißer natürlich nicht im Stich gelassen. Der Magen- und Darmtrakt des Fisches ist mit einem speziellen Gewebe überzogen, das vom Aussehen an große Pilzkappen erinnert, die eng aneinanderliegen. Die Oberfläche ist äußerst glibberig, zäh und elastisch. Alles Scharfkantige hat keine Chance, einzudringen. Der Seewolf könnte Glassplitter fressen, und es würde nichts passieren!

Fünf Seewolf-Tricks

1. Duft-Cocktail: Wenn die Steinbeißer mal nicht richtig beißen wollen, lohnt ein Versuch mit zerstoßenen Muscheln, Krebsen oder Schnecken. Sie werden in einen Mull-Strumpf gestopft, zugeknotet und als Köder auf den Haken gespießt. Ich habe die Erfahrung gemacht, dass diese Technik hin und wieder nicht zu schlagen ist. Allerdings ist sie mir in der Regel zu aufwändig, weswegen ich zunächst einfachere Methoden versuche. Ein Fischfetzen vom Seelachs erfüllt den Job nämlich meistens auch.

2. Mundgerechte Happen: Der Steinbeißer hat kein allzu großes Maul. Riesen-Köder sind daher fehl am Platz. Kleine Filet-Streifen sind ideal. Auch die Haken sollten nicht aus der XXL-Schublade kommen. Modelle zwischen 5/0 und maximal 8/0 Größe reichen völlig aus und passen in jeden Seewolf-Schlund.

3. Noch mal versuchen: Wenn ein Seewolf beim ersten Anschlag nicht sitzt, sollte der Köder sofort wieder abgelassen werden und am Grund liegen bleiben. Der Seewolf kommt garantiert noch einmal. Was er einmal als Beute auserwählt hat, gibt er so schnell nicht wieder her.

4. Vorsicht bitte: Die Aggressivität der Steinbeißer sollte niemand unterschätzen. An Bord schnappen sie nach allem, was sie erwischen können. Wenn da ein Finger zwischen die fürchterlichen Zähne gerät, ist er schnell mal abgebissen. Bevor man die Steinbeißer versorgt, sollten sie daher auf jeden Fall abgeschlagen werden. Erst dann kann man daran gehen, die Haken zu lösen.

5. Ab in die Küche: Nach dem Abschlagen sollten die Fische – wie alle anderen Arten übrigens auch – sofort gekehlt werden. Nur so blutet der Fisch aus, und das Filet ist später schneeweiß. Beim Einfrieren bekommt der Steinbeißer übrigens häufig einen leicht tranigen Geschmack. Wenn die Haut nicht entfernt wird, wird er sogar praktisch ungenießbar. Daher bevorzuge ich frischen Seewolf, am liebsten die Bäckchen. Direkt nach dem Angeln kommen die mit dem norwegischen Citron-Pepper in die Pfanne – ein Gedicht!

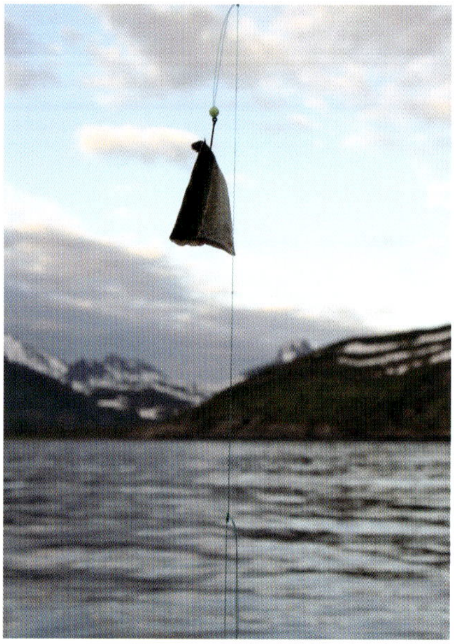

Kleinere Fetzen vom Selachs sind fängig und meist leicht zu beschaffen.

die ganze Sache bis dahin nicht ernst genommen hätte. Erst wenn er schon fast gelandet ist, scheint er zu registrieren, dass es ihm an den Kragen gehen soll. Allerdings sind auch seine letzten Fluchten nicht unbedingt Furcht einflößend.

Ein solches Verhalten stellt keine besonderen Anforderungen an das Gerät. In diesem Fall diktiert also nicht die Kampfkraft des Fisches, sondern die Methode das Gerät. Es muss in der Lage sein, die teilweise schweren Bleigewichte zu bewältigen, ab und zu einen Hänger zu lösen, und der Anhieb sollte ebenfalls gut durchkom-

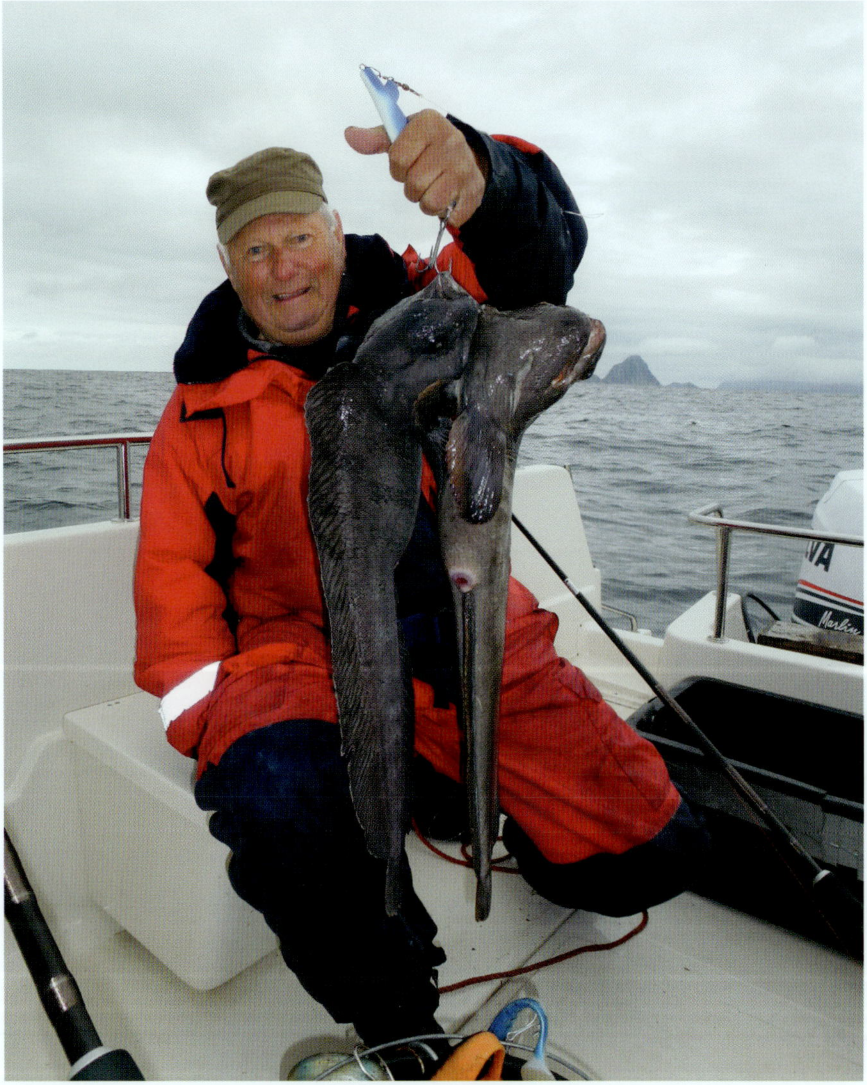

Seewölfe leben gesellig - hier zwei auf einen Streich.

men. Ich fische mit meiner normalen Bootsausrüstung auf die Seewölfe. Meine Rute ist 2,25 Meter lang und verfügt über eine Testkurve von 30 lbs. Das ist eigentlich schon ganz schön hoch gegriffen, aber wenn die Angeltiefe rund 40 Meter beträgt, und eine straffe Strömung oder Drift geht, nehme ich schon mal 600 Gramm schwere Seewolf-Klopfer. Die sollen ja nicht unkontrolliert 50 Meter hinter dem Boot über den Grund poltern, sondern direkt vertikal darunter. Optimal ist es außerdem, wenn die Rute über eine einigermaßen sensible Spitze verfügt, die Bisse direkt überträgt. Ergänzt wird mein Gerät durch eine mittlere Multirolle, die ich mit 15 Kilo tragender Geflochtener bespult habe. Dünnere würde zwar auch reichen, aber es kann ja immer auch ein Heilbutt einsteigen.

Das rote Gold der Tiefe

Rotbarsche sind leicht zu überlisten, aber nicht leicht zu finden. Es gibt wohl neben dem Heilbutt keinen Fisch, der an Beliebtheit in letzter Zeit so zugenommen hat wie der Rotbarsch. Eigentlich komisch, denn der Fisch ist gar nicht so leicht zu beangeln, und besonders groß wird er in der Regel auch nicht. Und der Drill kann es erst recht nicht sein, denn die Barsche werden meist aus großer Tiefe mit schwerem Gerät hochgekurbelt. Es muss also doch an der Schönheit der Rotbarsche liegen. Oder an ihrem guten Geschmack. Bei uns gehört jedenfalls „Gebackener Rotbarsch“ in das Pflichtprogramm, und es gab noch niemanden, den das nicht begeistert hätte. Tatsache jedenfalls ist, dass immer mehr Sportfreunde Gefallen an der Rotbarsch-Angelei finden und auch die dafür erforderlichen Tiefen nicht scheuen. Grund genug, sich näher mit den entsprechenden Fangtechniken zu beschäftigen.

Drei Arten

Auch der Rotbarsch ist ein Fisch des Nordens. Im Süden Norwegens sind die Bestände in den großen Fjorden leider nahezu ausgerottet. Lediglich an der offenen See gibt es noch nennenswerte Vorkommen. Nun werden einige Sportfreunde gleich vehement widersprechen und behaupten, dass sie gerade in der Winterzeit im Süden massenhaft Rotbarsche erbeutet hätten. Das mag richtig sein, doch meist handelt es sich dabei um die sogenannten „Pillies“. Sie sind es aber nicht, was ein Norwegen-Angler unter echtem Rotbarsch versteht. Es gilt, die vorkommenden Arten zu unterscheiden.
Weltweit wird eine ganze Anzahl von Fischarten zusammenfassend als

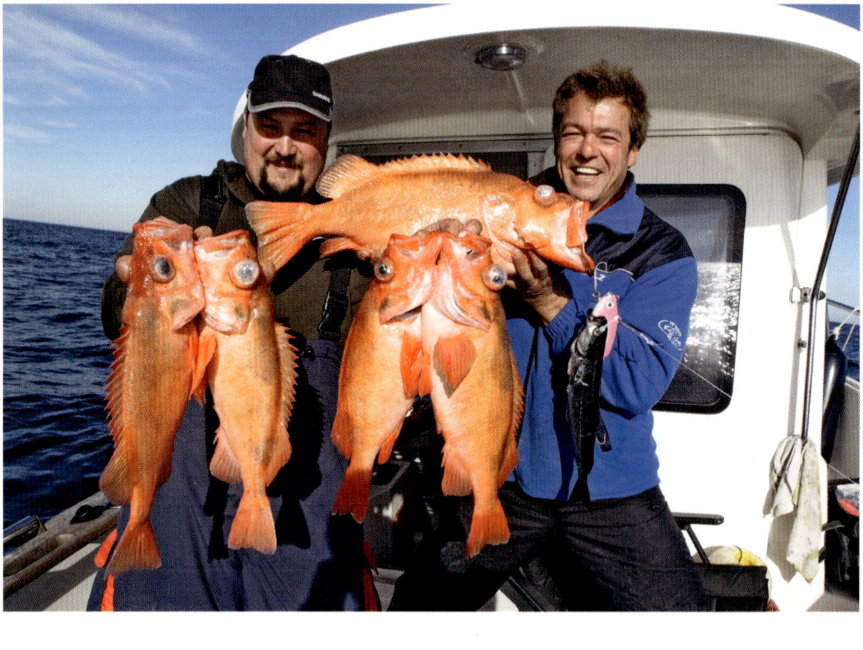

Große Rotbarsche sind mittlerweile bei vielen Anglern sehr populär.

Steckbrief Rotbarsch

Lateinischer Name	*Sebastes Marinus*
Anderer Name	
Lebensraum	Hauptsächlich norwegische Außenküste bis weit in die Barentssee. Seltener Island, Grönland, westlicher Nordatlantik
Kurzbeschreibung	Länge bis ein Meter, Gewicht bis 20 Kilo (selten mehr als drei Kilo). Der Rotbarsch besitzt die typischen Merkmale der barschartigen Fische; gedrungene, hochrückige Form mit fest sitzenden Schuppen und sehr spitzen Stacheln, selbst in den Augenhöhlen. (Kleiner Tipp: Beim Ergreifen eines Rotbarsches am besten in das Maul greifen. Hier sind keine Stacheln.) Der Rotbarsch hat im Verhältnis zu seiner Körpergröße ein großes Maul. Auch kleinere Exemplare attackieren deshalb vergleichsweise große Beute.
Fischereiliche Bedeutung	Sehr hoch. Der Rotbarsch ist ein Schwarmfisch mit hohen Ernährungswerten. Das macht ihn für die kommerzielle Fischerei sehr interessant, da sowohl Massenfänge als auch ein hoher Preiserlös möglich sind. Zudem lebt er pelagisch (also im Freiwasser) und ist deshalb ohne Gefahr für die Ausrüstung fangbar.
Anglerische Bedeutung	Hoch. Der Rotbarsch ist trotz seiner vergleichsweise geringen Größe ein außerordentlich beliebter Zielfisch für Sportangler. Sein farbenprächtiges Aussehen hebt ihn natürlich von den meisten anderen Fischarten der nördlichen Breiten ab.
Beißzeit	Hauptbeißzeit Mai bis Oktober
Angeltiefe	Hauptangeltiefe zwischen 100 und 400 Metern, pelagisch – also meist im Freiwasser über Grund
Fangtechnik	Naturköder, aber auch Kunstköder (Beifänger)
Küche	Fetthaltiges Fleisch, welches sich für alle Arten der Zubereitung eignet (Kochen, Backen, Braten). Besoders delikat geräuchert! Der Rotbarsch ist für die Frostung geeignet, verliert aber aufgrund seines hohen Fettanteils relativ schnell an Qualität und entwickelt nach einigen Monaten einen ranzigen Geschmack.

„Rotbarsch" bezeichnet. So wird der recht bekannte „Red Snapper" ebenfalls häufig unter diesem Namen gehandelt. In Norwegen gibt es drei Arten. Da ist zunächst die bereits genannte, kleinwüchsige Art „Sebastes Viviparus", die auch im Süden gehäuft vorkommt. Diese Fische werden von vielen Anglern auch „Pillies" genannt. Sie sind anglerisch recht uninteressant, auch wenn ich schon Kollegen getroffen habe, die auf ihre Filets schwören. Mir persönlich wäre das viel zu viel Arbeit. Daneben existiert das sogenannte „Blaumäulchen" (*Helicolenus dactylopterus*). Es lebt in großen Tiefen, wird nur äußerst selten mit der Angel erbeutet und spielt für uns ebenfalls keine Rolle.

Der Rotbarsch, den wir fangen möchten, ist der „Sebastes Marinus". Sicheres Unterscheidungsmerkmal sind

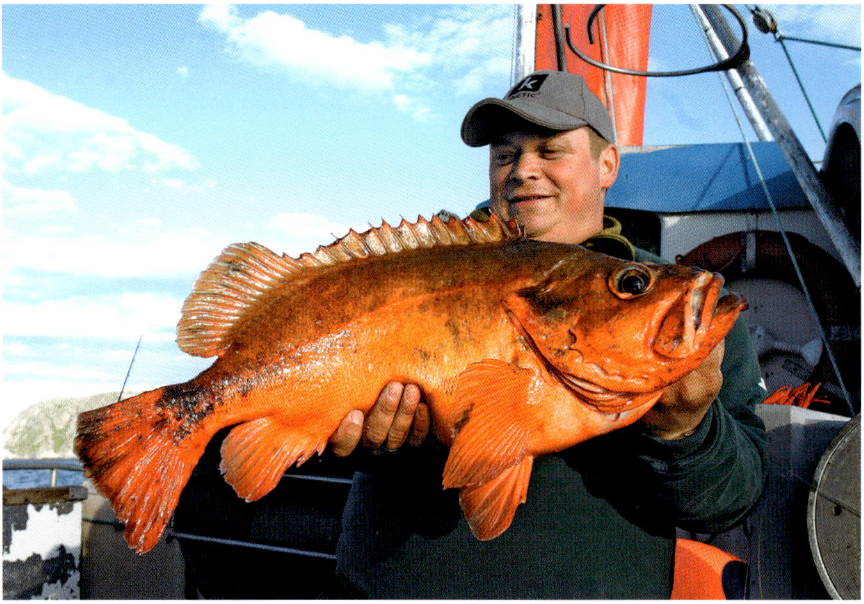

Ein kapitaler Rotbarsch von Ingoya.

die Kiemenstacheln. Während sie beim Pillie ausschließlich nach hinten zeigen, zeigen sie beim „großen Bruder“ auch nach unten. Viele wissen gar nicht, wie groß er werden kann. Fische von drei Kilo und mehr gelten als kapital. Doch diese Art kann tatsächlich Stückgewichte von 20 Kilo und mehr erreichen! Von Sportanglern wurde jetzt erstmalig die 10-Kilogramm-Marke geknackt. Die größten Exemplare werden in der Regel nur an der Kante zum sogenannten Kontinental-Schelf gefangen. Dies ist der Bereich, in dem das richtig tiefe Ozeanwasser in den Festland-Sockel übergeht. Dort finden die Rotbarsche optimale Lebensbedingungen vor. Der Übergang zum Kontinental-Schelf, auch Kontinental-Abhang genannt, ist eine außerordentlich nährstoffreiche Zone, weil aufgrund der globalen Meeresströmung nährstoffreiches, kaltes Wasser aus der Tiefe auf nährstoffarmes, warmes Wasser an der Oberfläche trifft. In dieser Mischzone gibt es die meisten Nährstoffe und davon profitieren die Barsche. Sie sind in ihrer Lebensweise perfekt darauf abgestimmt. Sie leben am Grund und im Freiwasser, ernähren sich von Kleinlebewesen und können sich von morgens bis abends den Bauch vollschlagen.

Nur unter diesen perfekten Bedingungen erreichen sie ihre maximale Größe. Doch das kommt sehr selten vor, da die Fische sehr langsam wachsen. Um über zehn Kilo auf die Waage zu bringen, müssen sie mindestens 30–40 Jahre alt werden. In der Regel werden sie jedoch vorher von einem professionellen Fischer gefangen.

Und für uns Angler sind sie an der Schelf-Kante eh kaum zu erreichen, da diese weit draußen in der offenen See liegt.

Die magischen Vier

Es gibt nur ganz wenige Plätze in Norwegen, von denen sich die beschriebene Zone erreichen lässt. Folgende Inseln im hohen Norden machen immer wieder durch kapitale Rotbarsch-Meldungen von sich reden: Steigen, Andøya, Senja, Vengsøya Sørøya und Ingøya. Von Andøya lässt sich die Schelf-Kante auch mit einem Kleinboot erreichen. Sie liegt direkt vor der Küste. Nirgendwo sonst in Norwegen ist der Abstand zwischen Festland und Schelf-Kante geringer. Startet man von Ingøya und Sørøya aus, muss man schon 30–40 Minuten Fahrzeit in Kauf nehmen. Vorausgesetzt, man hat ein hochseetaugliches Boot mit entsprechender Motorisierung. Allerdings erreicht man hier nur das sogenannte „Kleine Schelf“. Das ist ein Abhang, der von 100 Metern Wassertiefe auf 300–400 Meter abfällt. Also nicht zu verwechseln mit dem Kontinental-Abhang, der auf 3000 Meter abfällt. Von Senja aus muss man für die ganz großen Rotbarsche schon sehr weit fahren. Ob einem die Rotbarsche das Risiko und die Spritkosten Wert sind, muss jeder selbst wissen.

Ich bleibe im Zweifelsfall lieber etwas weiter unter Land. Denn auch dort lassen sich schöne Fische erbeuten. Wie bereits angedeutet, sind die „echten“ Rotbarsche im Süden leider sehr selten geworden. Grob gesagt lohnt sich die gezielte Angelei erst ab Mittelnorwegen, etwa ab der Höhe Smøla. In diesem Bereich bedarf es aber schon einiger Ortskenntnis. Die Schwärme stehen vor der Küste und müssen mühsam gesucht werden.

▼ Was Angler betrifft, wurden wahrscheinlich mehr Heilbutts über 100 Kilo gefangen, als Rotbarsche dieser Größe.

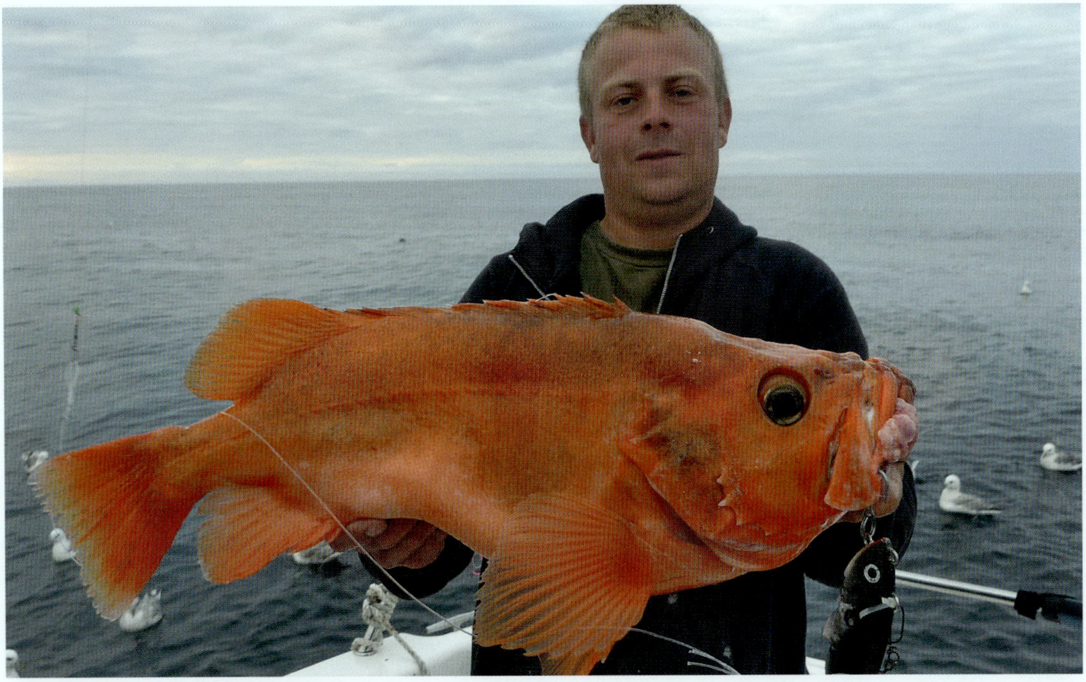

Je nördlicher, desto besser

Wer es sich einfacher machen möchte, fährt 150 Kilometer weiter in den Norden, zum Beispiel in die Region Flatanger. Dort stehen Ferienanlagen wie Vik Brygge, Bessaker und Saeter Brygge, die allesamt mit richtig guten Rotbarsch-Fängen aufwarten können. Klare Faustregel also: Je weiter nördlich, desto besser sind die Rotbarsch-Bestände.

Wenn ich nach einem geeigneten Revier Ausschau halte, achte ich immer darauf, dass große Tiefen in erreichbarer Nähe sind. Denn der Rotbarsch liebt stark abfallende Kanten bzw. große Tiefenunterschiede. Doch Tiefe allein reicht nicht. Entscheidend sind Strömungen, die immer wieder Futter anspülen. Ideal sind in den Küstenbereich reichende Tiefseerinnen mit Verbindung zur offenen See. Sie können als eine Art Unterwasser-Straße betrachtet werden, die Nahrung und Fische transportiert. Solche Strukturen finden sich nicht selbstverständlich in allen Regionen der norwegischen Küste. Anhand der Regionen Flatanger und Süd-Senja möchte ich darlegen, warum diese Ecken so gut für Rotbarsche sind.

Top: Flatanger und Senja

Die beiden Reviere haben ein besonderes Merkmal, und das sind die erwähnten Tiefenunterschiede sowie die Verbindung zur offenen See. Auf der Seekarte ist deutlich erkennbar, dass sofort hinter dem Schärengürtel sehr tiefes Wasser beginnt. Dort geht's bis auf 500 Meter runter. Dieses „Unterwasser-Tal" reicht bis zur Schelf-Kante und hat somit direkte Verbindung zur echten Tiefsee. Der Wasser-Austausch sorgt für ein enormes Futteraufkommen – ideale Bedingungen für den Rotbarsch. Je nach Jahreszeit kann man vor Flatanger direkt hinter den Schä-

▶ Quartetts erlaubt ...

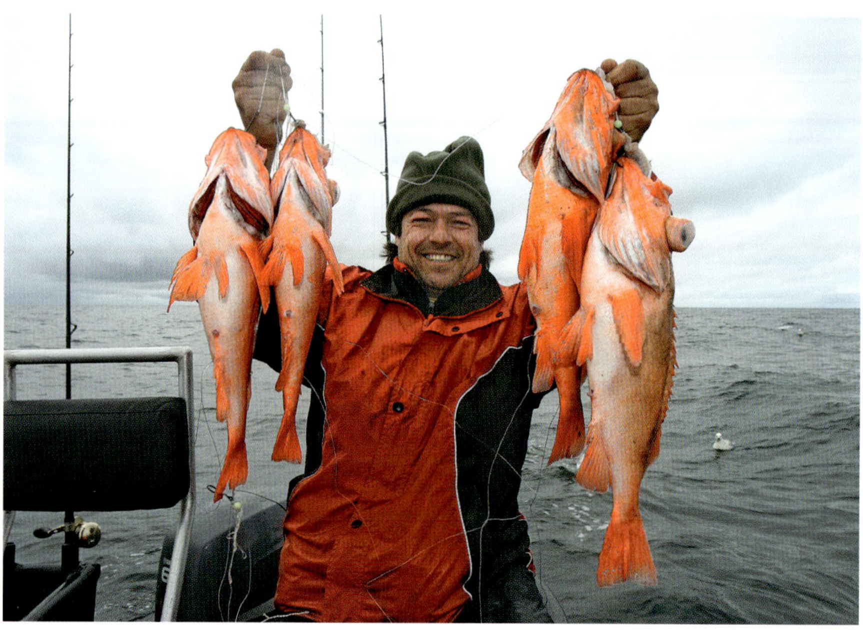

ren sein Glück versuchen. Ein großes Plus ist, dass die Barsche nicht auf einem Platz klumpen, sondern über weite Strecken verteilt sind. Das macht sehr lange Driften möglich, was bei der Rotbarsch-Angelei die Ausnahme ist. Noch besser ist es aber, wenn man etwas weiter auf die offene See fahren kann. Wer in Tiefen von 120–200 Metern fischt, hat sehr gute Chancen, dicke Rotbarsche zu erbeuten.
Auch vor Süd-Senja hat man in wenigen Fahrminuten tiefes Wasser erreicht. Während vor dem nördlichen Teil der Insel ein ausgedehntes Flachwasser-Gebiet liegt, geht's im Süden gleich steil runter. Die Rotbarsch-Bestände sind exzellent. Bei dieser Dichte ist es nicht verwunderlich, dass viele Fische bereits in weniger als 100 Metern gefangen werden. Generell empfehle ich aber Tiefen von 120–200 Metern. Gute Tipps sind Gold wert. Doch nicht überall sind die Voraussetzungen so ideal. Wer in unbekanntem Gebiet fischt, sollte daher besser auf bekannte Stellen zurückgreifen. Am besten ist es, man fragt den Reiseveranstalter, einheimische Fischer oder Angel-Kollegen. Wer sich vernünftig verhält, kriegt meiner Erfahrung nach auch vernünftige Antworten.
Eine Eigenart der Rotbarsche macht es nämlich nicht so einfach, sie zu finden. Meist stehen sie in einer Traube über dem Grund, also eher über- als nebeneinander. Wie bereits gesagt, stehen sie in sehr guten Revieren auch mal flächendeckend verteilt, aber das ist die Ausnahme. In der Regel gilt es, einzelne heiße Plätze genau zu treffen. Da kommt es manchmal tatsächlich auf 20 Meter an. Wer auch nur knapp neben dem Schwarm fischt, geht leer aus. Ein weiteres Problem besteht darin, dass sich die Fische keineswegs immer nur am Grund aufhalten. Zwar stehen sie meist zwei bis 20 Meter über

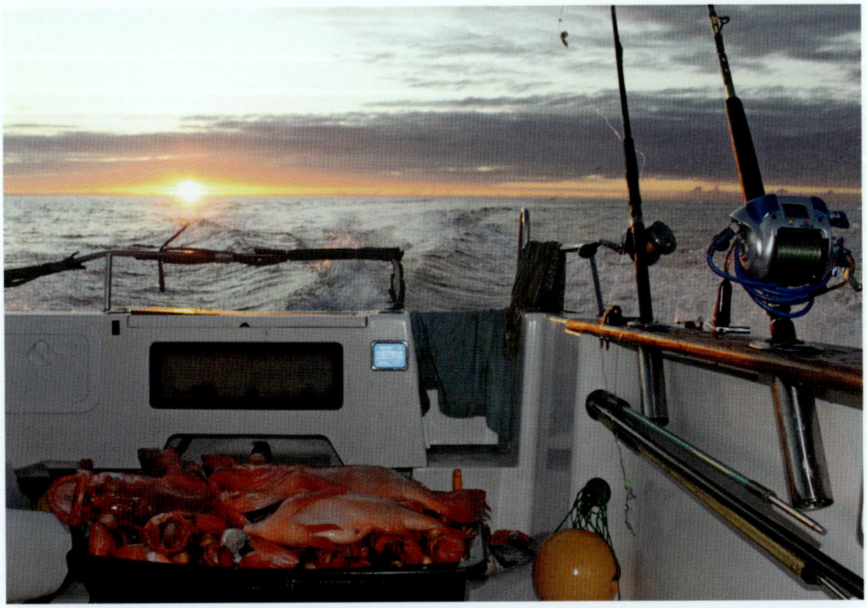

◀ Ein wahrhaft gelungener Tag geht zu Ende.

Einfach fangen

Sind die Rotbarsche erst einmal gefunden, ist es nicht sonderlich schwer, sie auch zu fangen. Die Großmäuler sind nicht besonders wählerisch, sensible Angeltechniken sind nicht nötig. Es kann durchaus sein, dass sich ein vierpfündiger Rotbarsch auf einen 800-Gramm-Pilker stürzt. Stehen die Rotbarsche flacher als 100 Meter, halte ich grundsätzlich die konventionelle Pilktechnik für sinnvoll. Silberne Dreikant-Pilker und vorgeschaltete Gummi-Makks mit Hakengröße 8/0 werden sicher Fisch bringen. Es ist ratsam, das Vorfach etwas zu verlängern. Anders als sonst knüpfe ich nicht drei Beifänger auf zwei Meter, sondern verteile sie auf fünf Meter. So suche ich eine größere Wassersäule ab. Habe ich den Schwarm gefunden, sind dennoch meist alle Haken besetzt. Wer mag, kann die Makks mit Fischfetzen garnieren, aber ich halte das für unnötig. Es erschwert die Montage und macht sie träger. Man muss sofort einen schwereren Pilker einsetzen, um zum Grund zu kommen. Das geht auf die Dauer auf die Arme, und ich habe noch nicht festgestellt, dass die Rotbarsche auf die beköderten Makks besser gebissen haben als auf die ungarnierten. Sinnvoll ist es, die Montage bis zum Grund durchsacken zu lassen und dann die Gewässerschichten abzuangeln. Ich mache immer fünf Kurbelumdrehungen, lasse den Pilker eine paar Mal tanzen, kurbele wieder fünf Mal ein, und so weiter. Dabei versuche ich mir zu merken, wie viele Umdrehungen ich über dem Grund bin. So finde ich bei einem Biss die fängige Tiefe schnell wieder. Stehen die Barsche beispielsweise zehn Umdrehungen über dem Grund, lasse ich den Pilker einfach zum Boden absacken und kurbele dann schnell in die heiße Fang-Zone.

dem Meeresboden, doch manchmal stehen sie auch deutlich weiter oben, manchmal sogar 80–100 Meter über Grund. Dann kann es passieren, dass man keine Bisse kriegt, obwohl das Boot direkt über dem Schwarm treibt. Ist der Schwarm 50 Meter über dem Grund, rauscht die Montage nämlich mit einem Affenzahn hindurch und die Köder locken weit unter den Fischen. Sie sehen: Gute Tipps von Ortskundigen sind Gold wert und verkürzen die mühsame Sucherei erheblich.

Die Such-Strategie

Habe ich keinerlei Anhaltspunkte, hat sich folgende Vorgehensweise bewährt: Im Übergangsbereich von rund 100 auf 300 Meter Wassertiefe suche ich nach Unregelmäßigkeiten. Ein Beispiel: Vor den Schären verlaufen die Tiefenlinien auf der Seekarte parallel, es wird schnell tiefer. Außer an einer Stelle: Da ist eine Unterwasserfelsnase, die sich in das tiefe Wasser erstreckt und dann sehr steil auf 300 Meter abfällt. Das wäre eine Stelle, an der ich auf jeden Fall mein Glück versuchen würde. Oder ich finde ein Unterwasserplateau. Normalerweise bevorzugen wir für das „normale“ Angeln Plateaus unter der 100-Meter-Marke. Doch gerade vor der Küste ist es immer einen Versuch wert, von solch flachen Plateaus die Drift auch mal bis in das tiefe Wasser zu verlängern. Gerade die steilen Seiten sind interessant. Rotbarsche stehen ganz gern an nahezu senkrechten Wänden. Auch gut sind Plateaus in Tiefen zwischen 120 und 180 Metern. Die beangeln wir sonst kaum, doch für Rotbarsche sind sie wahre Magneten. Allerdings sollte man wieder auf stark abfallende Kanten achten. Ich kann es nicht oft genug sagen. Es bringt nichts, wenn es rundherum nur zehn oder 20 Meter tiefer ist. Unterschiede von 100 Metern und mehr sind dagegen ideal. In Nordnorwegen ist das fast eine Fanggarantien für große Rotbarsche. Und wenn die nicht da sind, fängt man dafür meist ein paar dicke Seelachse. Wer einmal erfolgreich war, entwickelt übrigens recht schnell einen Blick für gute Plätze. Die viel versprechenden Strukturen sind auf der Seekarte relativ leicht auszumachen. Auch hier ist es allerdings fast schon Pflicht, mit einem guten GPS-Kartenplotter zu arbeiten. Nur so kann ich einmal gefundene Plätze zuverlässig wiederfinden.

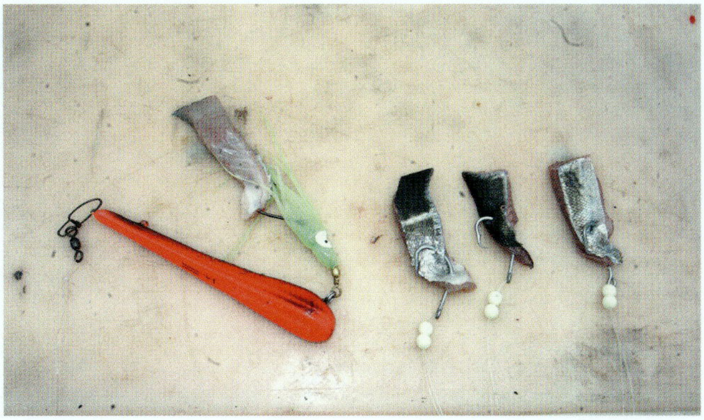

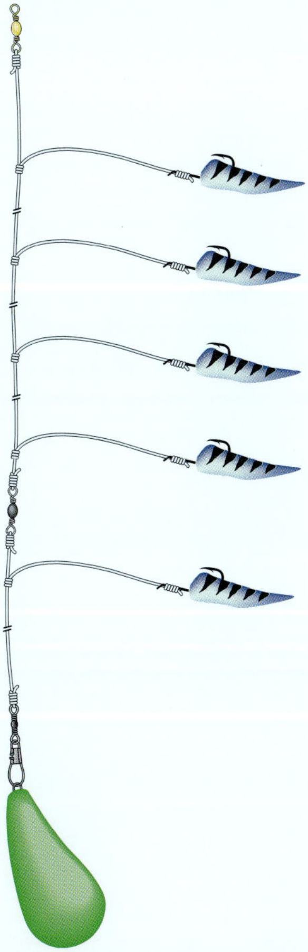

▲ Suchvorfach in der Praxis –

◀ und als Zeichnung.

Das Such-Vorfach

Wenn es in tiefere Wasserschichten geht, hat sich das Rotbarsch-Vorfach als beste Montage erwiesen. Das ist vielen sicherlich bekannt, sei hier aber nochmals beschrieben. Das Vorfach ist bis zu 20 Meter lang, besteht aus 0,90–1,20 Millimeter dicker Mono und hat bis zu zehn Haken. Das bringt gleich zwei Vorteile mit sich: Zum einen bietet die Anzahl der Haken logischerweise die Chance, gleich mehrere Tiefseestachler zu erwischen. Zum anderen suchen wir mit dem langen Vorfach eine hohe Wassersäule ab. Es liefert uns wertvolle Hinweise, wo sich die Burschen aufhalten. Sind beispielsweise beim Fischen über Grund nur die oberen beiden Haken besetzt, weiß ich, dass ich beim nächsten Mal höher angeln muss. Die Haken werden mit kleinen, länglichen Fetzen vom Köhler, Wittling oder Pollack beködert. Wichtig ist, dass die Haken nicht zu klein sind. Größen von 6/0 bis 8/0 sind optimal. Mit ihnen gibt es deutlich weniger Aussteiger. Das Maul der Rotbarsche ist nämlich noch dünnhäutiger als das von unserem heimischen Flussbarsch. Wer da mit kleinen Haken fischt, verliert viele Fische beim Hochpumpen. Wer in 270 Metern Rotbarsche angelt und dann von einem voll besetzten Vorfach nur einen nach oben bringt, weiß, wie ärgerlich das ist. Diese Gefahr kann auch mit den sogenannten Circle-Hooks oder Kreishaken gebannt werden. Sie drehen sich

Vorfach-Bau

Ich binde mir die Vorfächer schon zu Hause. Die Haken knote ich mit der sogenannten Schlaufen-Acht fest. Die Länge der Seitenarme sollte nur 10–12 Zentimeter betragen, sonst verheddert sich das garantiert. Die Arme können mit einen fluoreszierenden Schlauch stabilisiert werden, der außerdem eine Lockwirkung hat. Wer das nicht möchte, sollte mindestens eine Fluo-Perle vor den Haken schalten. Sie üben einen unwiderstehlichen Reiz auf die roten Stachelritter aus. Die fertigen Vorfächer wickle ich auf Haspeln. Das sind so Dinger, wie sie die Norweger zum Angeln benutzen. Meist nehme ich zwei lange Montagen von 20 Metern und drei kurze von 10–12 Metern mit. Damit es im Boot kein Chaos gibt, habe ich immer einen großen Maurer-Eimer dabei. Beim Hochholen der Montage lege ich sie immer in diesem Bottich ab. Die Haken können auf den Rand gepiekst werden. Das funktioniert ganz gut und verhindert größere Vertüddelungen. Eine andere Möglichkeit ist, ein Stück Schaumstoffrolle auf der Reling zu befestigen und die Haken dann dort einzuklinken. Wenn allerdings wirklich sechs oder sieben Fische gleichzeitig nach oben kommen, ist das Vorfach meist hoffnungslos verdrallt. Die Barsche drehen sich beim Hochholen nämlich wie ein Brummkreisel um die eigene Achse. In so einem Fall hänge ich das Vorfach ein paar Minuten nur mit dem Gewicht über Bord. Dann dreht es sich von selbst wieder aus. Ein anderer Trick besteht darin, jeweils zwischen den Seitenarmen einen Wirbel einzubauen. Das ist sicherlich sinnvoll, mir aber ehrlich gesagt zu aufwändig.

zuverlässig in die Maulspalte, sodass bei ihrer Verwendung auch etwas kleinere Modelle zum Einsatz kommen können. Wer jetzt denkt, dass er am besten gleich 50 Meter lange Vorfächer mit 30 Haken knüpft, sei gewarnt: Damit gibt es nur Verdrallungen und Chaos. Es ist eh schon unhandlich genug, die 20 Meter langen Vorfächer zu bändigen. Ich rate sogar, zunächst nur sechs Haken auf zehn Metern zu verteilen. Wer damit seine Erfahrungen gesammelt hat, kann dann auf längere Montagen umsteigen.

Das Gerät

Wer bis 100 Meter auf Rotbarsche pilkt, kann das mit der Standard-Ausrüstung machen. Beim Angeln im Tiefen mit Rotbarsch-Vorfach bedarf es dagegen schon einer recht schweren Zusammenstellung. Ich selber nehme meine Leng-Ausrüstung, die aus einer 50-lbs-Rute und Multirolle besteht. Bei größeren Tiefen ist es auf jeden Fall sinnvoll,

▶ Auch große Gummi-Makks werden attackiert.

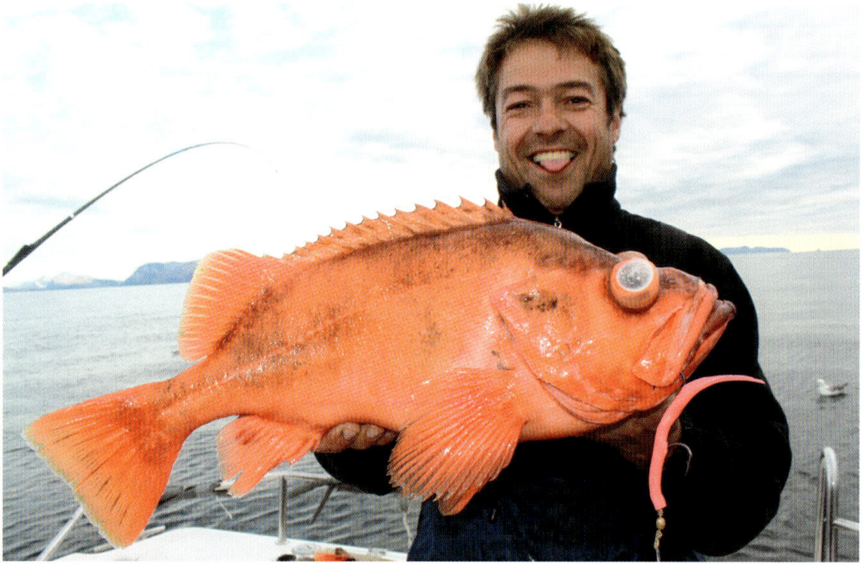

eine Elektrorolle einzusetzen. Wer mit vielen Haken angelt, wird schnell merken, dass auch viele kleine Fischfetzen einen erheblichen Widerstand bilden. Zwangsläufig müssen meist Bleigewichte um 800 Gramm eingesetzt werden, was die ganze Angelei natürlich erschwert. Ist die aktuelle Fangtiefe dann 200 Meter, kann das Angeln schnell in Arbeit ausarten. Als Hauptschnur empfehle ich die 17er- oder 21er-Whiplash und die 23er-Ironline Extrem von Balzer. Beim Vorfach bevorzuge ich 90er- oder gar 100er-Monofile, auch wenn die Fischgrößen das nicht unbedingt erfordern. Aber im Drill verdrallt die Schnur enorm, was zu starken Belastungen führt. Die Rotbarsche stören sich nicht an dem dicken Material, und warum soll ich dann ein Risiko eingehen?

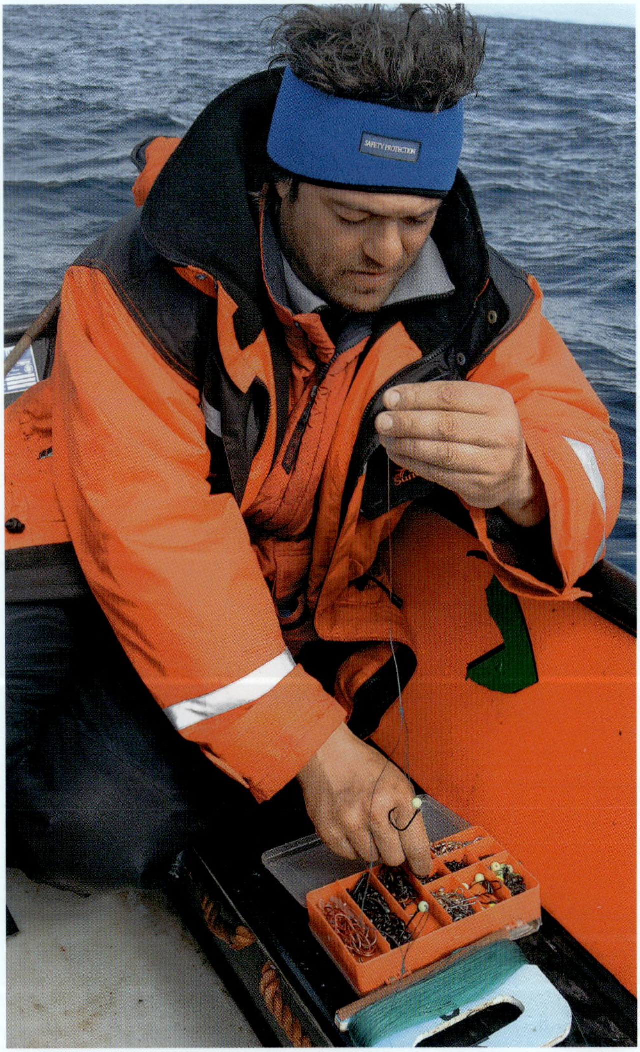

▲ Kleinteile sollten immer an Bord sein.

Endlich angeln

Vor dem Vergnügen steht zunächst die Frage nach dem Köder an. Im Regelfall ist es am einfachsten, sich zwei oder drei kleine Seelachse zu fangen und zu filetieren. Ich schneide mir einen kleinen Vorrat von 20 oder 30 schmalen Streifen, die etwa drei bis vier Zentimeter lang sind. Am Angelplatz angekommen, wird die Montage mit einem Blei versehen. Mit der weiter oben erwähnten Haspel lasse ich die Haken ins Wasser und beködere sie einen nach dem anderen. Das muss zügig gehen, denn sonst ist man schon wieder weggedriftet, bevor man überhaupt geangelt hat. Wer auf Nummer sicher gehen will, beködert die Haken schon vorher und legt die Montage wie beschrieben in den Maurer-Eimer ab. In jedem Fall sollte man daran denken, das Vorfach auch in den Karabiner an der Hauptschnur einzuklinken. Hört sich lustig an, aber fragen Sie besser nicht, wie viele Montagen ich in der Hektik des Ablassens schon versenkt habe. Ich selber benutze auf einer Suchdrift im unbekannten Revier zu Anfang immer ein langes Vorfach von 20 Metern. Dabei stellt sich dann schnell heraus, wo die

▶ Eine Kette aus „Rotem Gold“

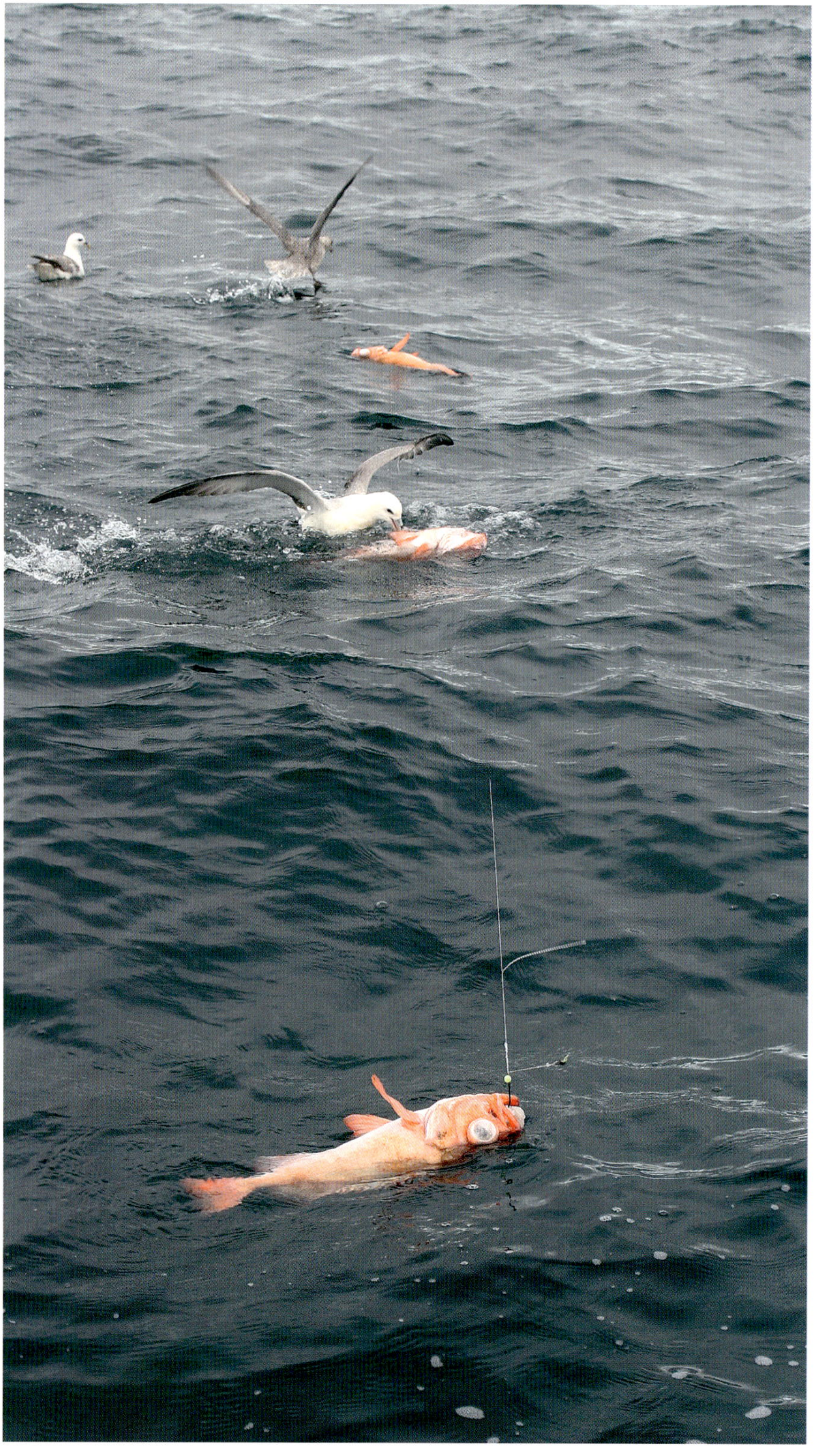

Fische stehen. Ist der Standort geklärt, nehme ich lieber ein etwas kürzeres Vorfach von rund 10–12 Metern mit sechs oder sieben Haken. Wer einmal mit den langen Schnüren hantiert hat, weiß warum. Die Handhabung auf dem schaukelnden Boot ist wirklich nervend. Das geht mit dem kürzeren Vorfach deutlich besser, und auch die unvermeidlichen Verdrallungen lassen sich damit besser beherrschen. Die kurze Montage wird dann gezielt in der ermittelten Fangtiefe eingesetzt, also gegebenenfalls einige Meter vom Boden gehoben. Ist der Platz gut gewählt, kann es passieren, dass das Vorfach nicht mal zum Grund kommt, weil vorher schon an allen Haken ein Barsch zappelt. Das ist aber selten. Im Regelfall deuten sich die Bisse durch Zupfer an. Wer mit Circle-Hooks angelt, braucht dann eigentlich gar nichts zu machen. Bei normalen Einzelhaken wird jetzt angeschlagen. Die Montage sollte aber noch ein bisschen unten bleiben, denn es sind ja noch weitere Köder im Rennen. Meist kommen weitere Bisse, und erst, wenn man das Gefühl hat, möglichst viele Fische gehakt zu haben, sollte man hochholen. Das darf auf keinen Fall zu schnell geschehen, da sich die Fische wie ein Propeller an die Oberfläche drehen. Wer langsam und vorsichtig pumpt, vermeidet Aussteiger, und im Boot, ist es bei Suchdriften ratsam, in unterschiedlichen Tiefen zu angeln, um den Standort festzustellen. Rotbarsche sollten sofort gekehlt werden, da sie sonst merklich an Qualität verlieren. Und noch ein Tipp zum Schluss: Rotbarsche reagieren negativ auf die vom Echolot ausgehenden Schallwellen. Einen bekannten Platz sollte man daher nur mit dem GPS-Gerät ansteuern. Und auch sonst gilt: Sobald die Fanggründe erreicht sind, stellen wir das Echolot möglichst aus.

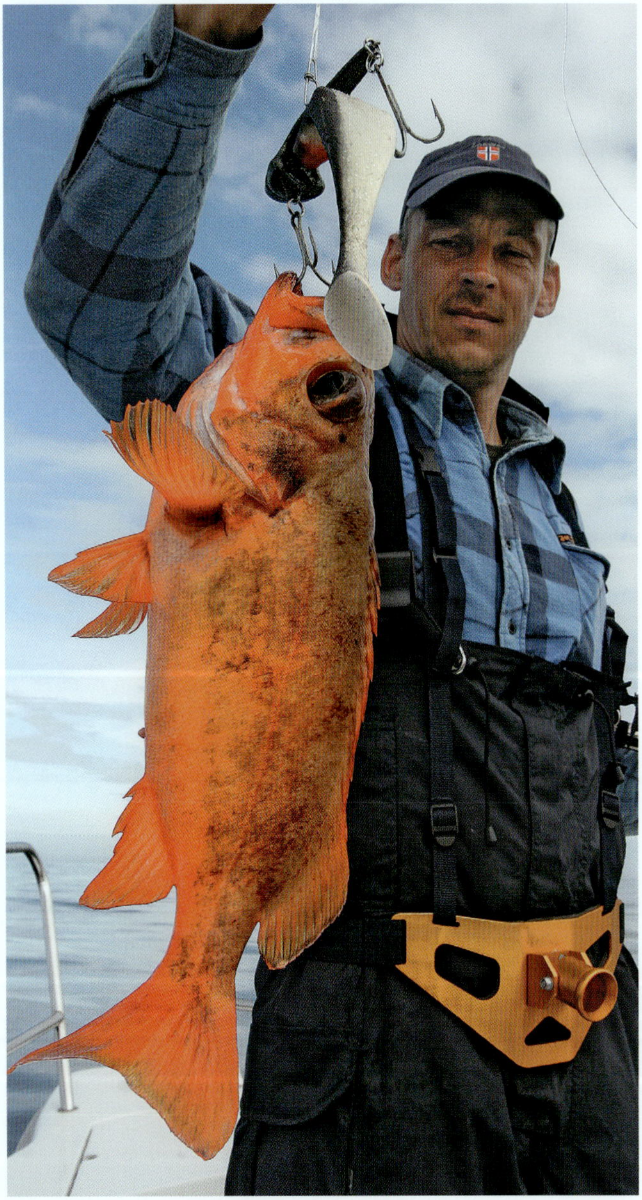

▲ **Rotbarsche attackieren vergleichsweise große Beute.**

Heilbutt: So wird der Traum wahr

Wachsende Bestände und ausgereiftes Gerät machen‘s möglich:
Wer heute richtig gezielt auf den großen Plattfisch angelt, wird früher oder später belohnt.
Der Atlantische oder der Weiße Heilbutt (norwegisch: Kveite, wissenschaftlich *Hippoglossus hippoglossus*) erreicht enorme Größen. Mitunter bringt er sagenhafte 300 Kilo auf die Waage. Ihm gilt unser anglerischer Ehrgeiz. Sein kleiner Bruder, der Schwarze Heilbutt (norwegisch Blå Kveite, *Hippoglossus reinhardinius*), wiegt dagegen kaum 20 Kilo. Er lebt hauptsächlich in Tiefen zwischen 300 und 800 Metern und wurde bislang nur sehr selten mit der Angel gefangen, weil er weit draußen am Kontinental-Schelf seinen bevorzugten Lebensraum hat. Er ist es übrigens, den wir in Deutschland als Räucherfisch kaufen können. Neben den beiden atlantischen Arten ist noch der Pazifische Heilbutt zu erwähnen, der in Alaska und Kanada gefangen wird. Er erfreut sich ebenfalls großer anglerischer Beliebtheit und kommt recht zahlreich vor.
Das war beim Weißen Heilbutt nicht immer so. Die Bestände galten als gefährdet. Nach herrschender Meinung war weniger das gezielte Nachstellen, als vielmehr die Garnelenfischerei dafür verantwortlich. Beim Fang der beliebten Delikatesse wurden die Nahrungsgrundlage und die Fressgründe der Plattfische erheblich beeinträchtigt. Allerdings war auch die winterliche Fischerei auf den Laichgründen der Megaplatten in die Kritik geraten. Vor rund 15 Jahren wurden dann Einschränkungen für

▶ Für den einzelnen Angler zu schwer.

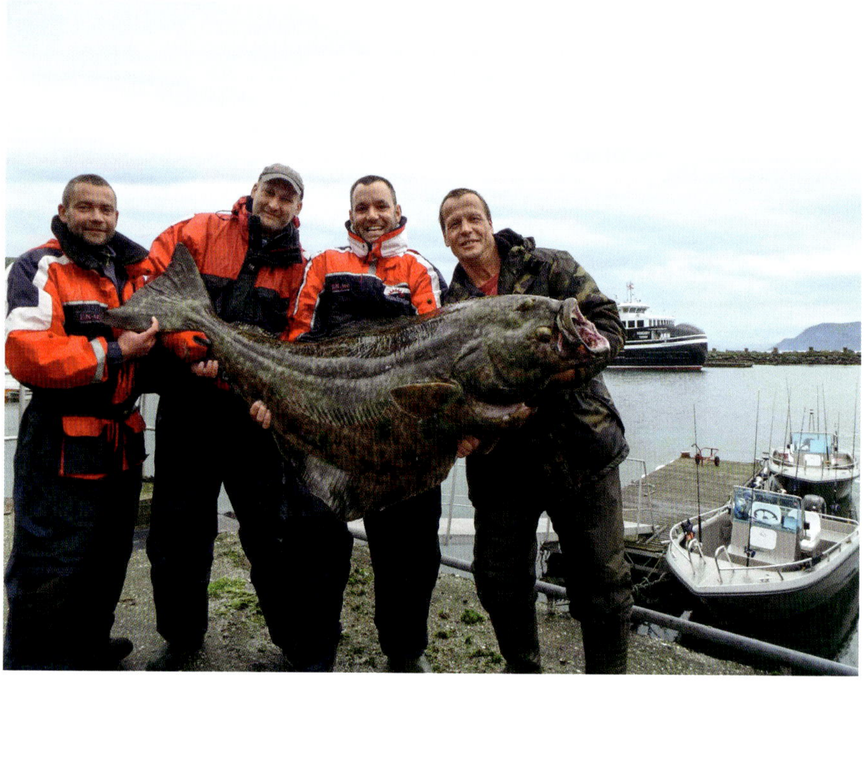

Steckbrief Weißer Heilbutt

Lateinischer Name	*Hippoglossus hippoglossus*
Anderer Name	Atlantischer Heilbutt
Lebensraum	Hauptsächlich norwegische Außenküste bis weit in die Barentssee. Gefährdete Bestände Island, Grönland, Westatlantik
Kurzbeschreibung	Länge bis 3 Meter, Gewicht bis 320 Kilo, kein Schwarmfisch. Der Heilbutt ist ein außerordentlich erfolgreicher Jäger, der sich hinsichtlich der maximalen Größe gegenüber allen anderen nordatlantischen Fischarten deutlich abhebt (Ausnahme Heringshai und Grönlandhai). Insbesondere alle anderen Arten der Plattfische liegen weit unter diesen Maßstäben. Der Heilbutt ist ein außerordentlich guter Schwimmer und bevorzugt Standorte mit hoher Meeresströmung. Obwohl er meist dunkel gefärbt ist (teilweise schwarz), wird er als weißer Heilbutt bezeichnet, da die Bauchseite meist völlig weiß ist (Ausnahme sehr alte Exemplare, die ein graue Färbung annehmen können). Die Laichzeit des Heilbutts ist der Winter (Ende November bis Januar), währenddessen sich die laichreifen Exemplare in Tiefen von 200–500 Metern an bestimmten Plätzen treffen.
Fischereiliche Bedeutung	Mittel bis hoch. Die Heilbutt-Bestände waren teilweise sehr gering, was im Wesentlichen auf Überfischung zurückzuführen war. Insbesondere wurden die Heilbutts auf ihren winterlichen Laichplätzen stark dezimiert. Aufgrund von Schutzmaßnahmen sind die Bestände aber wieder deutlich besser geworden und dadurch steigt die kommerzielle Bedeutung auch wieder. Dennoch ist der Fangaufwand gegenüber dem von Schwarmfischen höher.
Anglerische Bedeutung	Sehr hoch. Der Heilbutt hat insgesamt betrachtet die höchste sportfischereiliche Bedeutung. Anders als bei Dorsch, Rotbarsch, Schellfisch oder Seelachs sind „Massenfänge“ zwar nahezu ausgeschlossen, aber die Kampfkraft des Fisches, seine mögliche gigantische Größe, sein kulinarischer Wert und nicht zuletzt sein hohes Image machen ihn zum Traumfisch der nordatlantischen Angler.
Beißzeit	Hauptbeißzeit April bis November
Angeltiefe	Hauptangeltiefe meist zwischen 5 und 50 Metern, meist dicht über Grund. Allerdings auch oft in Tiefen bis 250 Meter zu finden.
Fangtechnik	Naturköder (ganze Fische) aber auch Kunstköder (Gummifische)
Küche	Festes und fettarmes Fleisch, welches sich für alle Arten der Zubereitung eignet (Kochen, Backen, Braten). Zum Räuchern weniger geeignet, da das Fleisch sehr fettarm ist. Der Heilbutt verliert durch Frostung deutlich an guten Eigenschaften. Das Fleisch wird trocken, faserig und entwickelt einen unangenehmen Beigeschmack. Als Frischware aber einer der delikatesten Fische.

Die besten Reviere

Nordnorwegen ist das beste Revier für den Atlantischen Heilbutt. Bei dem gut erschlossenen Norwegen hat man dagegen die Qual der Wahl. Meine Empfehlung ist aber eindeutig: Ab in den Norden! Heilbutts gibt's zwar überall, aber die Dichte nimmt „nach oben hin" ganz eindeutig zu! Eine gezielte Angelei lohnt sich in meinen Augen erst ab der Region Flatanger. Topziele sind Inseln wie Røst, Senja, Sømmarøy, Vengsøy, Ringvassøya, Vannøya, Arnøya, Sorrøya/Seiland, Ingøya/Rolvssøya sowie Magerøya. (Hinweis: Im Deutschen werden die Inseln auch häufig ohne A am Ende gesprochen, wie Vannoy, Arnoy.) Auch die Außenküsten von Bodø, Helnessund oder Steigen bringen immer wieder gute Fische. Bereiche im Innern der Fjorde sind nicht zu verachten, erfordern aber eine erhöhte Sach- und Ortskenntnis. Der Erfolg hängt von vielen Faktoren wie Jahres- und Tageszeit, Strömungslage usw. ab. Wer dennoch sein Glück versuchen möchte, sollte eher den Spätsommer von Juli bis Oktober für seine Tour wählen, da sich die Butts zu dieser Zeit richtig Winterspeck anfressen.

die Schleppnetzfischerei auf Garnelen beschlossen. Gestützt von Besatzprogrammen wachsen seitdem die Bestände kontinuierlich an. Die Chancen, einen Heilbutt zu haken, sind heute so gut wie nie. Wer aber den Fang seines Lebens nicht dem Zufall überlassen will, sollte einige Punkte beachten.

Sand und Strömung suchen

Ist man in einem viel versprechenden Revier, stellt sich die Frage, wo genau man fischen soll. Die theoretisch zu beangelnde Fläche ist in den meisten Fällen ja immer noch so groß, dass man gut und gerne ein Jahr bräuchte, um alle Ecken abzuklappern. Man muss sich daher auf die besten Stellen konzentrieren. Folgende Kriterien helfen bei der Auswahl:

1. Strömung suchen: Wo sich das Wasser bewegt, wird Nahrung angespült, und das zieht die Heilbutts magisch an. Sunde sollte man sich auf der Seekarte daher ganz genau anschauen. Aber auch an Stellen, wo sich Gezeitenströme besonders stark auswirken, oder dort, wo globale Meeresströmungen für Wirbel sorgen, lohnt ein Versuch. Zu viel Strömung gibt's nicht!

2. Sandigen Untergrund suchen: Auf Kies- oder Sandgrund haben die Heilbutts ihre Ruheplätze. Dort halten sie sich am häufigsten auf und sind am besten zu fangen. Auch Mischgründe oder Sand mit Lehmanteil kennzeichnen unter Umständen gute Bereiche. Zwar jagen die Fische auch über Stein und Fels, doch muss man das Glück haben, ihre aktive Phase zu erwischen. Wesentlich effizienter ist es daher, ihnen direkt in ihrem „Wohnzimmer" nachzustellen. Neben Sandrinnen und -hängen sind das mitunter auch sandige Plateaus.

Dort zu angeln, erfordert allerdings viel Disziplin. Denn in diesen Zonen ist unter Umständen kein anderer Fisch außer vereinzelten Kleindorschen und Schellfischen. Es klingt verrückt, aber genau die Bereiche, wo kaum was anderes beißt, sind oft am besten. Viele Norwegen-Fahrer machen den Fehler, immer nur „mitten im Fisch"

zu angeln. Klassischerweise pilken sie über einem Plateau.
Dort beißen dann Dorsch, Seelachs, Seewolf, Schellfisch und Lumb. Die Angler driften vom Plateau herunter, und die Beißfreudigkeit lässt schlagartig nach. In sehr vielen Fällen laufen die flacheren Plateaus in einem Sandbereich aus, auf dem vermeintlich nichts zu holen ist, weswegen wieder umgesetzt wird. Doch genau hier beginnt erst die heiße Heilbutt-Zone! Gerade in Sandrinnen zwischen zwei Felsplateaus oder auf flach auslaufenden Hängen sind die Lieblingsplätze. Es kann also absolut nichts schaden, die Drift weiter auszudehnen und nicht gleich den Motor anzuwerfen, um

Seekarten richtig lesen

Wenn ich in einem neuen Gebiet nach potenziellen Heilbutt-Standorten Ausschau halte, schaue ich nach Bereichen mit Tiefen von 15–60 Metern, wobei diese nicht aus reinen Felsen oder Steinen bestehen sollten. Das ist relativ gut in den Seekarten erkennbar. Wenn sich die Tiefe nicht allzu krass ändert, dann ist auch häufig Sand oder Sand/Lehm vorherrschend. In großen Tiefen von 200–300 Metern gilt das allerdings nicht, da man es dort oft mit Schlammablagerungen zu tun hat. Aber dort sollte man eh nicht unbedingt sein Glück auf Heilbutt versuchen. Strömungen sind auf der Karte schon schwieriger zu erkennen. Hier ist man auf seine Erfahrung angewiesen oder man fragt gleich einen Ortskundigen. Als Faustregel gilt: Weiter draußen im offenen Meer und an Fjordeingängen ist naturgemäß mehr Strömung zu erwarten, als in Innenbereichen.

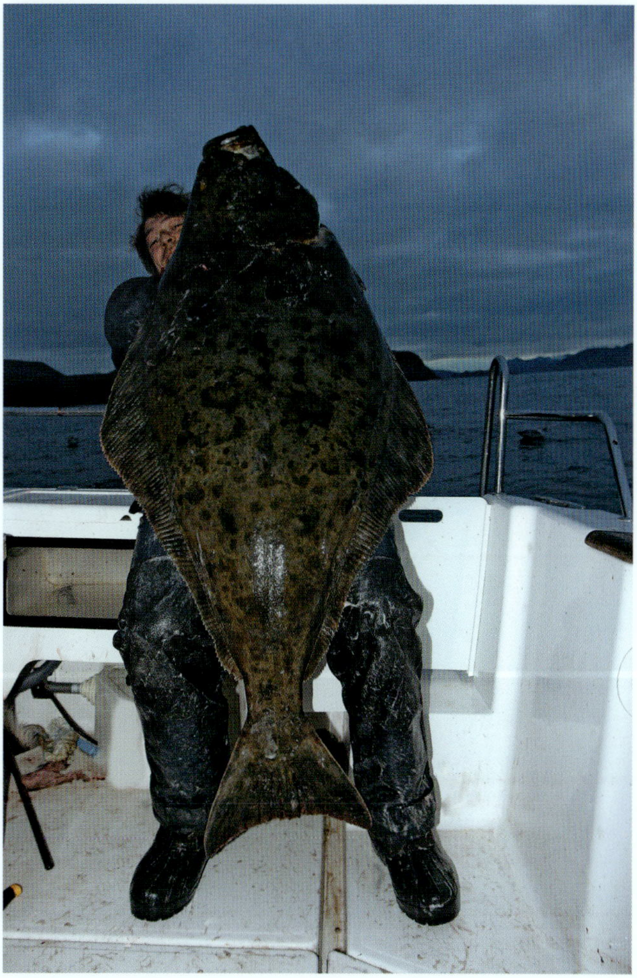

▲ Über 50 kg sind kaum noch zu stemmen.

wieder mitten in den Schwärmen zu angeln.

Fangtiefen

Eine sehr allgemeine Regel lautet: Im Frühjahr und Sommer ziehen die Butts in flaches Wasser. Dann sind die Chancen für Angler am besten. Vor Überraschungen ist man beim Heilbutt allerdings nie sicher. Es können sich Fische über 100 Kilo in zehn Metern Wassertiefe aufhalten, während kleine Exemplare noch in 100 Metern gefangen werden. Die Fangzonen der

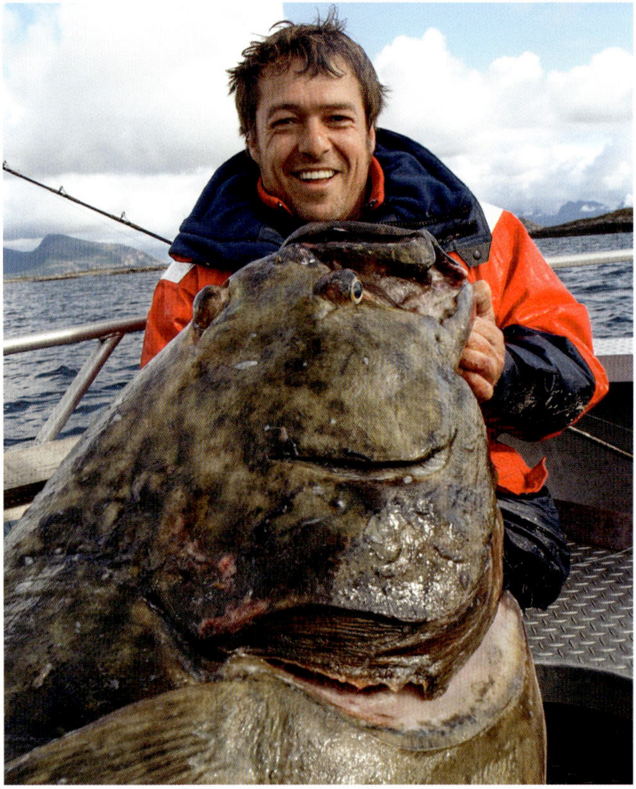

▲ Ein wahrer Gigant des Nordmeeres.

Berufsfischer gehen gar bis 2000(!) Meter. Es scheint, als ob lediglich geeignete Nahrungszonen aufgesucht werden, unabhängig von den Tiefen. Das können flache Sandbuchten sein, genauso wie Senken zwischen zwei Plateaus in 150 Metern. Eine klare Aussage kann also nicht getroffen werden. Nur ganz grob: Beim Angeln zwischen 15 und 60 Metern Wassertiefe liegt man nicht falsch.

Dem Butt wird nachgesagt, dass er aktiv im Freiwasser jagt. Dies deckt sich zu 100 Prozent mit meinen Erfahrungen. Viele Bisse kommen nämlich nicht am Grund, sondern beim Heraufziehen der Köder. Häufig konnte ich sogar schon beobachten, wie ein Heilbutt einem gehakten Fisch oder dem Köder bis an die Oberfläche folgt. Ob sie sich bereits im Freiwasser aufhielten oder vom Grund mit hochgekommen sind, bietet reichlich Anlass für Spekulationen. Fakt ist aber, dass es wesentlich erfolgreicher ist, den Köder deutlich über Grund zu führen. Allerdings gibt es auch hier wieder die berühmte Ausnahme: Ist es flacher als 20 Meter, ist das grundnahe Angeln vorzuziehen. Das könnte mit dem Beuteschema zusammenhängen. In den Mägen vieler „Flachwasserbutts“ wurden Krebse gefunden. Das lässt darauf schließen, dass die Fische die Regionen gezielt für diese Nahrung aufsuchen. In tieferen Bereichen hingegen wird die Beute aus Kleinfischen wie Hering, Köhler oder Dorsch bestehen. Diese sind bekanntermaßen oft im Freiwasser anzutreffen.

Um unsere These zu testen, haben wir eine Woche lang zu dritt auf dem Boot etwas tiefenversetzt geangelt: hart am Grund, ca. drei Meter darüber und etwa sechs bis zehn Meter über dem Boden. Auf den hoch präsentierten Köder kamen mit Abstand die meisten Bisse. Viele Angler haben mit dieser Präsentation allerdings Schwierigkeiten. Ohne Grundkontakt haben sie das Gefühl, in einer toten Zone zu fischen. Aber jeder sollte sich vor Augen führen, dass die Mehrzahl der genannten Beutefische eher im Freiwasser lebt. Ein Butt, der sich nur am Grund aufhält, müsste lange auf seine Lieblingsbeute Hering warten. Nur wenn mal ein toter Fisch herunterfällt, käme der Feinschmecker in diesen Genuss. So lange will er aber natürlich nicht warten, weswegen er aktiv jagt. Wann soll man reisen? Erfahrungsgemäß ist der Mai der Topmonat für die Küstenbereiche und im Juni flaut es ab. Wenn im Herbst jedoch die Blätter fallen – das sagen die Berufsfischer einhellig –, dann sammelt sich der Heilbutt im Küstenbereich und schlägt sich den Bauch noch einmal richtig voll, bevor es in die tieferen Gefilde zum Über-wintern geht. Ich habe diese Aussage auf Herz und Nieren testen können, und die letzte Oktobertour in den hohen Norden brachte überdurchschnittliche Ergebnisse. Die Hauptsaison für die Berufsfischer ist übrigens der Spätherbst und Frühwinter (Ende Oktober bis Dezember).

In dieser Zeit werden die Butts in rund 200–400 Metern mit Langleinen erbeutet. Es könnte also durchaus sein, dass die anglerischen Erfolge in dieser Zeit sehr groß wären, aber wer will schon bei den Winterstürmen des nördlichen Eismeeres eine Fahrt in den hohen Norden riskieren?

Mond, Flut, Beisslaune

Über die Jahreszeit hinaus gibt es Faktoren, die das Verhalten der Heilbutts innerhalb kurzer Zeit beeinflussen. Pauschale Aussagen wie „morgens beißt's am besten“, sind leider nicht möglich. Zu vielfältig sind die Einwirkungen der Natur. Es werden zum Beispiel immer wieder Fangzeiten in Abhängigkeit von Flut und Ebbe diskutiert. Weit verbreitet ist die These, dass es vor und nach der Flut am besten beißt. Das ist schlicht falsch. Viel entscheidender sind Strömungsphasen. Je stärker, desto besser. Etwa bei ablaufendem Wasser fließt es häufig deutlich stärker als direkt vor oder nach der Flut. Auch bei Voll- und Neumondphasen sind die Gezeiten besonders stark. Manche richten ihren Angelaufenhalt nach den Mondzeiten und erzielen sehr gute Fänge. Außerdem gibt es die bereits erwähnten globalen Meeresströmungen, die sich mit den Gezeitenströmungen addieren oder aber aufheben. Wer sein Augenmerk auf diese Faktoren richtet, wird im Durchschnitt deutlich besser fangen. Doch auch wer jede Kleinigkeit bedenkt, wird nicht automatisch belohnt. Es steht nämlich fest, dass es auch bei idealen Bedingungen gute und schlechte Beißphasen gibt. Manchmal werden an einem Tag gleich mehrere Fänge gemeldet, und dann ist wieder für einen längeren Zeitraum Totentanz. Woran dies im Einzelfall liegt, ist schwer zu sagen. Nur wenn die Wassertemperatur schnell fällt, hat man einen Schuldigen gefunden. Solche Schwankungen schlagen fast allen Fischarten auf den Appetit – auch dem Heilbutt.

Ganze Köderfische nehmen!

Auch wenn ich persönlich auf Kunstköder setze, hat der Naturköder seine Berechtigung. Es scheint sich herauszukristallisieren, dass der Heilbutt im Sommer echte Nahrung bevorzugt. Das mag daran liegen, dass er in dieser Zeit nicht mehr ganz so hungrig ist wie im Frühjahr und bei der Auswahl seiner Beute wählerischer ist. Noch wahrscheinlicher ist es, dass der Stoffwechsel ab zehn Grad Wassertemperatur einfach viel höher ist, als bei kalten drei bis vier Grad im Frühjahr. Er benötigt dann einfach fettere Happen. Das sind begründete Vermutungen, die im Einzelnen kaum nachzuprüfen sind. In jedem Fall empfehle ich einem mehrköpfigen Team, unterschiedliche Methoden anzuwenden. So findet man am ehesten heraus, worauf die Fische gerade Appetit haben. Der Hering ist nach Meinung der Berufsfischer der mit Abstand beste Köder. Notfalls gehen aber auch Makrelen oder kleinere Seelachse. Auf jeden Fall sollte man ganze Fische verwenden. Fetzenangelei ist nicht der große Renner. Der Butt verhält sich ein bisschen wie der einheimische Barsch. Während

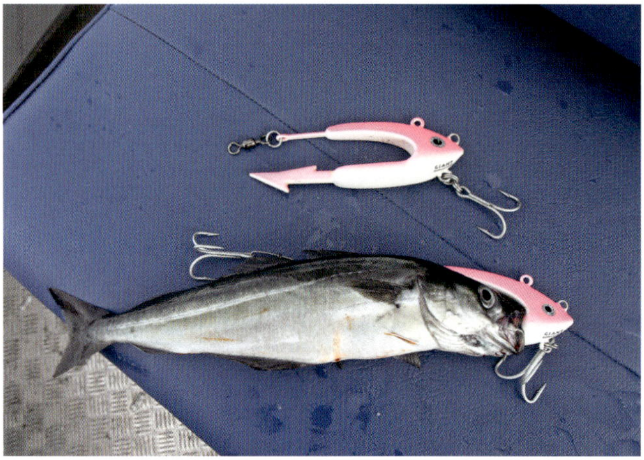

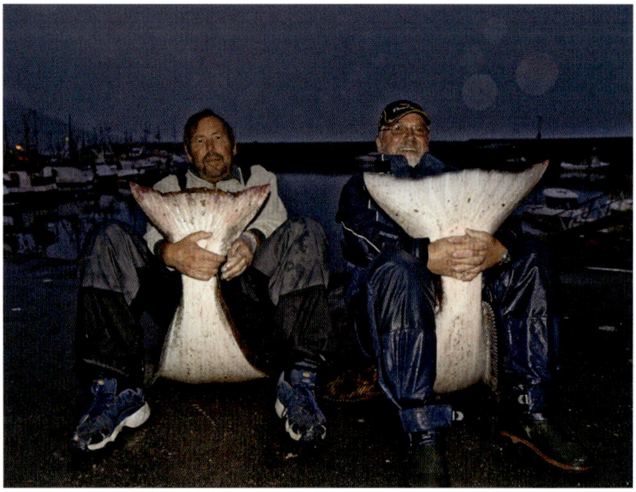

▲ System für Naturköder

▲ Unterwegs mit dem Autor: Zweimal Fisch des Lebens an einem Tag.

der Zander sehr gut auf Fischfetzen reagiert, entlockt das den Barschen meist nur ein müdes Lächeln. Ganze Fische, die sich möglichst verführerisch bewegen, sind da schon eher geeignet. Es sollte aber nicht vergessen werden, dass lebende Köderfische auch in Norwegen verboten sind. Beim Biss verhält sich der Heilbutt etwas heikel. Nicht selten greift er sich den Köder, nimmt ihn einfach quer ins Maul und schwimmt los! Da ist guter Rat teuer, denn es ergibt sich die schwierige Frage: anhauen oder nicht? Schlägt man zu früh an, sitzt der Fisch noch gar nicht am Haken, wartet man länger, hat der Butt den Köder vielleicht schon wieder losgelassen. Das passiert leider recht häufig, weil der Fisch das notwendige Bleigewicht nicht ewig mit sich rumschleppt. Das kann sehr nervenaufreibend sein. In wenigstens acht von zehn Fällen wird zu früh angeschlagen. Einen Ausweg bietet nur die geeignete Anködierung. Während sonst ein Einzelhaken vollkommen ausreicht, rate ich beim Heilbutt dringend zu zwei versetzt hintereinandersitzenden Drillingen. Mit diesem Sofort-Anschlag-System kann der Anhieb unmittelbar nach dem Biss erfolgen. Die Chancen, dass der Fisch wenigstens einen Haken im Maul hat, sind sehr hoch. Bitte keine Pilker! Zwar wird es immer wieder Fänge auf Pilker geben, aber das ist das Gesetz der großen Zahl. Heißt: Wo sehr viel mit Pilkern gefischt wird, werden immer wieder mal Heilbutts nach ihnen schnappen. Meiner Meinung nach spricht der Köder die Plattfische aber nicht besonders an. Offensichtlich sausen die Modelle zu hektisch auf und ab. Wer sich nun aber partout nicht von seinen geliebten Pilkern trennen möchte, sollte langsam taumelnde Modelle wie den Svenskepilk verwenden. Der wird mancherorts erfolgreich eingesetzt, wobei allerdings festgestellt werden muss, dass eine große Anzahl der Fische von außen gehakt werden.Eine weitere Möglichkeit, die Pilker fängiger zu gestalten, besteht im Garnieren. Dazu werden einfach große Oktopusse oder Fischfetzen auf die Drillinge geschoben. Der Köder erhält dadurch ein gewisses Spiel. So erhöht sich die Chance auf einen Heilbutt erheblich. Der normalerweise schnell sinkende Pilker wird durch Anbringen der Fetzen erheblich träger und trifft das Beuteschema wohl um einiges besser.

Gib Gummi! Dieses Verhalten ist bei großen Gummifischen von Natur her eingebaut. Sie spielen schon bei geringsten Bewegungen und können aufreizend langsam auch über Grund präsentiert werden. Die Schweden, die zu ihrem Glück nicht weit zu den „heiligen Heilbutt-Gründen" fahren müssen, reiten daher schon lange auf der Gummiwelle. Auch ich favorisiere diese Köder seit einigen Jahren. Das hat einen einfachen Grund: Seit ich mit großen Gummifischen angle, fange ich deutlich mehr Heilbutts als zuvor.

Im Laufe der Zeit hat sich herauskristallisiert, dass die Heilbutts eine ruhige Führung bevorzugen. Die typischen ruckartigen Pilkbewegungen sprechen eher die Dorsche an. Verhaltene Pilkbewegungen sind für ihn am besten. Das verführerische Spiel des Gummifisches entfaltet sich dabei vollkommen. Mitunter reicht es sogar aus, den Köder ruhig in der Drift zu

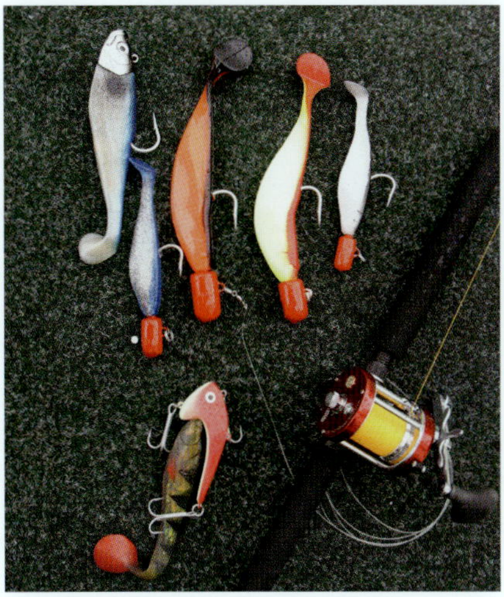

Gummifische sind der Schlüssel zum Erfolg.

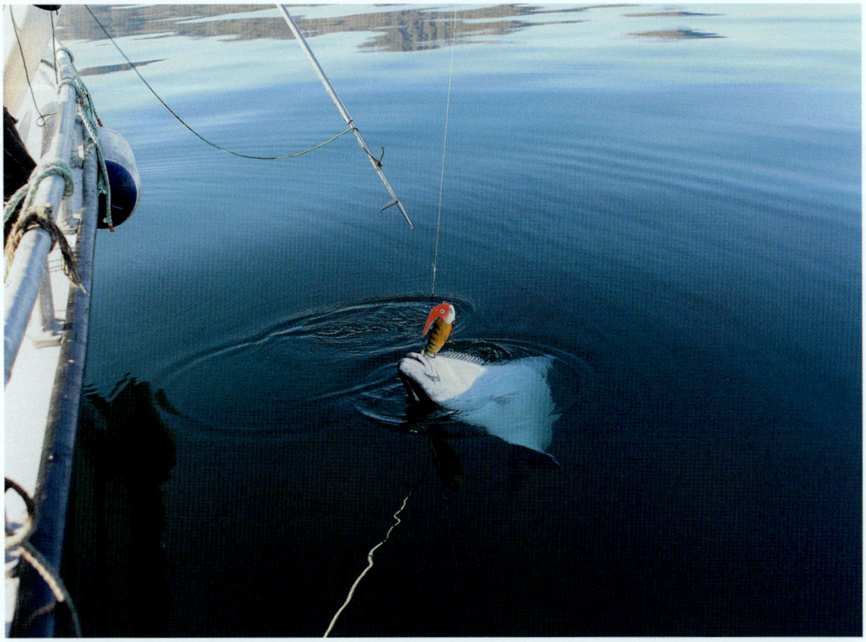

Ein Heilbutt kurz vor der Landung

halten. Ein Nachteil der konventionellen Gummifischsysteme darf allerdings nicht verschwiegen werden: Mit den herkömmlichen Einzelhaken gibt es doch reichlich Fehlbisse. Anfänglich versuchte ich mein Glück mit einem sogenannten Schwanzdrilling, den ich im hinteren Teil des Köders einstach. Das löste das Problem allerdings noch nicht zu meiner Zufriedenheit. Auf der Suche nach einem perfekten System entwickelte ich schließlich den Giant Jighead. Gummiköder haben sich beim Heilbutt-Angeln als beste Wahl erwiesen.

▼ Der Traum jedes Norwegenfahrers

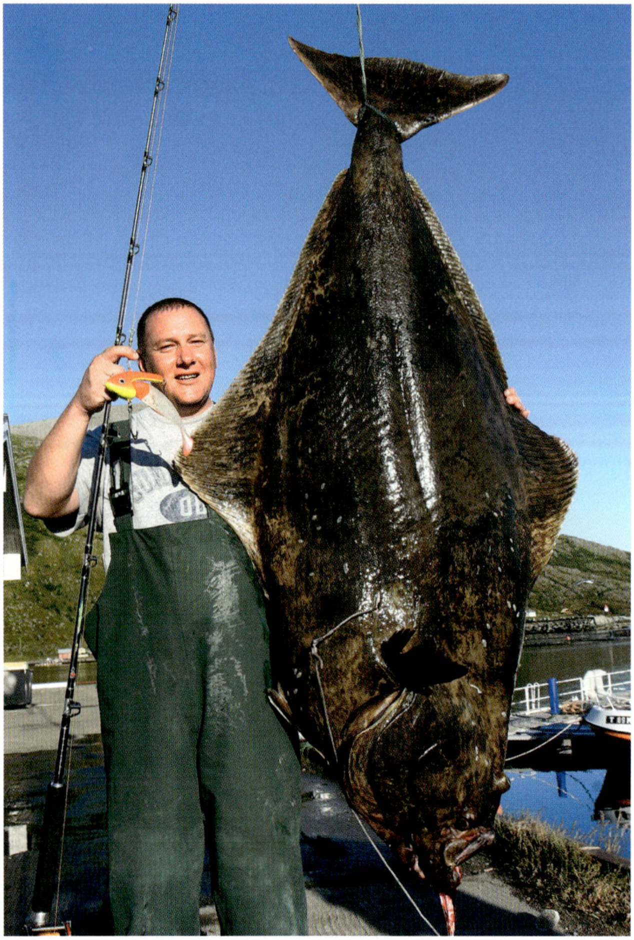

Der Giant Jighead

Dieser spezielle schwere Jigkopf ist ganz auf die Heilbutt-Angelei ausgelegt und mein absoluter Favorit als Kunstköder. Er verfügt über zwei Drillinge, die durch ihre Anordnung kaum noch Fehlbisse zulassen. Durch seine Form hält er den Gummifisch immer waagerecht im Wasser. Dadurch kann er ohne Pilkbewegungen auch im Freiwasser präsentiert werden. Aufgrund seiner Größe ist der Köder recht selektiv. Der montierte 300 Gramm schwere Giant Jighead ist ca. 27 Zentimeter lang. Zwar knallen im Fressrausch auch zweipfündige Dorsche auf den Köder, aber im Regelfall fängt der große Gummifisch weniger, dafür aber größere Fische. Daher fällt es manchmal ganz schön schwer, ausdauernd mit den Großködern zu fischen. Nicht selten zieht der Bootsnachbar einen Küchendorsch nach dem anderen aus dem Wasser, während man selbst auf den großen Gummifisch nur ein paar Fehlattacken hatte. Das guckt sich keiner lange an, denn schließlich hat man die weite Reise ja getan, um zu fangen! Also wechselt man auf Pilker und fängt nun ebenfalls die kleineren Exemplare. Die Chance auf Großfisch ist damit aber verschwindend gering geworden, wenn nicht sogar ganz vertan! Ich vergleiche die Situation gern mit zwei Friedfisch-Anglern, die nebeneinander am Vereinsteich sitzen. Während der eine sein Glück mit Boilies auf Karpfen versucht, fängt sein Nachbar eine Plötze nach der anderen. Irgendwann hat der Karpfen-Angler genug, holt die Boilie-Angel ein und beteiligt sich am Stippen. Wenn dann noch ein verirrter Karpfen auf das Maiskorn beißt, dann ist die Denklogik fast klar: Warum soll man hier stundenlang neben der Boilie-Rute ausharren, wenn man seine Karpfen auch beim Stippen fängt?! Natürlich wissen die Spezialisten, dass das Boilie-Angeln der sicherste Weg zum Großkarpfen ist und auch ein bisschen Ausdauer erfordert. Schritt für Schritt. Genauso verhält es sich mit den großen Gummifischen beim Meeresangeln. Nur wer sie geduldig einsetzt, wird irgendwann belohnt. Um das notwendige Vertrauen in die Technik zu gewinnen, empfehle ich, sich schrittweise heranzutasten. Zunächst ist es sinnvoll, mit den normalen Ködern im Freiwasser zu angeln. Einfach mal zwei Meter über Grund halten und nicht zu stark pilken. Das wird schon mal sicher ein Aha-Erlebnis. Bestärkt durch die ersten Erfolge wagt man sich dann vielleicht an für diese Angelei optimierte Köder wie den Seawaver oder einen Jensen-Pilker. Wer dabei merkt, dass es funktioniert und sich auch mal zehn Meter vom Grund entfernt, der hat die erste Hürde genommen. Denn spätestens jetzt wird ihm klar, wie oft viele Fische Norwegens im Freiwasser nach Beute jagen. Und wer sich dann sagt: „Ich will den Großen!“, der wird früher oder später mit mindestens 23 Zentimeter langen Gummifischen angeln.

Biss und Landung

Das Beißverhalten von Butts ist stark gewöhnungsbedürftig. Während gerade große Dorsche wie die Raketen auf die Köder schießen, schmecken die Butts irgendwie vor. Dem eigentlichen Anbiss geht meist ein Schwanzbiss voraus. Nicht selten werden diese Fische auch verschlagen, und erst die Kontrolle des Gummifisches zeigt, dass der vermeintliche Kleindorsch tiefe Bissspuren im Schwanz des Köders hinterlassen hat. Es hört sich unsinnig an, aber das Beste ist, den Fisch ein wenig schlucken zu lassen. Geht der Anhieb dennoch ins Leere, sollte

Fünf Fragen zum Giant Jighead

Vom Autor zum Heilbutt-Angeln entwickelt:

1. In welche Öse wird er eingehängt?

Prinzipiell in der hinteren, sodass er annähernd waagerecht im Wasser steht. Die vordere Öse ist nur bei sehr starker Drift sinnvoll.

2. Wie groß soll der Drilling sein?

Bei der mittleren Größe (300 und 400 Gramm) sind Drillinge der Größe 5/0 gerade richtig. Sie sollten nicht zu groß, aber qualitativ sehr hochwertig sein.

3. Wie soll der Giant Jighead geführt werden?

Auf jeden Fall immer im „ersten Gang“! Meist bringt die normale Schaukelbewegung des Bootes ausreichend Spiel in den Köder, speziell bei Dünung. Es gibt überdurchschnittlich viele Fälle, in denen die sogenannte faule Rute einen Heilbutt oder großen Dorsch brachte. Ich selber halte den Köder einige Minuten in einer Tiefe, mache ein paar leichte Pilkbewegungen und ziehe ihn etwas höher. Dort wiederhole ich das Spiel. Immer alles gaaanz langsam! Manchmal mache ich auch eine halbe Stunde gar nichts.

4. Welche Farben sind fängig?

Auf alle Varianten wurden schon Fische gefangen. Ich selber bevorzuge fluoreszierende Ausführungen, andere Sportfreunde haben sehr gute Erfahrungen mit dunklen Jigheads/Gummifischen gemacht.

5. Welches Gewicht wird benötigt?

Mein Standardmodell wiegt 300 Gramm. An nicht zu dicker Hauptschnur reicht das meist aus, um in den angegebenen Tiefen zu fischen. Ist es sehr ruhig oder sehr flach, setze ich auf die 200-Gramm-Ausführungen, bei entsprechender Drift oder Tiefe die 400er.

man nach dem „Anfasser“ den Köder noch mal mit höchster Konzentration leicht spielen lassen. Manchmal kann man auf diese Art einen zweiten Biss provozieren. Butts haben übrigens so dermaßen knochige Kauleisten, dass es häufig zu Fischverlusten kommt, weil die Haken nicht richtig gefasst haben. Hinzu kommt, dass die kräftigen Kiefer den Körper des Gummifisches so fest umschließen, dass man diesen erst aus der Umklammerung herausschlagen muss, damit die Drillinge greifen können. Ein hammerharter Anhieb ist daher ein absolutes Muss. Geben Sie alles! Insbesondere bei Nachläufern, die den Köder beim Heraufholen attackieren, sollte selbst bei sofortiger Flucht des Fisches nochmals mit aller Kraft ein Anhieb gesetzt werden. Sitzt der Haken erst mal richtig, passiert es äußerst selten, dass der Heilbutt wieder ausschlitzt. Die Zähigkeit des Mauls, die das Eindringen der Haken so schwierig macht, erschwert auch das Herauskommen. Das nennt man wohl ausgleichende Gerechtigkeit. Die weitaus meisten Fische gehen bei der Landung verloren. Häufig wird versucht, Fische ins Boot zu holen, die noch nicht vollständig ausgedrillt sind. Die Fische haben nämlich eine für den Angler äußerst unangenehme Eigenschaft: Sie kommen häufig an die Oberfläche, obwohl sie noch über immense Kraftreserven verfügen. Das sind Boss-Manieren. So als wollten sie sich mal ihren Gegner anschauen, bevor sie Ernst machen. Nach dem Motto: „Ich bin hier der Chef, und ich

▼ Das kann nur ein Butt sein!

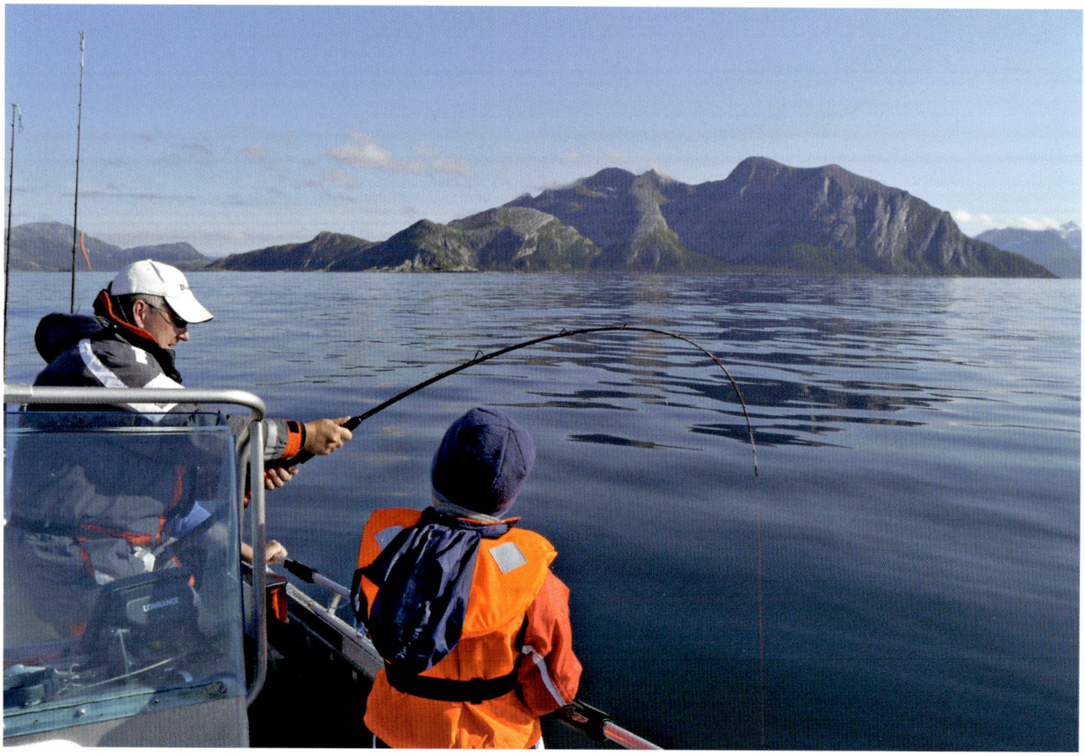

will doch mal sehen, wem ich da eine Lektion erteilen muss.“ Mindestens 50 Prozent aller Fische kommen nach oben, bleiben ruhig für einige Sekunden liegen und preschen dann richtig los. Manchmal kommt der Fisch auch nach dem Anbiss ohne Gegenwehr einige Meter einfach mit. Erst einige Zeit später entscheidet er sich, durchzustarten. Wer also in dem Glauben ist, gerade einen vollgefressenen Zehn-Pfund-Dorsch nach oben zu befördern, wird blitzartig eines Besseren belehrt. Wer dann in all der Hast die Bremse nicht mehr findet, bleibt sicher zweiter Sieger! Gemeinerweise kommt ein Butt auch manchmal auf das Boot zugeschwommen. Man hat das Gefühl, der Fisch ist bereits verloren. Das ist falsch! Dann heißt es kurbeln, kurbeln, kurbeln, bis man den Kontakt wieder hat! Für die abschließende Landeaktion sollte dringend eine Harpune oder ein sogenanntes Fly-Gaff zur Verfügung stehen. Letzteres ist eine Gaff mit großem Widerhaken, der sich in der Regel nach dem Fixieren im Fisch löst. An seinem Ende ist ein langes Seil befestigt. Mit beiden Landehilfen kann der Heilbutt relativ zuverlässig gehalten werden, doch einige Punkte sind zu beachten: Die Harpune bzw. das Fly-Gaff sollten so schnell wie möglich angebracht werden. Ich versuche dies, sobald sich der Fisch das erste Mal an der Oberfläche zeigt. Aber es muss sicher sein, dass auch die richtige Stelle getroffen wird. Bei der Harpune ist dies das Rückenfilet möglichst nah am Kopf. Beim Gaff ist es entwe-

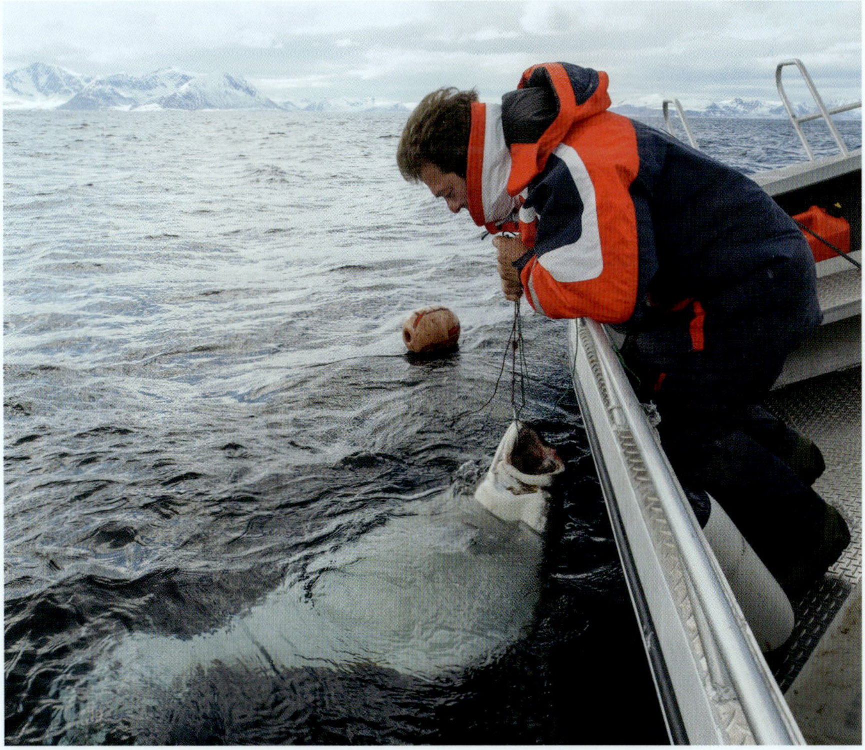

Diese „Monsterplatte“ wird außenbords abgehakt.

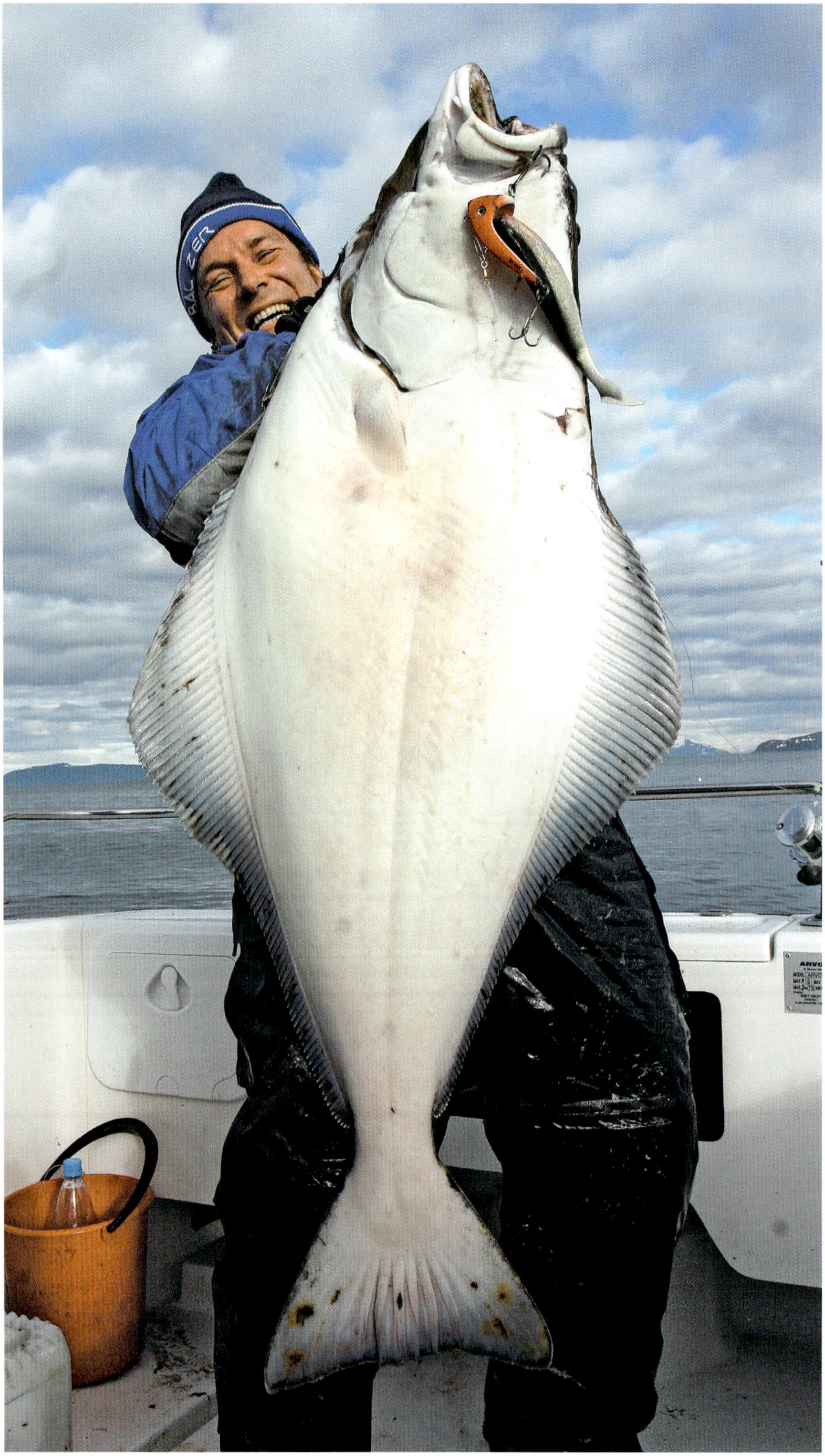

Schon Fische dieser Größe fordern Angler und Gerät.

der ebenfalls der Rücken oder das Maul. Allerdings erfordert es schon viel Erfahrung und Kaltblütigkeit, den Widerhaken dort anzubringen. Dafür ist es in meinen Augen die saubersste und sicherste Methode. In beiden Fällen empfehle ich, das Seil an einer Hartschaum-Boje zu befestigen und nicht an der Reling. Viele Angler rümpfen die Nase über die doch recht martialische Landeweise. Erfahrungsgemäß sind diese Angler aber noch nie mit einem starken Heilbutt in Berührung gekommen. Spätestens beim ersten Fisch über 30 Kilo werden sie ihre Meinung ändern. Bei solchen Exemplaren kann es bei unsachgemäßer Herangehensweise und ohne die richtigen Hilfsmittel schnell zu üblen Verletzungen kommen. Hat man weder Harpune noch Fly-Gaff dabei, sollte man mit dem Landen unbedingt warten, bis der Fisch richtig ausgedrillt ist. Wird die Harpune sauber gesetzt, geht der Drill für den Angler meist glücklich aus.

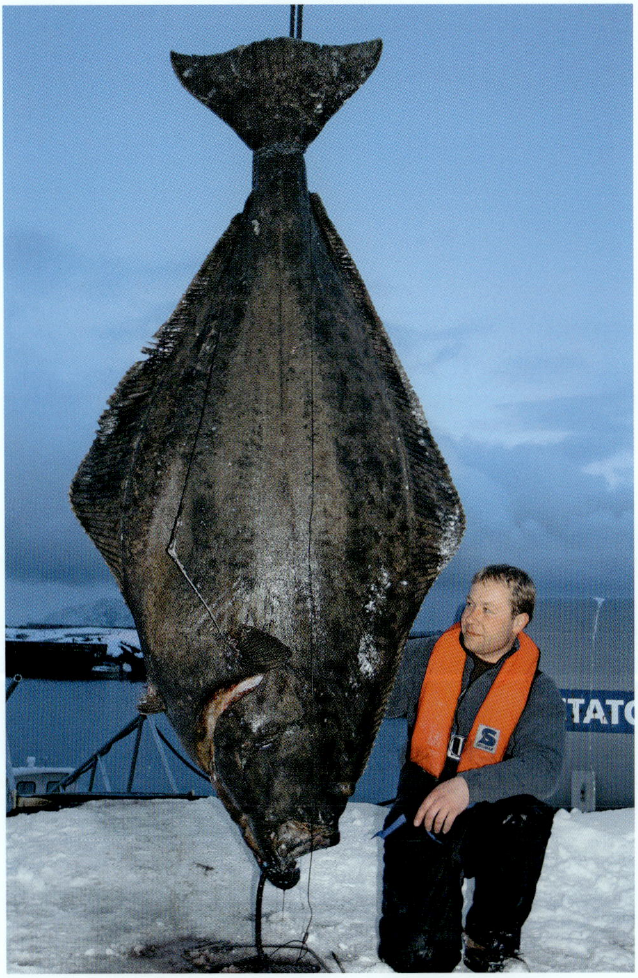

▲ Fische dieser Größe (194 kg) sind selten und werden noch viel seltener bezwungen.

Ausrüstung

In der Regel verfügt ein Butt, der sich das erste Mal am Boot zeigt, noch über zwei Drittel seiner Kraftreserven. Wer jetzt versucht, ihn zu landen, wird sein blaues Wunder erleben. Es ist sagenhaft, mit welcher Wucht diese Fische das Wasser schaumig schlagen und dicke Gaffs aufbiegen. Bloß nicht mit Gewalt ins Boot bringen! Wird man mit dem Fisch nicht fertig, ist es empfehlenswert, Hilfe herbeizutelefonieren. Ich kenne keinen Norweger oder Mitangler, der meckern würde, weil er zu einem Heilbutt gerufen wird. Auch dann nicht, wenn der Fisch bei seiner Ankunft bereits verloren ist. Im Drill selbst sind die meisten Verluste auf aufgebogene Sprengringe oder Drillinge, Schnurbruch, falsche Knoten, Multirollen mit schlechter Bremse oder andere Materialschwächen zurückzuführen. Die richtige Ausrüstung spielt daher eine ganz wichtige Rolle. Ausgewogene Kombinationen hinsichtlich der Zusammenstellung von Rute, Rolle und Schnur werden nach wie vor von vielen Anglern falsch gemacht. Die Sachen sind so dimensioniert, dass

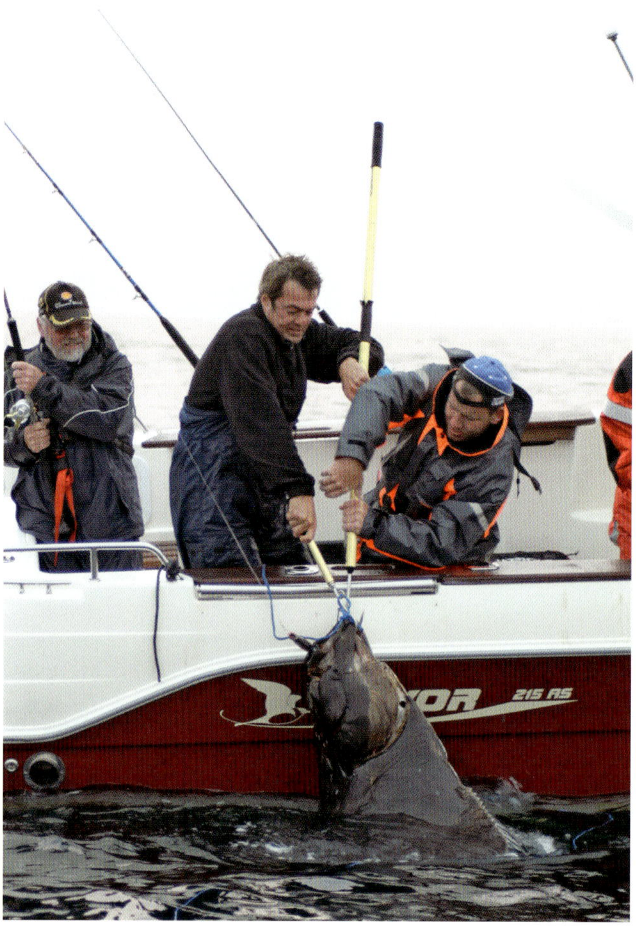

▲ Fische dieser Kategorie sind allein nicht zu bewältigen. Das Lande-Gerät muss sorgfältig vorbereitet und robust sein.

selbst ein verirrter Marlin kaum eine Chance haben dürfte. Dabei wird das Gerät heute selbst beim Big Game immer feiner. Teilweise wird schon mit norwegenüblichen Stand-Up-Ruten gefischt! Da ist es paradox, dass im Norden das schwerste Geschütz aufgefahren wird. Das wäre ja noch nicht so schlimm, doch leider wird nur allzu oft die teure 80-lbs-Ausrüstung mit Kleinteilen aus der Aldi-Box bestückt. Das ist ein Widerspruch in sich! Erfolg kann nur haben, wer sein Gerät gut abstimmt. Natürlich muss es dem Heilbutt gewachsen sein. Genauso wichtig ist aber, dass man mit ihm ausdauernd fischen kann. Denn was nützt die dickste Multirolle, wenn man sie nur zwei Stunden halten kann?

Bei den Ruten ist die Auswahl recht groß. Hauptregel: „So schwer wie nötig und so leicht wie möglich!" Die Handhabung sollte über Stunden ermüdungsfrei sein. Ausreichend sind Angelruten zwischen 30 und 50 lbs. Das Problem ist, dass die Angaben, die auf den Ruten stehen, nicht einheitlich sind. Man hat das Gefühl, die Produzenten greifen die Bewertung aus der Luft. Daher vertraue ich nicht auf die Hersteller-Bezeichnung, sondern mache einen einfachen Test. Vorm Kauf hänge ich ein 500–700 Gramm schweres Blei an das Ende der Schnur. Jetzt sollte die Rute noch ihre volle Elastizität haben. Diese Aktion reicht dann aus, um im Einsatz Köder von 250–500 Gramm zu bewältigen. Für das Angeln auf Heilbutt sind straffe Ruten absolut empfehlenswert. Das Maul ist wie gesagt knochenhart, und der Anhieb muss durchdringen! Bei der Länge haben sich Modelle zwischen 2,10 und 2,40 Metern bewährt. Je kürzer die Rute ist, umso kürzer und deshalb schlechter ist auch der Weg beim Anhieb.

Mit zu kurzen Stecken hilft auch die dehnungsfreie Geflochtene nicht mehr – der Anschlag wird nicht beim Fisch ankommen. Ist die Rute aber zu lang, wird die Handhabung schlechter. Aufgrund des längeren Hebels gestaltet sich auch der Drill schwieriger. Natürlich ist auch die Angeltiefe zu bedenken. Wenn man aber voraussetzt, dass meist zwischen 20 und 100 Metern auf Heilbutt gefischt wird, sind folgende Kriterien festzuhalten: Rutenlänge um 2,20 Meter als optimaler Kompromiss, Ausführung 30–50 lbs, hohe Steifigkeit. Auf einen Rollenendring kann gut verzichtet werden. Manchmal wickelt sich die Schnur nämlich um den Endring und die Schnur reißt! So was passiert meistens im Drill. Mit normaler Beringung oder gar einer sogenannten Inline-Rute, bei der die Schnur im Innern des Blanks verläuft, ist diese Gefahr ausgeschaltet. Größere Schwierigkeiten bereitet die Wahl der Rolle. Manche Angler bevorzugen auch im mittelschweren Bereich Stationärrollen. Bei dem heutigen Stand der Technik ist das durchaus in Ordnung, aber nicht wirklich empfehlenswert. In Frage kommende Ausführungen sind noch sehr, sehr teuer. Eine Multirolle ist daher die deutlich bessere, wenn auch nicht gerade billige Alternative. Sie sollte robust sein, ca. 400 Meter Schnur fassen, nicht mehr als 600 Gramm wiegen und eine Übersetzung von etwa 1:4 haben. Ganz wichtig ist eine ruckfrei arbeitende Bremse. Für das Angeln mit Kunstködern ist eine Schiebebremse wesentlich praktischer als eine Sternbremse. Beim Anhieb wird sie auf Strike-Position gestellt, das heißt, es wird keine Schnur frei gegeben. Mit einem Handgriff kann die Bremse auf die Drill-Einstellung umgelegt werden, ohne dass man rumfummeln muss. In der Hektik dreht man nämlich schnell mal zu fest an und schon macht‘s Peng, und der Fisch ist weg. So weit, so gut. Doch leider hat die ganze Sache einen Haken: Die auf dem Markt angebotenen Modelle sind in der Mehrzahl von miserabler Qualität. Das trifft weniger für große Multis über ein Kilo zu, als vielmehr für die beschriebenen mittelschweren Ausführungen. Viele werden jetzt vielleicht sagen: „Ich angle schon seit fünf Jahren mit meiner Multi vom Hersteller XY und hatte noch nie Probleme!“ Kann sein, aber der Heilbutt

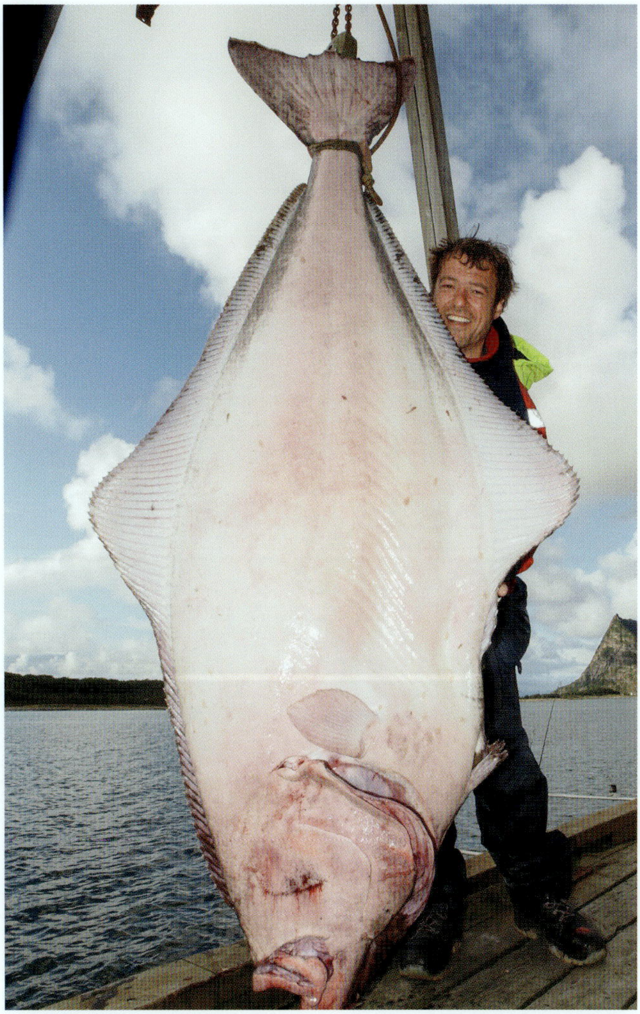

▲ Ein Fisch des Lebens.

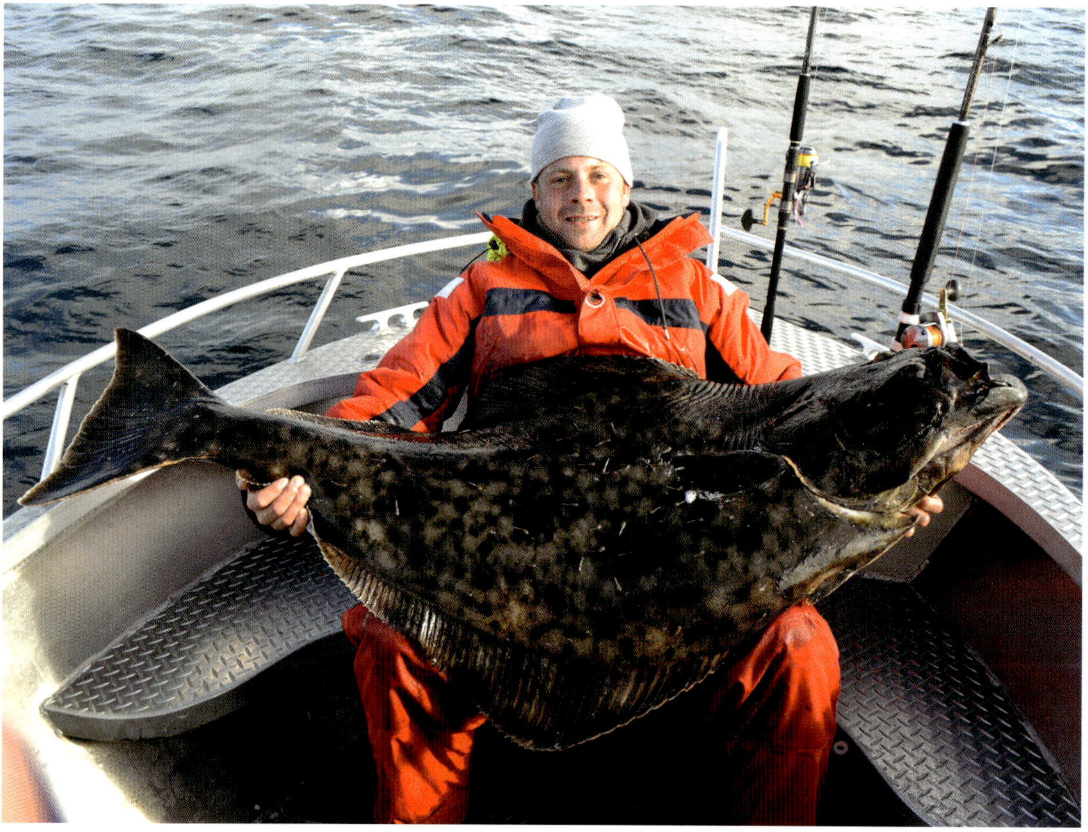

▲ Fangen ist die eine Sache, danach Halten die andere.

ist eine Klasse für sich und stellt ganz andere Anforderungen an die Belastbarkeit des Materials. Eine Empfehlung fällt mir zumindest im erschwinglichen Preissegment schwer. Man darf gespannt sein, was die Hersteller in den nächsten Jahren auf den Markt bringen, aber zurzeit sieht es noch nicht so toll aus. Als hinreichend robust haben sich Marken wie Shimano, Alutechno und Accurate erwiesen. Modelle wie die Shimano Torsa oder die Accurate 870 N gehören zu meinen Favoriten. Schnur: nicht zu dick. Die Wahl der Schnur stellt einen ähnlichen Kompromiss wie die Wahl der Angelrute dar. Je dicker die Schnur ist, umso höher ist der Wasserwiderstand. Klar ist, dass nur Geflochtene in Frage kommt. Sie ist bei gleicher Tragkraft wesentlich dünner als Monofile und hat keine Dehnung. Sie sollte auf das Gerät abgestimmt sein. Bei einer 50-lbs- Ausrüstung sind rund 20 Kilo Tragkraft angemessen, bei 30 lbs sogar nur 15 Kilo. Das reicht völlig aus, denn der Fisch soll ja nicht an Bord gehoben werden. Problematisch sind die Schockbelastungen, die bei rasanten Fluchten im Drill und beim Anhieb entstehen. Diese Impulse können zu Schnurbruch führen. Ihnen begegnet man am besten mit einer darauf abgestimmten Rute, die im Zweifelsfall etwas nachgibt. Außerdem empfehle ich eine möglichst lange,

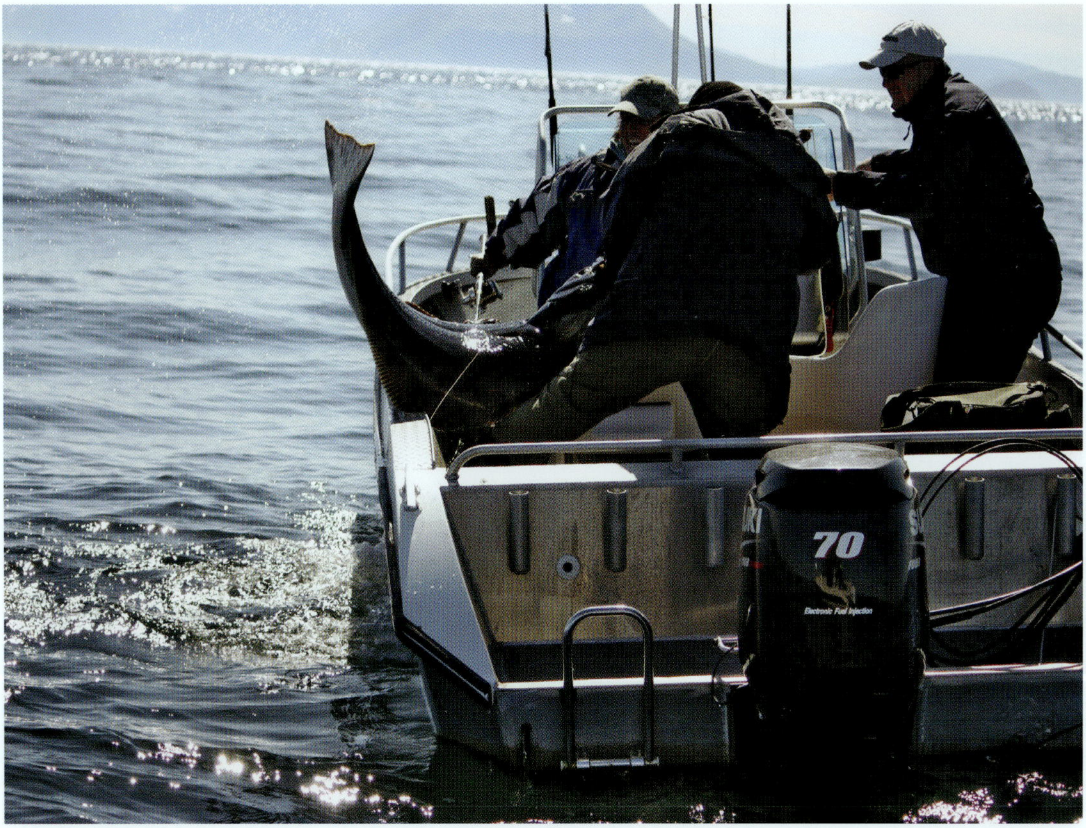

▲ Selbst bei einer niedrigen Bordwand haben zwei Männer arg zu tun, den Fang ins Boot zu bringen.

monofile Mundschnur, die die Schläge ebenfalls etwas abpuffert. Von zu dicken Schnüren rate ich dringend ab. Sie erschweren die Köderpräsentation erheblich, da man mit schwereren Gewichten angeln muss, um auf Tiefe zu kommen. Außerdem lassen sich Hänger kaum noch lösen. Wer mit einer 40er-Dyneema festsitzt, wird schnell verstehen, was ich damit meine. Das kommt fast dem Ankern gleich. Oft hilft nur noch das Kappen der Schnur, was bei den Meterpreisen ziemlich ins Geld geht. Die Tücke liegt im Detail. Während die meisten Angler der Rute, Rolle und Schnur noch die nötige Beachtung schenken, lässt die Sorgfalt bei den Klein-teilen oft zu wünschen übrig. Genau dort passieren daher die meisten Fehler. Den Anfang macht das Vorfach. Es sollte mindestens so lang wie die Rute und 0,90–1,20 Millimeter stark sein. Warum so dick? Ganz einfach: Die Mundschnur ist extremen Belastungen ausgesetzt, die die Haltbarkeit erheblich beeinträchtigen. Erstens verringern die notwendigen Knoten die Tragkraft schon mal um 30 Prozent. Zweitens nutzt sich das Vorfach beim Fang von Fischen sehr schnell ab. Dorsche drehen sich und scheuern die Schnur über die Haken, die Wirbel, etc. Am Grund schabt die Schnur an Felsen entlang. Nicht zuletzt ist auf einem Boot immer Bewegung. Hier

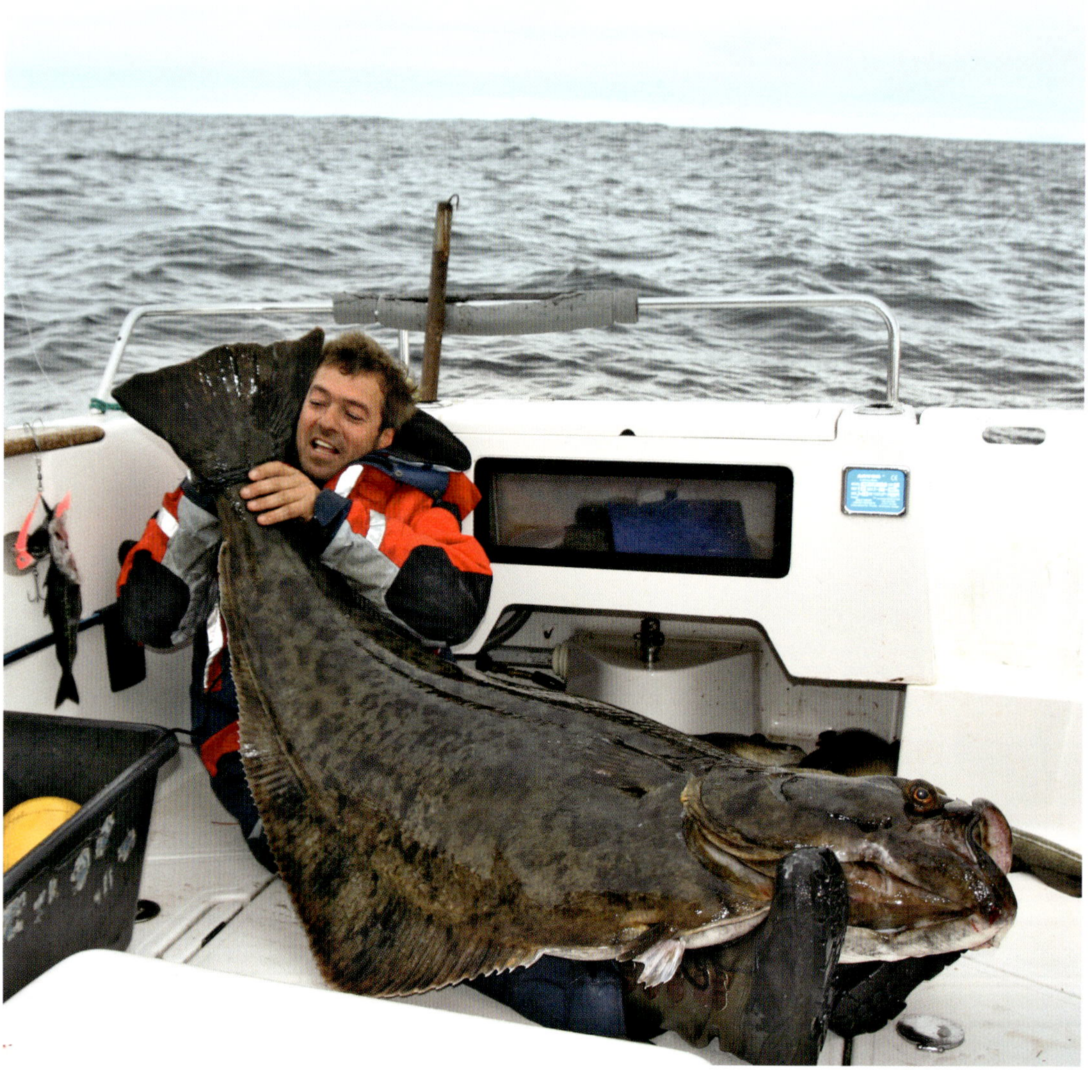

▲ Bei einem Heilbutt dieser Größe ist bald nicht nur der Fisch, sondern auch der Fänger platt.

bleibt die Schnur am Ärmel hängen, dort tritt man drauf oder schlägt beim Gaffen ins Vorfach. Daher wähle ich das Vorfach immer eine Stärke größer. Und selbst dann tausche ich es mindestens einmal am Tag aus. Bitte machen Sie bei den Drillingen keine Kompromisse! Ich empfehle dringend Markenware der Firmen Owner, VMC oder Gamakatsu. Diese halten selbst größten Belastungen stand. Ganz schlimm ist die Qualität der Einhänger und Sprengringe: 95 Prozent sind schlicht und ergreifend Schrott! Bei diesen Utensilien bitte nur das Beste vom Besten. Wer hier einen Euro spart, wird dies im Drill bitter bereuen. Eine hohe, wenn auch nicht absolute Sicherheit bieten die sogenannten Crosslock-Wirbel mit 40–80 Kilo Tragkraft.

Fische richtig filetieren und einpacken

Die „Filetfrage“ war (und ist) wohl das emotionalste Diskussionsthema für Norwegenfahrer schlechthin. Damit meine ich nicht nur die Ausfuhrbeschränkung von 15 Kilo, sondern auch die geteilten Meinungen vor Ort. Wie ist denn meistens die Situation?! Im Allgemeinen ist eine Truppe von sechs oder auch mehr Sportfreunden gemeinsam unterwegs in den Norden. Die eine Hälfte denkt in erster Linie an den Füllstand der Truhe und die andere Hälfte will experimentieren, Zielfische oder was Besonderes fangen. Das eine schließt das andere oft aus. Ende vom Lied ist dann auch noch sinnloser Urlaubsstreit.
Jedenfalls habe ich in dieser Hinsicht die tollsten Sachen erlebt. Ich kann nur jedem empfehlen, die Leute mit unterschiedlichen Prioritäten auch bootstechnisch zu trennen. Um des lieben Friedens willen. Wie auch immer.
Eines haben wohl alle gemeinsam – ein paar Tüten frische Meeresfische sollen mit nach Hause. Und die müssen erst mal filetiert werden.

Die Messerfrage

Das ist für die meisten Sportfreunde gar keine Frage, sondern es wird das klassische Filetiermesser benutzt. Wenn ich mal so ehrlich sein darf – das halte ich für Spielzeug. Bestenfalls geeignet, um Kleinfischen oder Flundern auf die Pelle zu rücken. Spätestens beim ersten Lumb wird das auch klar, wenn das Filetiermesser sonst wohinrutscht, bloß nicht durch die lederartige Haut! Keine Frage, es hängt auch vom Messertyp ab, von der Schär-

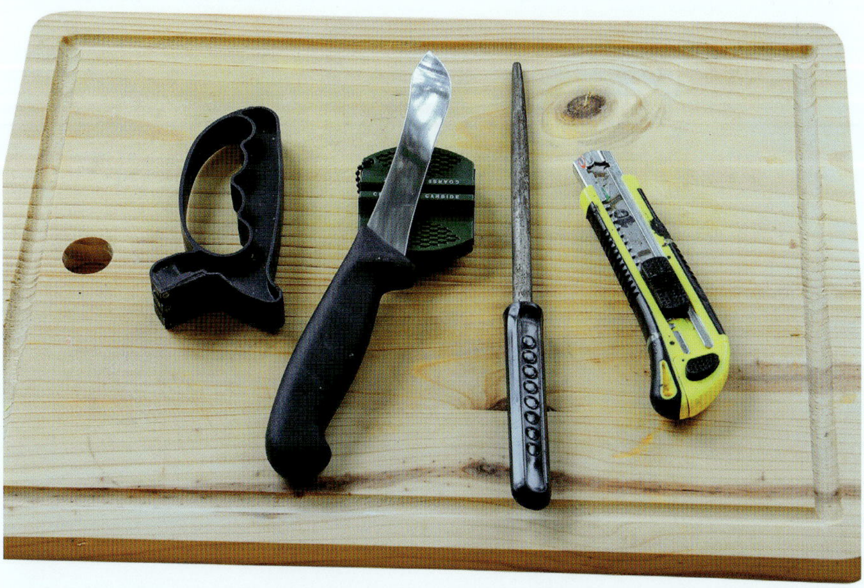

Das richtige Werkzeug muss immer mit.

Richtig filetieren

Jeder macht das auch ein bisschen anders. Man kann den Fisch vorher ausnehmen und köpfen. Das empfiehlt sich vor allem bei höheren Temperaturen, weil Magen- und Darminhalte doch biologisch sehr aggressiv sind. Ich ziehe es vor, den Fisch im Ganzen zu zerlegen. Er liegt einfach besser. Noch ein kleiner Tipp am Rande. Oft sind die Filetiertische absolut rutschig. Ich benutze ein ausgedientes Handtuch dann als Unterlage zum Filetieren. Eine Antirutschmatte, etwa ein Fußabtreter aus Kunststoff, ist zwar auch praktisch, aber nicht gerade transportfreundlich.
Empfohlene Schritte:
Als Erstes schneide ich die rechte Seite, in Schwimmrichtung des Fisches, an (Nicht ab!). Also an der Rückenflosse entlang, von der Schwanzflosse Richtung Kopf. Schnitttiefe bis zur Mittelgräte.
Dann drehe ich den gesamten Fisch und schneide das linke Filet herunter, indem ich zuerst die Haut vom Kopf zum Schwanz an der Rückenflossen entlang ritze und dann von oben nach unten immer tiefer schneide. Schnitt hinter die Kiemen senkrecht und von hinten nach vorne die Bauchhaut abtrennen.
Erst dann nehme ich mir den Rest der rechten Fischseite vor. Wenn die rechte Seite jetzt nicht schon vorbereitet wäre, dann wäre der Anschnitt schwieriger, weil der Fisch nicht mehr gerade liegt.

fe und vom Anwender. Nichtsdestotrotz würden die Profis – etwa in Fischfabriken – selbiges wohl nur belächeln. Bei den meisten Filetiermessern ist die Klinge zu kurz, zu schmal und zu elastisch, insbesondere wenn kapitalere Exemplare auf der Filetierbank liegen.
Ich selber benutze mit absoluter Vorliebe ein sogenanntes Fischmesser mit einer Klingenlänge von 18–21 Zentimeter.
Bei der bekannten Messerschmiede „Dick“ werden diese Messertypen auch mit Fischfiliermesser bezeichnet. Diese Messer sind besonders für Gelegenheitsanwender extrem gut geeignet.
Die Klinge ist semi-flexibel, was nichts anderes heißt als „halbflexibel“ oder eben „halbelastisch“. Der Griff ist ergonomisch und rutscht kaum. Insgesamt sind diese Profimesser gut ausbalanciert und natürlich scharf.
Diese Messer gibt es natürlich auch mit gerader Klinge und Entschupper, aber insbesondere die gebogene Klinge erleichtert vieles. Warum? Erstens dringt die gebogene Klinge sehr gut in die Haut ein. Beim oben schon erwähnten Lumb ist das Gold wert. Zweitens ist die Klinge steif genug, um auch Druck ausüben zu können, ohne dass sich die Klinge gleich seitlich wegbiegt, und drittens kann man die gebogene Klinge perfekt auf den Gräten entlanggleiten lassen – funktioniert wie an einer Führung. Die Klinge biegt sich, aber eben nicht zu sehr.
Richtige Profis benutzen steife Messer. Wer das mal in der Fischfabrik beobachtet hat, wird vor Neid erblassen. So ein sechspfündiger Dorsch ist in weniger als zehn Sekunden von den Gräten geschnitten. Allerdings sitzt da jeder Schnitt millimetergenau! Aber die meisten Norwegen-Anhänger stehen nun mal (leider!) nicht jeden Tag an der Filetierbank.

Verpackung

Bei manchen Sportfreunden geht die Arbeit jetzt erst los. Die Filets werden zerteilt, gewaschen, getrocknet, konfektioniert und vakuumverschweißt.
Ehrlich gesagt, kann ich das nicht unbedingt so nachvollziehen.
Vor allem, wenn die aufwändig und teuer verpackten Filets nachher doch Gefrierbrand kriegen, weil die Tüten

nicht richtig verschweißt waren und doch wieder offen sind. Jedenfalls erlebe ich das immer wieder, auch mit teureren Schweißgeräten, einfach weil die Feuchtigkeit korrekte Schweißnähte verhindert. Ganz abgesehen von den teuren Spezialbeuteln, den Anschaffungskosten für das Gerät und dem Transportaufwand. Ich versuche, die Filets von vorneherein gleich so sauber runterzuziehen, dass sie nicht mehr gewaschen werden müssen. Bisschen schwierig, aber bei größeren Fischen machbar. Wer die Filets noch mal waschen will oder muss, der sollte übrigens Meerwasser nehmen.
Ein paar pfiffige Sportfreunde haben sich wohl in der Küche daheim eine gute Methode abgeguckt. Wir haben das auch getestet und müssen sagen: zehn von zehn Punkten. Bei dieser Methode werden überhaupt keine Tüten benutzt, sondern Frischhaltefolie. Die handelsübliche Folie ist allerdings mit knapp 30 Zentimetern relativ schmal. Viel besser ist die breite Ausführung in 50 Zentimetern, die es in manchen Supermärkten, auf jeden Fall in Großmärkten, zu kaufen gibt. Die Filets werden einfach drei- bis viermal fest umwickelt, dann werden die Seiten eingeschlagen, noch mal zwei Wicklungen – fertig. Ergebnis sind absolut dichte Filet-Rollen ohne Lufteinschlüsse. Ohne das ganze Vakuumier-Brimborium!
Richtig optimal funktioniert das Handling beim Einpacken mit einem passenden Brett, welches etwas breiter als die Folie und genauso lang ist und eventuell sogar links und rechts über zwei überstehende Führungsleisten verfügt. Die Folienrolle liegt dann beim Einpacken oberhalb des Brettes und kann gut nach unten abgezogen werden. Eine Portion Filets rauf und einwickeln. Die obere Seite des Brettes fungiert dann noch hervorragend als Schneidkante. Wer das mal live gesehen oder sogar selber probiert hat, wird überrascht sein, wie schnell und erstklassig diese Technik funktioniert.

▼ Besonders Lumbs haben eine extrem zähe Haut.

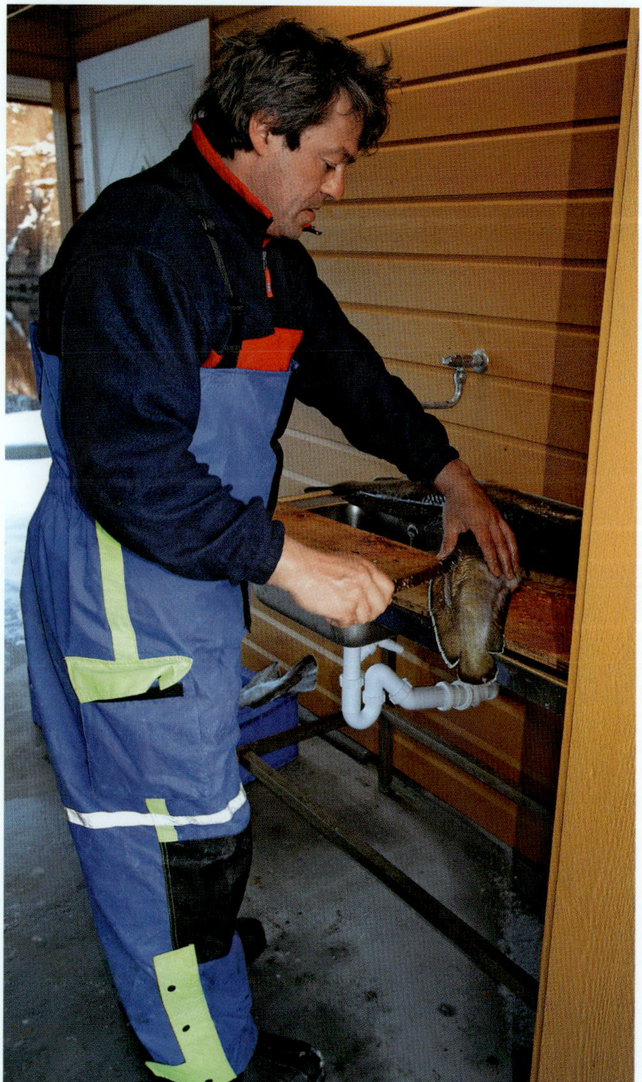

Über den Autor

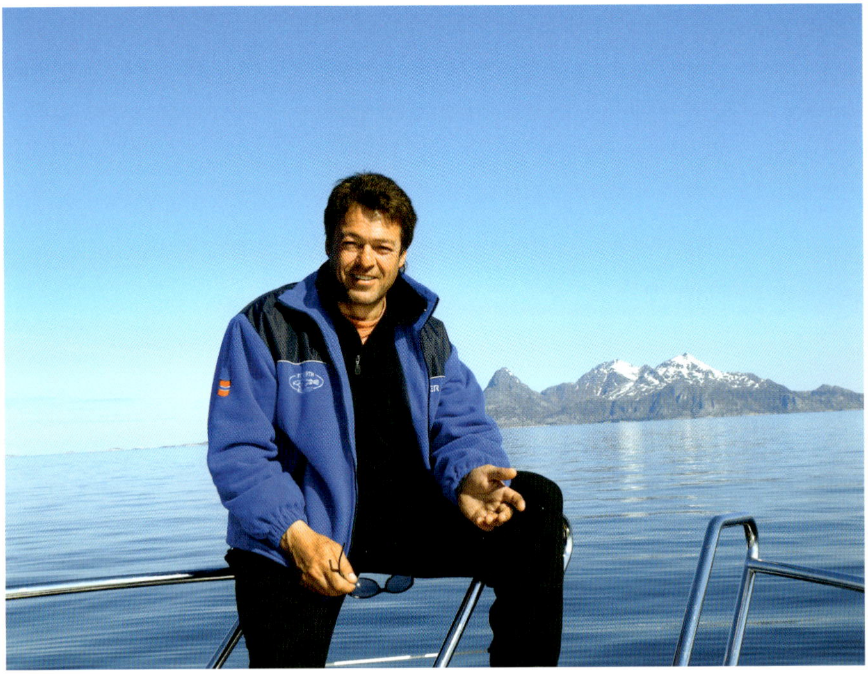

Volker Dapoz wurde am 08. Juni 1967 geboren. Seit mittlerweile 20 Jahren ist er Fachautor mit dem Schwerpunkt Norwegen. Aufgewachsen an einem der größten Flüsse Deutschlands, ist er schon im Kindesalter bis zu den letzten Winkeln der Fischgewässer vorgedrungen. Später hat er sich dann der unerforschten Weite und Tiefe der Meere verschrieben und ist nun mehr über zwei Jahrzehnte Norwegenangler mit Leib und Seele.

Es gibt wohl kaum einen Angler, der die Küste Norwegens und seine Wasserbewohner so gut kennt wie Volker. Seine Erkundungsreisen führten in nahezu sämtliche Regionen Norwegens und dieses Buch bietet Einblick in seinen profunden Erfahrungsschatz.

Er arbeitet heute in der Entwicklung und Herstellung von Meeresködern, als Angeljournalist und veranstaltet Angelreisen (www.Vengsoy.com)

Adressen

Deutschland

Deutscher Angelfischerverband e.V.
Geschäftsstelle Berlin
Weißenseer Weg 110
10369 Berlin
Tel. 030-97 10 43 79
E-Mail: info-Berlin@dafv.de

Leibniz-Institut für Gewässerökologie und Binnenfischerei im Forschungsverbund Berlin e.V.
Alte Fischerhütte 2
OT Neuglobsow
16775 Stechlin
Tel: 033082-6 99 0
igb-berlin.de

Österreich

Verband österr. Arbeiter Fischerei Vereine
Lenaugasse 14
1080 Wien
Tel. 01-4 03 21 76
oder 4 03 97 54
fischundwasser.at

Österr. Sport und Fischereiverband
Laudongasse 16
1082 Wien
Tel. 01-4 08 46 29
oes-fv.at

Schweiz

Schweizerischer Fischereiverband – Sekretariat
Vordergasse 30
8200 Schaffhausen
Telefon 052-6 24 50 44,
sfv-fsp.ch

Angelzeitschriften

Angelwoche
Troplowitzstraße 5
22529 Hamburg

Blinker
Troplowitzstraße 5
22529 Hamburg

Fisch & Fang
Erich-Kästner-Str. 2
56379 Singhofen

Kutter & Küste
Troplowitzstraße 5
22529 Hamburg

Der Raubfisch
Erich-Kästner-Str. 2
56379 Singhofen

Angeln im Internet

www.angeln.de
www.angeln-24.de
www.angeltreff.org
www.anglerzentrale.de
www.angler-online.de
www.angelwoche.de
www.anglerverband.com
www.angelsuchmaschine.de
www.angel-ussat.de
www.angelwelt.de
www.blinker.de
www.boilie.de
www.carp.de
www.carpermania.eu
www.carpmirror.de
www.cipro.de
www.der-angler.de
www.fischerpruefung.de
www.fischerweb.ch
www.fisch-hitparade.de
www.fischinfos.de
www.fischundfang.de
www.Kutter-und-Kueste.de
www.raubfisch.de
www.sfv-fsp.ch
www.sonntagsangler.de
www.vdsf.de
www.travelling-fishermen.de
www.watersportcentrale.eu
www.wurmbader.de
www.xxl-angeln.de

Register

Zum Weiterlesen

Angelpraxis

Baumann, Georg
Erfolgreich angeln am Forellenteich, 2012
Angeln am Forellenteich ist Angelspaß für Jung und Alt und eine der entspannendsten und schönsten Angelmöglichkeiten. Es bedarf keiner großen Vorbereitung oder Genehmigung, Fanggarantie ist gegeben.

Beyer, Uli / Rozemeijer Bertus
Hecht – Auf der Jagd nach dem Torpedofisch, 2014
Hier haben sich die besten Hechtexperten Deutschlands und Hollands zusammengetan, um den modernsten und aktuellsten Ratgeber in Sachen Hecht zu schreiben. Da bleibt keine Frage offen.

Boden, Ben
Das fängt man mit der Angel, 2011
Nicht nur Fangtipps vom Profi, sondern vor allem ein Bestimmungsbuch, in welchem die Merkmale und Lebensweisen der 30 beliebtesten Süßwasserfischarten hervorragend beschrieben sind.

Boden, Ben
Angeln, 2011
4 Millionen Angler in Deutschland – Tendenz steigend! Wer in diesem Hobby schnell und erfolgreich Fuß fassen will, braucht kompetente Anleitung. Dieser moderne, umfassende Ratgeber deckt alle Bereiche des Angelns ab: Ob Ernährung der Fische, Einsteiger-Ausrüstung, Meeresangeln oder Fliegenfischen – hier wird alles ausführlich und nachvollziehbar gezeigt und erklärt.

Fuhrmann, Mathias / Balkow, Robert
Angeln an Bodden und Ostsee, 2013
Dieses Revier kann man inzwischen als Kultrevier bezeichnen. Auch aus dem Ausland kommen viele Angler, um hier Jagd auf Hecht, Zander, Dorsch oder Lachs zu machen. Aber die Fische springen auch hier nicht von allein in den Kescher. Die beiden erfahrenen Angelguides Robert Balkow und Mathias Fuhrmann geben ihre langjährigen Erfahrungen in diesem Buch weiter

Koch, Matze
Angeln – Matze Kochs Tipps und Tricks, 2013
Matze Koch ist den meisten Anglern durch seine Filmbeiträge für die „Fisch & Fang“ bekannt. Mit seiner unnachahmlich natürlichen Art hat er sich eine riesen Fangemeinde erschlossen. Endlich gibt es auch ein Buch von ihm. Und hier erklärt er locker und verständlich seine Geheimnisse des Angelns. Gegliedert nach Jahreszeiten, verrät der Autor seine Tipps und Tricks, damit auch Sie bald nach Matzes Art Fische fangen können.
Auch als E-Book erhältlich

Kersten, Heinz / Boden, Ben
Karpfen – Friedfisch-Giganten, 2013
Die Fangmeldungen sind unglaublich:

selbst Karpfen von über 40 Kilogramm werden gefangen, und das Karpfenangeln boomt. Dieses Werk ist der aktuellste Ratgeber zum Thema. Die Autoren, beide erfahrene und erfolgreiche Karpfenangler, geben leicht nachvollziehbare Anleitungen für alle Bereiche des Karpfenangelns. Der Eigenproduktion von Boilies ist ein komplettes Kapitel gewidmet.

Langford, Robert
Boote für Angler, 2012
Längst ist es üblich, nicht nur am Ufer auf den Fisch zu warten, sondern ihm auch entgegenzukommen: auf einem Kutter, einem Faltboot, einem Schlauchboot ...
Es gibt eine Vielzahl von Booten und ein unüberschaubares Angebot an Equipment, das oft überfordert. Dieses Buch führt zielsicher durch den Materialdschungel. So erkennt jeder Angler selbst, welches Boot für ihn das richtige ist.

Läufer, Florian
Das große Kosmos Angelbuch, 2013
Ob Raubfisch, Friedfisch, Fliegenfischen oder Meeresangeln – ob mit Pose, Grundblei oder Pilker – dieses Buch deckt jeden Aspekt eines großartigen Hobbys ab! 4 Millionen angelnde Menschen in Deutschland können sich auf ein neues, topaktuelles Standardwerk zum Thema Angeln freuen.

Läufer, Florian
Profitipps für Angler, 2013
Angler lieben Tipps und Tricks und hier hat ein Vollblutangler seine Erfahrungen zusammengetragen. Florian Läufer ist Redakteur der Zeitschrift Rute & Rolle und hat seinen Tipps immer selbsterklärende Bilder hinzugefügt.

Seuß, Stefan
Waller – Giganten des Süßwassers, 2011
Der Waller ist wohl der Trendfisch Nr. 1 in ganz Europa. Einer der bekanntesten Angler in dieser Szene ist Stefan Seuß. Er arbeitet als Guide und Produktentwickler und ist bekannt für unglaublich viele Fänge oberhalb der Zwei-Meter-Marke. Jetzt gibt er sein Wissen preis! Auch als E-Book erhältlich

Stilke, Henning
Wo beißt welcher Fisch, 2012
Die Wahl des richtigen Angelplatzes ist das wichtigste Kriterium für den Erfolg. Artenspezifisch stellt dieses Buch die Auswahl des Fangplatzes vor.

Strehlow, Jörg
Watfischen an Nord- und Ostsee, 2012
Watfischen steht an unseren Küsten hoch im Kurs. Der Autor erklärt Schritt für Schritt den Weg zum Erfolg, damit auch Sie bald Ihre Meerforelle keschern.

Thiemann, Auwa
Angeln mit Auwa, 2011
Fernsehangler Auwa Thiemann verrät seine Tricks. Bekannt aus der DMAX Angelshow „Fish'n'Fun", hat es Auwa zu unfassbarer Popularität gebracht. Da wurde es Zeit für ein Buch und jetzt ist es endlich da!

Bildnachweis

Mit 74 Aufnahmen von Volker Dapoz (Seiten 5, 6, 7, 9, 13, 14, 15, 19, 20, 22, 23, 29, 30, 31, 32, 34, 38, 40, 42, 43, 45, 48, 49, 50, 53, 58, 59, 63, 64, 66, 71, 74, 79, 80, 81, 83, 86, 89, 90, 93, 94, 96 u., 97, 102, 105, 108, 109, 110, 111, 114, 116, 117, 119, 121, 122, 123, 124, 130, 131, 132, 136, 140, 142, 143), neun Aufnahmen von Georg Baumann (Seiten 10, 51, 55, 56, 57, 68, 78, 103, 107), sechs Aufnahmen von Mathias Fuhrmann (Seiten 36, 46, 60, 101, 120, 138), fünf Aufnahmen von Yngve Ask (Seiten 44, 69, 76, 77, 96 o.), vier Aufnahmen von Christian Hoch (Seiten 26, 27, 28, 104), drei Aufnahmen von Steffen Dietze (Seiten 128, 135, 139), drei Aufnahmen von Rudolf Feistritzer (Seiten 17, 18, 35), drei Aufnahmen von Peter Gesien (Seiten 84, 99 o., 145), zwei Aufnahmen von Steffen Lühring (Seiten 127, 137), zwei Aufnahmen von Frank Mozart (Seiten 91, 98), zwei Aufnahmen von Uwe Schwarz (Seiten 21, 141) und jeweils einer Aufnahme von Karin Borchert (Seite 25), Andreas Hildebrandt (Seite 115), André Martin (Seite 33), Jörg Pflanzenbringer (Seite 112), Lars Pohland (Seite 73), Bernhard Potratz (Seite 62), Mike Redelius (Seite 85), Andre Schmitzki (Seite 99 u.), Christian Schroll (Seite 134), Stefan Voigt (Seite 70 or).

Mit 145 Fotos und drei Illustrationen

Umschlaggestaltung von Populärgrafik Stuttgart unter Verwendung der Aufnahmen von Volker Dapoz.

Unser gesamtes lieferbares Programm und viele Weitere Informationen zu unseren Büchern, Spielen, Experimentierkästen, DVDs, Autoren und Aktivitäten finden Sie unter **kosmos.de**

Gedruckt auf chlorfrei gebleichtem Papier

ISBN 978-3-440-13854-0
Redaktion: Ben Boden
Produktion: Die Herstellung
Printed in Czech Republic/Imprimé en République Tchèque

FSC
www.fsc.org
MIX
Papier aus verantwortungsvollen Quellen
FSC® C005833

Tipps und Tricks.
Lesen. Wissen. Angeln.

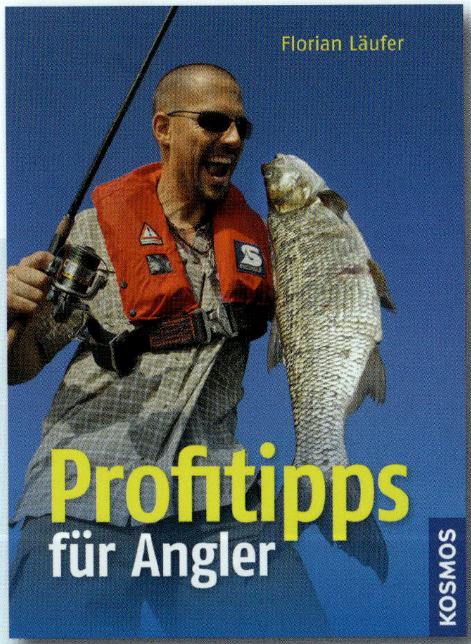

Die besten Kniffe

Kurz und bündig mit selbsterklärenden Bildern versammelt dieses Buch eine Menge interessanter Tipps. Dadurch wird das Angeln viel einfacher! Angelprofi Florian Läufer gelingt es, seine Leser in gewohnt lockerer Weise zu informieren.

Florian Läufer
Profitipps für Angler
128 S., 200 Abb., €/D 14,99

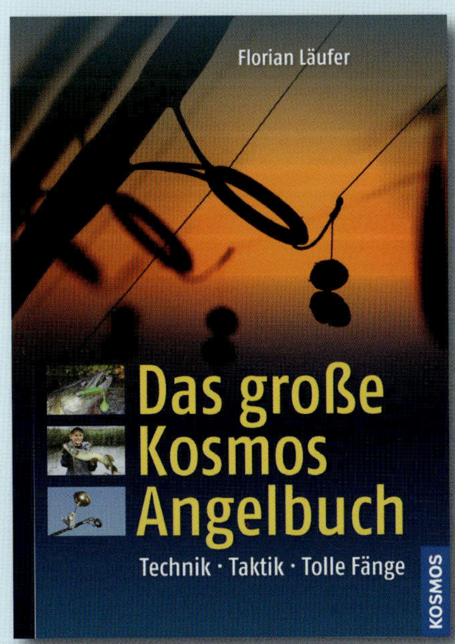

Nützliches Nachschlagewerk

Wer den Weg vom Einsteiger zum Angelprofi meistern möchte, braucht Übung, Zeit und die richtige Lektüre! „Das große Kosmos Angelbuch" deckt jeden Aspekt des Angelns ab: ob Raubfisch oder Friedfisch, Fliegenfischen oder Meeresangeln, ob mit Pose, Grundblei, Blinker oder Fliege. Die Neuausgabe beeindruckt mit über 220 brillanten Fotos und bietet viele Tipps und Informationen.

Florian Läufer
Das große Kosmos Angelbuch
208 S., 230 Abb., €/D 29,99

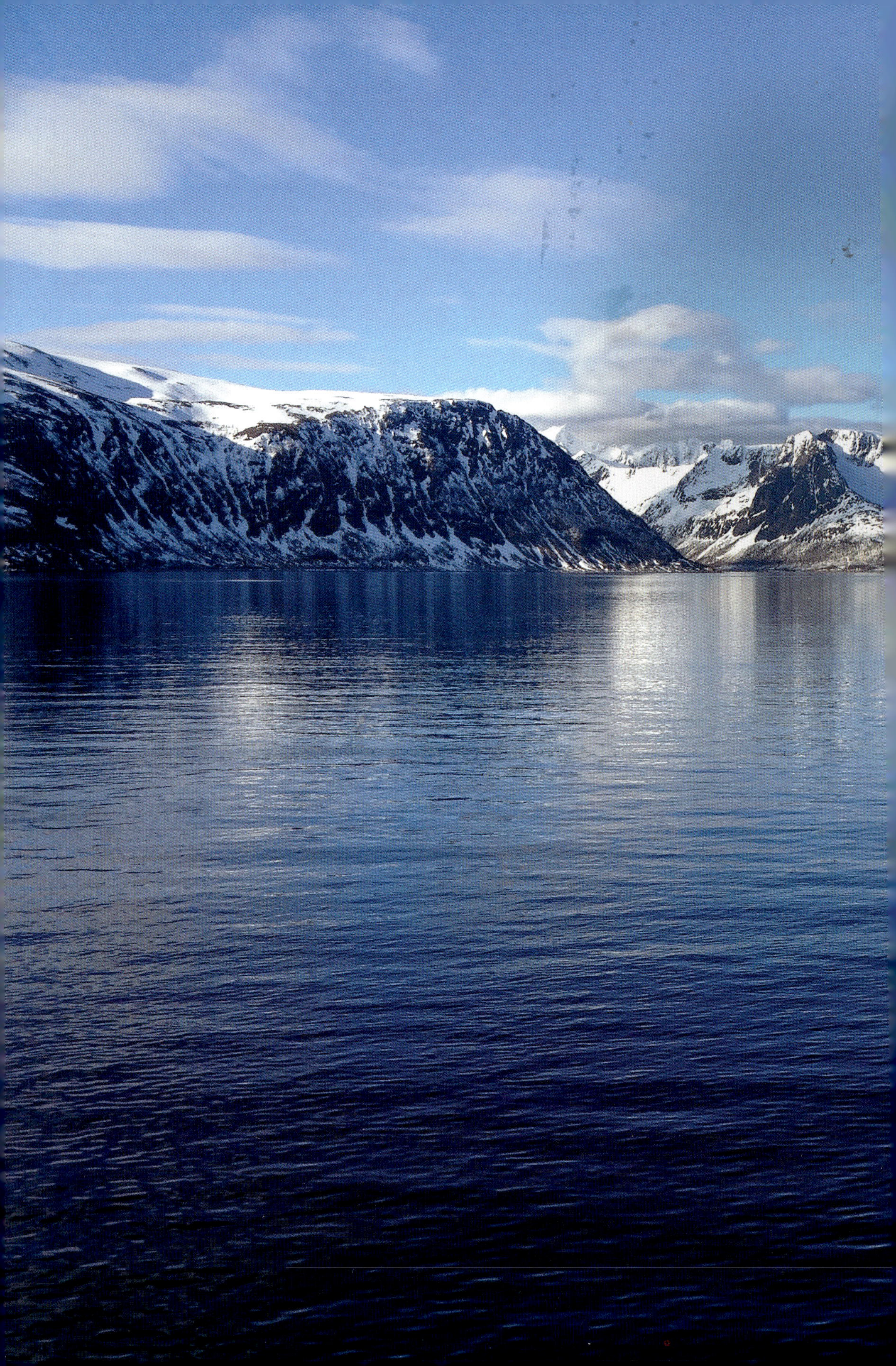